U0077574

金剛經十四堂課

應無所住

夢參老和尚 主講
方廣編輯部 整理

【目錄】

夢參老和尚略傳

夢參老和尚生於西元一九一五年，中國黑龍江省開通縣人。

一九三一年在北京房山縣上方山兜率寺出家，法名為「覺醒」。但是他認為自己沒有覺也沒有醒，再加上是作夢的因緣出家，便給自己取名為「夢參」。

出家後先到福建鼓山佛學院，依止慈舟老法師學習《華嚴經》，該佛學院是虛雲老和尚創辦的；之後又到青島湛山寺學習倓虛老法師的天台四教。

一九三七年奉倓老命赴廈門迎請弘老到湛山寺，夢參作弘老侍者，以護弘老生活起居半年，深受弘一大師身教的啓發。

一九四〇年起赴西藏色拉寺及西康等地，住色拉寺依止夏巴仁波切學習西藏黃教修法次第，長達十年之久。

一九五〇年元月二日即被令政治學習，錯判入獄長達三十三年。在獄中，他經常觀想：「假使熱鐵輪，於我頂上旋，終不以此苦，退失菩提心。」這句偈頌，自我勉勵，堅定信心，度過了漫長歲月。

一九八二年平反，回北京任教於北京中國佛學院。

一九八四年接受福建南普陀寺妙湛老和尚、圓拙長老之請，離開北京到廈門南普陀寺，協助恢復閩南佛學院，並任教務長。

一九八八年旅居美國，並數度應弟子邀請至加拿大、紐西蘭、新加坡、香港、台灣等地區弘法。

二〇〇四年住五台山靜修，農曆二月二日應五台山普壽寺之請，開講《大方廣佛華嚴經》（八十華嚴），二〇〇七年圓滿。

二〇〇九年以華梵大學榮譽講座教授身份來台弘法，法緣鼎盛。

二〇一七年十一月二十七日（農曆丁酉年十月初十申時），圓寂於五台山真容寺，享年一〇三歲。十二月三日午時，在五台山碧山寺塔林化身窯荼毗。

應無所住

金剛經十四堂課

第一堂課

如何降伏我們的心？

《金剛經》多數人都會讀誦，有的會背有的念一念，大概都很熟悉，但是如何依《金剛經》教授的方法去做，大概就很少了。同時在日常生活當中，怎麼用《金剛經》的教授跟你的身口意三業結合起來，這就很困難了。現在根據我七十多年來的經驗，給大家做個參考。

像我們作儀式、穿袍搭衣，好像跟《金剛經》說的不一樣。《金剛經》是佛到吃飯的時候，托鉢乞食。乞食回來，用完餐，把鉢洗好，把衣服整理好，洗完足，自己敷草而坐，跟弟子漫談一下。

在這時候，須菩提觸動他的靈機吧！須菩提跟佛已經學了二十多年，已經斷見思惑，證阿羅漢果，已經解脫、了生死。現在大家學經，往往把經看成很高深，好像距離我們很遠，你這樣學很不容易契入。

特別是《金剛經》，佛吃完飯，把碗洗一洗，這是平常的過程，誰都如是做。須菩提跟佛二十多年，佛天天都這樣做，爲什麼今天他發現了？佛講經說法也不是很長時間，像說《金剛經》這一座，我自己觀想，就像我們坐這裡漫談一樣的，這部經就說完了。但是傳到我們這裡來，講這部經要作個儀式，或照著宣說時，這時間可長了，本來幾天可以圓滿，有的可能講幾個月。爲什麼這麼長？因爲佛法傳到我們東土之後，經過祖師的詮釋，越來越深奧。

例如講經開始，我們要唱歸（皈）依三寶、念讚歎經的偈子，眞正大法會還要唱爐香讚，唱說經偈，有很多儀式！差不多要半個小時，之後法師講經，若再講教義、講五重玄義，「經題」起碼要講半個月。《金剛般若波羅蜜經》，若分科判教，這一講你的腦袋不曉得法師講到哪裡！爲什麼古來講經要這樣講？這是有道理的。那時要講《金剛經》，事先互相傳聞，好多寺廟都知道了。那時候來聽經的人，都對這部經有深入的學習，來到聽經會上是聽聽你的觀點，看看你的知見，如果跟他相合就坐下來聽，不相合就不聽了。

大多數都是在寺廟裡講，講的時候自己必須帶著錢或者背著米，因爲常住不供給，聽經人不管出家人、在家人，都是這樣一種形式。法師一講五重玄義、經題，他聽完就走了。按規矩說玄義，學四教五教有分科判教，意思玄遠，時間就長了。現在我們學習，講應用哲學，講實用，學習怎麼樣跟日常生活能夠結合起來，能夠用得上，那就很好。

大家學的時候，注重怎麼樣能使煩惱輕一點，怎麼樣使我的用心能夠降伏我們現在這個心！降伏什麼？不要生起貪瞋癡念。在《金剛經》，這些過程已經過了，因爲《金剛經》這一會，千二百五十人都證得阿羅漢果，因此佛說的法就不同了。學《金剛經》時，大家先要有這麼個認識。

佛最初一開始，就像跟大家漫談一樣。在這時候，須菩提請佛說，我們若想成佛、若想行菩薩道，心降伏不了，要怎麼樣住？怎樣降伏？現在我們要學習，應該把這個用到我們現前的時候，怎麼樣看一切諸法？現在我們生活當中都是世間相，我們怎麼看？怎麼樣認識當前世界，之後認識自己，我們每天心裡都起些什麼念頭，跟這個世界、社會合不合？怎樣超脫這個世界？怎樣不被世界現實所束縛，若能共同達到這個目的就很好。

我們共同學習的時候，在這個基礎上，使我們的心能夠不過份！因爲我們好多人不守本份，特別是佛弟子，這個叫我們看破、放下，才能自在。此經上，沒有說根本的苦、空、無常、無我，所以我們多重複幾句。因爲須菩提這些當機眾都斷了，他們都認得的，但是我們不行，得重新觀照，這是觀照般若。觀照你的念頭，觀照你的心，怎麼對待現實生活中的貪瞋癡慢疑、身邊戒見邪（邪取戒）十使煩惱。

《金剛經》把這些空掉了，這是對須菩提說的，對千二百五十人說的。但是我們還得觀照，因爲我們還沒有空掉，先認識這個世界苦，先認識無常，我們現在沒達到無我，必須得先達到無我。我們現在學習《金剛經》就跟他們一樣開始學習，但是我們缺乏對苦空無我的觀照，沒有達到無我。現在講的是法無我，可是我們連人無我都還沒有空掉，怎麼能空掉法？

學《金剛經》的時候，要先知道我們現在的位置，知道現在所說的法、所對治的情況。因爲學的過程中，有時會夾雜以前還沒有斷除的惑業。佛不是講超越三昧嗎？可以參禪、可以頓成佛！頓是由漸來的，離開漸沒有頓，頓是對著漸說的，沒有經過次第，你這個斷，斷什麼、頓什麼呢？學了之後，自己沒有到那個地方，不要說那時候的話。

用《金剛經》批評別人，或者自己好高騖遠，這是不可以的。在沒講《金剛經》之前，跟大家說這幾句話，是讓大家理解到，現在我們學《金剛經》是超越（略）的。所謂的超越是指跟我們現在所具足的煩惱，我們所學的法是超越的，我們得把他補上！用般若智慧來照了，要求我們放下看破，用觀照來看破放下。看破放下，必須在止的基礎上觀，觀前面一定要止。

大家都會背《心經》，觀自在菩薩的第一個字是「觀」，觀是由定而起，觀是由止而起的，止觀雙運，沒有靜止的功夫你觀照什麼呢？觀的時候你必須得靜下來看，像我們做事，若是這事不大清楚，等我想一想，當時答覆不了就想一想。在你想一想的時候，那就是定，觀前面一定有個定，這就是止觀雙運。你靜一靜，那就是定，之後才生起觀照。金剛般若波羅蜜是定慧均等同時，觀中慧裡頭有定。像須菩提問：「我怎麼樣住心？」住就是定。等你用定的觀照力量認識它，之後降伏它，怎麼樣降伏、怎麼樣定，這是全經主要的學習目的。

佛告訴他應當無我、無人、無眾生、無壽者，就是這個過程。《大般若經》一共有六百卷，《金剛經》是當中的一部份，這部份是《大般若經》

最主要的要義。我們雖然不講五重玄義、十種玄門，但是依照文字前面的序分，大概說一說。

『金剛般若波羅蜜經』

「金剛」是題，我們有時候把「般若波羅蜜」略了，光說《金剛經》。金剛是個譬喻，用世間物質來比喻出世間的法。

金剛有三種功能，有堅固、鋒利、光明，「堅、利、明」。「堅」是不被其他事物所摧毀。像金剛鑽石跟別的物相撞時，自己本身是堅固的；「利」是鋒利，能摧毀其他事物，像割玻璃，用刀子是不行的，但用鑽石一劃它就斷了，形容鋒利。「明」，般若智慧是我們本具的智慧，現在蒙蔽了，能破壞一切惑而不被一切惑污染，它放的光明就像我們智慧的光明，能破除黑暗，能破除貪瞋癡。

「般若」，一般翻「智慧」，爲什麼不直接翻成「智慧」？因爲跟我們通俗所用的智慧不同，所以不翻，保存原意。若翻成「智慧」，在社會上這人比較伶俐，我們就說有智慧，但那跟般若智慧不一樣。

「波羅蜜」一般說是「到彼岸」，用金剛智慧能到彼岸，彼岸就是現在所處的生死苦海此岸，到達涅槃度過苦海，到般若之海，到達智慧海的彼岸，「金剛般若波羅蜜」簡單說就是這個意思。這部經所說的就是用我們的智慧，破除我們的煩惱、無明，達到本具的佛性，跟佛無二無別的體性。

所說的內容就是到彼岸的方法，用般若智慧能達到，從生死苦海，到達涅槃的彼岸、到達不生死的彼岸。不生死的彼岸，是分析說，是我們一心的變化。此岸也沒有，彼岸也沒有，是眾生的妄想心！達到般若智慧的時候，這些都沒有。

經常講般若是空，我們往往把它解釋成跟虛空的空一樣，這是錯誤的。般若智慧的空，含有不空義，是空掉你的妄想執著，不是空掉眞如的本性。爲什麼不說「空」要說「般若」？有時候拿空來顯，要這樣來理解。

如是我聞。一時佛在舍衛國。祇樹給孤獨園。與大比丘眾千二百五十人俱。爾時。世尊食時。著衣持鉢。入舍衛大城乞食。於其城中。次第乞已。

還至本處。飯食訖。收衣鉢洗足已。敷座而坐。

「如是我聞」，「如是」二個字到我們此土發展，最初有三十多種解釋，現在發展七十多種解釋、一百多種解釋，我們不作旁引曲證。簡單說，「如是」就是指這件東西，如是，你看吧！「如是」是指《金剛經》這一部經，佛這一次所說的法、所說的《金剛般若波羅蜜經》。

「我」，是阿難自稱。阿難是經典的結集者，「我」是結集者的口吻，是我親自聽到的。簡單說，「如是」這一部經是我親自從佛那裡聽到的。「我」的解釋可多了，現在我們不作那麼多解釋，只隨著文跟大家解說一下。

依著文來顯義理，「依文解義，三世佛冤」，依著文字來解釋經是過去佛、現在佛、未來佛的冤家對頭。「離經一字，即同魔說」，離開經上所說的話，離開一個字，即同魔說，跟魔說法一樣。離也不可以，即也不可以，應當如何處理？

這是告訴大家，學習的時候，不要執著文字、語言。但是若離開文字，沒有文字解說，《華嚴經》上講：「譬如暗室寶，無燈不能了，佛法無人說，雖慧不得解」。佛法若沒人給你解說，自己是得不到的。根據這個意思必須有解說，解說不離開文字。好比佛在金剛般若會上所說的，是對著哪些聞法大眾，你若體會佛當初對這個聽眾說法的意思，即不離佛的意思、不違背佛的意思，不一定照著文字語言去解說。即不可以，離不可以，那就應當不即不離，既不即文字，也不離文字。

「如是我聞」，說這一部《金剛經》是我親自聽到的，什麼時候聽到的？時無定體，時間沒有一個標準，什麼時候？六點鐘也是「一時」、七點鐘也是「一時」、八點鐘還是「一時」，佛定「一時」，不是早晨、中午、晚上，就是「一時」，什麼時候？大家因緣契合、有緣了，佛對有緣人說，就是「一時」。印度時間跟我們的時間不一樣。現在好多道友在美國或在加拿大、紐西蘭或澳洲，大家看看這時候是什麼時候，時無定體，隨著地區環境的不同，時候就變了，所以佛說法都叫「一時」，法跟機相契合的時候，就在這個時候。

誰說的呢？佛是法主。在什麼地方說的？在舍衛國祇樹給孤獨園，舍衛國是印度一個國家的名字，就像現在的美國、法國，是這樣一個涵義。在舍衛國的哪個城市？在祇樹給孤獨園。這是佛的一間精舍，名字是依著修精舍者而立的，「祇樹」是祇陀太子，「孤獨」是孤獨長者。

這故事是孤獨長者到親戚那裡，看見親戚全家都很忙，問他們：「你們在忙什麼？」他們跟他說：「明天要供養佛」，孤獨長者一聽到佛的名字，渾身毛孔都豎起來。他看見佛後，第二天向佛請求，請佛到他的國土城市，他要給佛修間精舍，佛就派舍利弗跟他去修。他在舍衛國找好地方供養佛，找到祇陀太子的公園、別墅，要跟他買，祇陀太子說：「我不缺錢，你向我買公園，我不賣給你。」他一再要求，祇陀太子說：「好吧！你若買了，要用黃金把園子鋪滿了，我才賣給你。」孤獨長者就用他所有的黃金來鋪。這時祇陀太子感動了，說：「是什麼因緣使他發這麼大的心？」這土地本來不值錢，他非要這地方、非要用黃金買，原本是拒絕他，不讓他買的意思，他一定要買，你有價、肯賣就行。之後祇陀太子說：「園子你買了，但是樹我可沒賣給你，那算我供養佛。」所以叫「祇樹給孤獨園」，精舍的樹是祇陀太子供養的，園子是孤獨長者供養的。處所，在舍衛國祇樹給孤獨園這個地方。

光有說法主、有處所，還得有聽眾！哪些人在聽？都是出家比丘眾，有多少？千二百五十人，都是證得阿羅漢果，這是佛的常隨眾，佛在哪兒說法都是千二百五十人俱。但也有沒有這些常隨眾，像佛說《地藏經》沒有千二百五十人俱，佛說法的聽眾是不一定的。

信成就、聞成就、時成就、主成就、處成就、眾成就一共有六種，叫「六成證信序」，這法你可以信，不是僞造的，有這樣一個涵義。

「爾時」，到吃飯的時候，出去化緣！佛也要吃飯，佛示現人，生活起居跟人一樣，沒有什麼差異。

有些大乘經典說三十二相、八十種好，那是形容佛的功德。你看大英博物館藏的釋迦牟尼佛像，也是一位老印度人，鬍子、頭髮都很長。《金剛經》沒有提三十二相、八十種好。

到了吃飯的時候，佛把衣披上，出去乞食要披衣，平常是作務衣，出去乞食要披福田衣，一個方塊一個方塊，是福田相。田就是土地，這土地可不是種高粱穀子，種什麼？種福德。誰若看到披衣比丘，那管你頂禮、合掌或者供養，你得到福田，世間福你得福報，生活增加財富，還有出世的福田，看著清淨相，將來心裡就清淨。

「鉢」是佛吃的飯碗，梵語叫「鉢多羅」，鉢多羅叫「應量器」，你有好大量，那鉢就有好大。要去托鉢乞食的時候，披好衣，威儀莊嚴，托著鉢沿門乞討。就像比丘的名字叫「乞士、怖魔、破惡」，「乞士」是乞討的人，討什麼？上向諸佛求法，求諸佛的佛法，下化一切眾生，這叫乞食，跟他們求飲食，要有生命才能求法，沒有生命怎麼能求法。

上供諸佛，求諸佛的法；下化一切眾生，給他們種福，種福好像是自己尊重法的意思，實際上是向人化食。佛也不例外，給我們這些比丘示範，出外乞食。

「次第乞已」，乞食不能超越（略），得一家挨一家，不能這家飲食好一點跳過去專門去那一家，要次第乞食，不能有簡擇，不能嫌貧愛富。有的羅漢乞了好多街求不到，沒有就托空鉢。

次第乞食，這是規矩。乞食完了，回到自己的住處或者精舍，祇樹給孤獨園精舍，像其他的比丘乞食完回到樹下，在哪住回到你處所，之後才用飯，一邊走一邊吃不可以。乞完回來，坐下來，這才用飯，就是用齋。

「飯食訖」，就是吃完了，「飯食訖」這字念「食」（音ㄕˊ），「食」

是吃，前面「乞食」念「食」（音ㄙˋ），食是物質。乞完就把剛才出去乞食時候所披的福田衣收好，五衣是作務衣，七衣是乞食衣，大衣是說法衣。「飯食訖，收衣鉢」，把自己衣收好，把自己鉢收好，「洗足已」，佛自己洗，「敷座而坐」，佛自己敷，把草鋪一鋪就坐下了。

時。長老須菩提在大眾中即從座起。偏袒右肩。右膝著地。合掌恭敬而白佛言。希有。世尊。如來善護念諸菩薩。善付囑諸菩薩。世尊。善男子善女人發阿耨多羅三藐三菩提心。云何應住。云何降伏其心。

在這個時候，須菩提，我們說開悟也好，請法憶念也好，他從他的座位起來，給佛頂禮，這是請法的禮儀。

「長老須菩提」，「須菩提」翻「空生」，他家裡是大富長者的家庭，他剛一降生時，庫藏的寶物衣食全部都空了，叫「空生」，過了一兩天，又都復原了，而且還超過以前。

在印度取名，是根據當時客觀現象給他取名，像舍利弗尊者取名，他媽媽要生他時，在婆家不能生，得到娘家生，走到半路上就生了。舍利弗的眼睛像鶖鷺子一樣，叫「舍利子」，印度取名號都是這樣的。這就定名了，是假名，假名沒實，不要在名字上找實在的意思，只是一個代表、符號。

須菩提在這時候已經是長老了，在僧伽當中、在大眾當中戒臘很長，他受戒很久了，出家起碼二十多年，他在千二百五十人當中，從自己座位站起來。在印度請法，「偏袒右肩」，你看西藏的喇嘛披衣都是這樣披的，冷的時候兩個膀子披起，要請法時得把衣服翻過來，叫「反抄衣」。在戒律上，「反抄衣」是不行的，但是請法時是可以的，他把右胳臂露出來，偏袒右肩，右膝著地、單膝跪，不像我們是兩腿跪。

爲什麼要做這個儀式？無論請法也好，在佛跟前也好，都是右膝著地、右肩晾出來。這是給佛服務的，佛叫你作什麼，馬上就起來，偏袒右肩，右膝著地，在這兒合掌。

「恭敬」，我們都知道，至誠懇切一心。他向佛說：「希有！世尊，如來善護念諸菩薩，善付囑諸菩薩。」這句話的涵義是什麼呢？他說：「世尊你太希有、太尊貴了。」有時候，越尊貴的東西就稱爲「希有」，像鑽石，不多，若鑽石都像石頭一樣，不「希有」了，少就變成「希有」。你若到極樂世界，珍珠瑪瑙黃金，大地都是黃金，那不「希有」，不會說這個「希有」。在我們國土上，若拿拳頭這麼一大塊黃金，就發財了，那叫「希有」。「希有」是很少的意思，什麼「希有」呢？

「世尊，如來善護念諸菩薩，善付囑諸菩薩。」「世尊」是佛十號之一。問題就在這裡，他跟佛二十多年，佛天天都是這樣子，托鉢乞食，今天他看出來了，「如來善護念諸菩薩，善付囑諸菩薩。」佛一句話都沒說，佛只是托鉢乞食，吃完飯洗完飯碗，把衣收了就坐下了，就成了「善護念諸菩薩，善付囑諸菩薩。」

大家想過這個問題沒有？我們只知道佛以語言給我們說經教，並不知道佛行動的涵義。以佛所證得的福德、智慧，這只是化身，我們今天去化，爲什麼要化呢？化了做什麼用呢？救度眾生。他每天都這樣子吃飯，可能須菩提那時候沒開悟，或者沒注意，今天他注意了，佛的一切行動，一言一行、一舉一動，都是給他的弟子示範。托鉢乞食洗足，這六種威儀當中，一般我們說四威儀，行住坐臥。吃飯穿衣，吃飯還有事嗎？吃飯事可多了。佛那時乞食，沒有現在我們的過堂，那是祖師給我們立的規矩，到叢林住的時候，吃飯過堂、解大小便，都有規矩的。

爲什麼過去受戒要五十三天？就是學怎麼吃飯、穿衣服、睡覺，睡覺也有一定睡法，行住坐臥都有一定方法。如果你受了比丘戒、比丘尼戒，《百眾學》裡頭都有。

像我們在鼓山，比丘七百多人，你從大齋堂門外頭走過，這裡頭七百多人吃飯，什麼聲音都沒有，推開門才看見這麼多人在裡頭。南方吃麵條的時候少，就喝稀粥，大家喝稀粥怎麼喝？吃飯怎麼吃？什麼聲音也沒有，說話也沒有。行堂師都得鍛鍊，你要好多，拿筷子在碗中間劃你要好多，他那瓢下去準是好多給你倒下去，不多不少。

衣食住行，都在行道，都在修行。大家在臺灣要看到這麼多僧人過齋堂可能很少，大陸還是多。你到五台山普壽寺，老規矩還看得到。佛在四威儀當中就給弟子示範。須菩提說佛，「善護念諸菩薩，善付囑諸菩薩」，是叫你心無妄動，因爲身體行動是受心裡支配的，常在靜，靜就是定，就是行住坐臥四威儀。

須菩提在這裡讚歎佛，「善護念諸菩薩，善付囑諸菩薩」，這只是現相，還有心理。佛說我們這些弟子都在佛的加持當中，「善護念諸菩薩，善付囑諸菩薩」，以下是請法，他說一切菩薩發菩提心，如何做？如何行？言語、行動。一個善男子、善女人，發阿耨多羅三藐三菩提，無上正等正覺的菩提心，云何應住？云何降伏其心？

有的道友就這麼樣想：「須菩提出家二十年，還沒降伏住心嗎？」他證得阿羅漢果，還不知道怎麼樣住心？還不知道怎麼樣降伏其心？若這樣理解，那就錯了。一者說在初級階段，他證得阿羅漢果，初步降伏，不是究竟降伏；初步住心，還不是深入的住心。菩薩行菩薩道，入世間，縱使有種種的慾望，縱使有種種的行爲，怎麼樣住在菩提心上，發了阿耨多羅三藐三菩提心，怎樣使菩提心不失？菩提心就是覺悟的心，是原本我們每一個人本具的佛心。

有的道友信佛很多年了，跟他們互相漫談的時候，我說：「有沒有信心？」他就瞪我一眼，說：「師父！我學佛好幾十年了，我還沒有信心？」我說：「你有信心！很好吧！」他說：「還差不多。」我說：「相信自己是佛吧？」他說：「那還沒有。」我說：「相信自己跟佛無二無別？相信你的本性？」他說：「還沒有。」我說：「那你沒有信心。」我說：「不說你，我出家整整七十年，信心還沒有。」

發菩提心的人，就是發一個覺悟的心，無上正等正覺。什麼叫佛呢？說我們信佛，佛就是覺，我相信覺悟。爲什麼信我自己是佛？自己的心跟佛具足了，一樣的；你覺悟的妙明眞心，跟佛是無二無別的。如果不相信，你怎麼成佛呢？如果不具足，你怎麼成佛呢？如果你種下一顆麥子却要讓它生出黃豆，怎麼可能呢？因爲我們都是佛種子，都是佛，必須得相信自己是佛。

有了信心，佛都做什麼事？我相信自己是佛！佛做些什麼事？那我做些什麼事？經過這麼一比較，雖然我具足了，但是迷了，所以說我現在不是佛，不是不具足！相信是相信我原來的妙明眞心，跟佛無二無別，一定要恢復本有的、本具的妙明眞心。

恢復的過程必須先學習，你現在沒有方法恢復，就學習覺悟的方法，恢復原來的本性，這要學法。你先有信，信之後就來學。學就是解，你得明白這條路怎麼走，信完了就得解。在解的當中先了解佛所說的一切法，過去歷代大德所證得的法，他們是怎麼樣做的，我今天應當照著他們所做的去做。你先能把這個方法學好，學法就是學這些恢復本性的方法，你把法學好了就是知道我怎麼做了，那你就得去做、去行！這就說到修行，之後你才能證得。

但是解的時候必須解釋清楚，解是理解、了解，你在學的時候千萬莫好高鶩遠，要一步一步學。我們發了無上正等正覺的菩提心，先學習什麼叫菩提心，那不能籠統。

菩提心的過程有很多步驟，簡單說，你對世間厭離不厭離？對這個現實的生活厭離不厭離？你是貪戀？是厭離？厭離的心能夠對治你的貪，也能對治你的瞋，也能對治你的邪知邪見。在學習當中，你看問題能夠看的正確！就因爲我們看問題不正確，所以要學佛！佛告訴我們的一切方法是正確的，你照著去做，不要想超越，要按部就班。

學習的時候，你要知道自己現在是處在什麼地位上，自己的煩惱，要知道它的深淺。學習的過程，特別是八個心法，五十一個心所法，你去分析自己的心在想些什麼，那五十一個心所法你大概超不脫！如果有這些東西，說明你對這個世間沒有厭離。

現在念佛的人很多，想生極樂世界的人不少，但是生活習慣、思惟的邏輯，你放下沒有？這個世界沒放下，那個世界你絕對去不了。迷糊的事不放下，覺悟的事明白不了，根本沒覺悟！你覺悟了就放下了，若沒覺悟就放不下。我們遇到一些道友，信佛一、二十年，也有三、四十年了，認爲佛菩薩不加持他，佛法不靈，求了好久都沒有得到，好多人向我這樣抱怨。他問我是不是也抱怨？「老和尚，你住監獄，你抱怨不抱怨？」我說：「我不敢抱怨。」別抱怨佛菩薩，不要抱怨法，先檢查自己。

我們普通說的「感」和「應」，你檢查你感的如何？問我的那位道友，我就跟他說：「你是輕心、慢心、貪心、懷疑心，能得到加持嗎？」像我們現在說社會不公平，爲什麼有的人財富很大用不完，爲什麼我這麼窮？你過去做什麼？他做什麼？半點冤枉都沒有，很平等。你作的你受，他作的他受，自作自受。

若這樣來學，以後發菩提心，你先從生厭離心開始。把你所厭離的、把你所認識的世界形相，又能勸離一切人，勸他們也如是生厭離心，厭離了就超離了，怎麼樣超脫這個世界？你就學佛法，佛告訴你怎麼做，你就怎麼做，那才能得到。

第二個心，生起大悲心，沒有大悲心是不成的。大悲心是對一切人平等。不能光對自己六親眷屬才生起大悲心，面對我的冤家，我不但不生大悲心，還想讓他遭難。大悲心是平等的，特別是對冤親債主，迴向的時候，特別是對你的冤家，現生害你的、整你的，現在還在害你的，以德報怨。

這也得靠智慧，沒有智慧是不行的。沒有智慧的人、沒有般若的心，厭離生不起來。怎麼樣能生厭離心？自己厭離心都沒有生起，怎麼能幫助別人、讓別人生起厭離心？大悲心跟般若心更談不到了。

沒有智慧的大悲是愛見大悲，你也生不起大悲，大悲心是從來不計較得失。我們經常說地藏菩薩，「地獄不空誓不成佛，眾生度盡方證菩提」，這才叫大悲心，大悲心得有智慧，沒有智慧不會發這麼大的願，有智慧就能發心，才能成就阿耨多羅三藐三菩提。

發菩提心，從來不會計較個人的得失，也不會注意自己的喜怒哀樂，也沒有憂愁驚恐，他的心是什麼境界？大家都會背《心經》，心無罣礙了，什麼都無罣礙了，無罣礙就沒有恐怖，這必須得具足般若的智慧，沒有般若的智慧，一切都達不到。

我們現在學《般若經》，講的都是住心的初步方法、降伏心的初步方法，云何應住？云何降伏？是一步一步來的，不是一下無所住了，達到無罣礙了，我們能達到這樣嗎？無住故無所不住，這才叫空義，無住是空義，無所不住，這才是眞正證空。空不是把這些東西去掉叫空，在這個物質存在的時候，認得它就是空的。對肉體，你經常觀照，是「我的」，不是「我」，對自己身體都這樣認識，對你的六親眷屬、對一切事物，同樣的這樣認識。

一切事物都是迅速的變化，生住異滅四相，住的時候很快就會滅了，生住異滅，異就是變易，隨便變易，這很微細的我們感覺不到。你從十幾歲，等變到像我快九十歲了，每年每年變化自己感覺不到，不是一下子就變了，那不可能的，一點一點變，日日變、天天變、時時都在變。

常時如是觀，對待一切事物，生活當中，誰要是罵你，或者害你，不會計較的，因爲觀他是沒有的，觀自己也是沒有的，空對空，誰害誰，什麼都沒有。能這樣觀嗎？聽人家罵我就像風一樣過去，我們能有這個境界嗎？這還是初步的，不是深的。等到眞能達到般若智慧，那就要很長的過程。

須菩提問這兩句話，「云何應住？云何降伏？」降心的方法，除了《金剛經》之外，佛說的教法太多了。按《華嚴經》的次第，文殊師利菩薩用另一個方式答覆，叫善用其心，你怎麼用你的心？一切法都是唯心造，把你的心用好。

平常這樣想，先從自己身體想，你最愛哪一部份？「我的」耳朵靈，那就「我的」耳朵吧！愛「我的」耳朵；「我的」眼睛特別好，愛「我的」眼睛；我愛「我的」面孔，這些都不是「我」。

我們每人說話、做什麼事，說「我的」眼睛、「我的」耳朵、「我的」鼻子、「我的」嘴巴，乃至包括「我的」身體，都是「我的」，那跟「我的」桌子、「我的」燈、「我的」有什麼區別？一個近一個遠，但是都是唯「我」一個人用。除了這些「我的」，「我」在哪裡呢？「我的」不是「我」，「我的」絕不是「我」，都是「我的」，是「我」所屬的，那「我」呢？

你經常這樣觀，怎麼住心，我的心在哪裡？怎麼住心，連心都不知道在哪裡，怎麼住？云何應住？你先把心找到再說住。降伏，你可以這樣理解，先降伏你的妄，現在我們所用的全是妄，全是煩惱，有輕有重，全是煩惱，怎麼降伏？須菩提這樣問，以下佛就答覆他。

佛言。善哉善哉。須菩提。如汝所說。如來善護念諸菩薩。善付囑諸菩薩。汝今諦聽。當爲汝說。善男子善女人發阿耨多羅三藐三菩提心。應如是住。如是降伏其心。唯然。世尊。願樂欲聞。

佛在說《般若》的這個時期，須菩提這樣提出來，佛就讚歎他：「你問的太好了，是不錯，就照你所說的。」佛在衣食住行是善巧方便。佛自己吃飯、穿衣服，吃完了洗洗鉢，佛沒有說護持眾生！其實那就是護持眾生，「善護念諸菩薩，善付囑諸菩薩」。

他等須菩提把這個問題提出來了，佛就告訴他，「汝今諦聽」，「諦」是理的意思。我們聽的時候，都是事，理事無礙，事事無礙，我們所說的世間有形有相的、語言的、文字的都屬於事法界。事必顯理，在事上一定是顯理的。反過來，理能成事，沒有理，事是不能立的。佛說你問的這些事，你得如理的觀察，「諦」就是理。

我們說二諦三諦四諦，苦集滅道是四諦，世間因果、出世間因果，是二諦。諦理是讓你務實的省思，不要從語言來去揣測，應當觀理，認識它的理體。「諦聽」是要如理而聽，若這樣聽，我會跟你說的，「當爲汝說」。

佛對須菩提說：「善男子善女人」，這是專指佛弟子說的。有時候「善男子善女人」是按普通義說的，不作惡的、做好事的、想發心信佛的，還有想求佛道的，都是「善男子善女人」。若是依下文說的，想發阿耨多羅三藐三菩提心，想發覺悟的心，發了覺悟的心，想成佛，想成佛得走菩提道。發菩提心得走菩提道，菩提道路很多，佛說的八萬四千法門，這是說其大數，依照這些去做都叫菩提道。發了菩提心行在菩提道上，最後證得菩提果。如果有這樣的善男子善女人發了菩提心，想成佛，發心是因，成佛是果。

在《華嚴經》講，發菩提心跟究竟成佛，證得究竟的佛性，乃至於自己返本還源觀，在證得究竟果的時候，成就最初所發的心。《華嚴經》的意思是說，成佛的心難？還是最初所發的心難？「如是二心初心難」，因一發起一定能成。

諸位道友注意，像《阿彌陀經》說，發了生極樂世界的心，一定能生到極樂世界。但是不一定今生生，「若已生、若今生、若當生」。若已經生極樂世界，那證實已經生了極樂世界，我們道友或者你的親屬生極樂世界，他到那兒去了也沒回來給你送個信，你不知道他生沒生。你說自己吧！我今生沒生到，將來一定能生，今生沒生到，來生就繼續修吧！若來生，你又發心，一定生的到。

怎麼樣證明呢？《阿彌陀經》說「若已生、若今生、若當生」，當來一定能生，爲什麼？佛舉六方佛。六方佛護念求生極樂世界發心的人，只要你念《阿彌陀經》，誦〈往生咒〉，一定能生，六方佛就是十方佛，會把你拉到極樂世界。大乘經典都這樣說，但是你不能等待，若聽了這樣說：「好了！我就去睡大覺，再去造惡業。」那就不見得了，時間耽誤到多少生就不知道了。

這是佛答覆須菩提的話，說你如理的思惟，不要在事相上計較。當觀般若義，你要理解般若義，「諦聽」就是如般若義這樣聽。這樣子我一定跟你說，「當爲汝說」。若是散亂心、不諦思呢？佛也可能不說，但是每部經都如是說，要諦聽諦聽，如理實聽，「汝今諦聽，當爲汝說」。

佛告須菩提。諸菩薩摩訶薩。應如是降伏其心。所有一切衆生之類。若卵生。若胎生。若濕生。若化生。若有色。若無色。若有想。若無想。若非有想。非無想。我皆令入無餘涅槃而滅度之。如是滅度無量無數無邊衆生。實無衆生得滅度者。何以故。須菩提。若菩薩有我相。人相。衆生相。壽者相。即非菩薩。

如果有善男子善女人發了正等正覺的心，發了菩提心，「應如是降伏其心」。「如是」是指怎麼樣降伏其心？見一切眾生，卵生、胎生、濕生、化生、有色、無色、有想、無想、非有想、非無想，十二類眾生，我都讓他們入無餘涅槃而滅度之，如是滅度無量眾生。

但是這個中間，實在沒有一個眾生得滅度者，度即無度，這個涵義就是般若義，這是眞正般若。把一切眾生都度了，都讓他們成了佛了，照這樣度了無量無邊的眾生，實實在在的說沒有眾生得度者，這就得諦思！佛叫他諦聽，就是這樣聽。

根據這句話，大家再去理解地藏菩薩的大願，「眾生度盡，方證菩提」，沒有眾生，早就度盡了。觀世音菩薩大悲心，觀世音菩薩若有眾生相，怎麼成就觀世音菩薩，怎麼樣圓滿？這不是我們用妄想心來測度。你觀照、思惟，怎麼樣降伏其心呢？度眾生不見眾生相，也不見眾生的人我是非，也沒有讓眾生報答，沒有這些心。佛告訴須菩提，怎麼樣降伏他的心、怎麼住他的心？就要這樣的降伏，見性、離相。若是有我相、人相、眾生相、壽者相，不是菩薩，不是一個覺有情的菩薩。

「菩提薩埵」翻「覺有情」，使一切有情都覺悟叫「菩提薩埵」。你問我：「云何住心？云何降伏其心？」說淺一點，當我們在社會上幫助別人的時候，施恩不望報。我們道友經常說，這傢伙忘恩負義，這就是有我相、人相。這些是我們在日常生活當中，特別應當注意的。我相、人相，都是世間相，四相都是世間相，我們做一件事，我你他都有世間相，這是指有情世間，還有無情世間。

我們在溫哥華常放生，放出去那個眾生牠又回來，腦殼敲下去給我們看，我們道友就著相：「眾生很靈感，牠看看是誰放了牠！」常時如是聽到。當我們做一件幫助別人的事，包括供養三寶，你心裡還求：「我這個供養，來生一定得好處。」你還想來生，沒想成佛。當我們作好多功德的事情，不但有我相、有人相，做的很不徹底，跟你的願力相違背。我們在修行當中，拖泥帶水，放不下我你他，放不下那事物。那說你得到果報，跟《金剛經》、跟《般若經》完全不相合。

我們說什麼事清淨，絕不拖泥帶水，要斷就把一切斷了，不要藕斷絲連，藕雖然斷了，絲還連著。《金剛經》也說好多功德，《金剛經》的功德比念什麼經的功德都大，爲什麼？它偏了，沒有障礙了，但是你也不要貪著，你一貪著了，不是功德沒有了，而是小了，縮減了。你心裡若是有個相，有相就有個限量，無相是無限量。怎麼樣能達到無相的境界？達到任何事物無我相無人相。好比我布施給他物資，乃至我也給他說法，這個說法關係非常大。

你眞心對人家說，希望他眞實的聽到了，都能成佛。最初不是發願，沒有一位法師上座不發願的，不過他不會說出來，而是默念、發願：「讓我這座經，或讓來這兒聽我的法，願意讓他們成佛。」願是希望，我們每天都要發願，願是希望，怎麼來滿這個願，要用你的行爲。希望了生死，那用你的行爲來實踐！有什麼願力，就觸發你精進勇猛的做這件事，你若是發了願，修行的時候猛利，那願很快就實現；你的行爲拖拖拉拉的、慢慢吞吞的，那個願就拖的很久，在這過程當中，你會受到很多苦難。

觀世音菩薩十二大願，普賢菩薩十大願，阿彌陀佛四十八願，他那個極樂世界，是漸次的願力成就。有人問我：「生到極樂世界，還要學不要學？」「你說呢？」他問：「生到極樂世界，不就成佛了嗎！」我說：「還不見得吧！」據我的理解，生到極樂世界你還成不了佛，不但成不了佛還不見得是菩薩，還是普通的蓮池海會，也許你生的是方便有餘土，那要看你在此土修的程度如何。若修成了，自己就化成一個淨土。

你若是受了菩薩戒，你是菩薩，心裡生一起個念都落因果，菩薩戒是制因，戒是防因，等到果上已經晚矣；眾生不是，眾生非得到果上，他受到了，才感覺到難過了，不受到，無所謂的，還繼續造。所以說菩薩畏因，眾生畏果。菩薩若一起個錯的念頭，馬上制止，能制止還不算，他馬上求懺悔，洗刷乾淨，不要有這種念頭。

但是貪瞋癡念起多了，就變成果，你就受，或者苦馬上就來了。如果是修道者，來的特別快，一般的眾生，乃至還不信佛的，顯現還慢一點。這些問題是屬於智慧觀察的問題，大家看著心裡很不平衡，說：「那小子經常做壞事，還那麼有錢，坐名牌車。」因爲你看不到他的前生都做什麼，看不見他的前前生都做什麼，盡看他的眼前。

一切眾生爲什麼不能成佛、光造業？只顧眼前利益，我們說那個人眼光短淺，只看眼前。你要用智慧眼觀，智慧眼看一切問題，你要能這樣理解這樣去看，在解的時候不要含糊。就像你要到哪裡，先看好地圖、問好路，否則走到半路上非常麻煩，容易入迷途。所以學法的時候要學解。

我們現在學《金剛經》是學智慧、還學解，這不是修行，更不是證得。若說功德是有，功德是人天福報，很快就消失。大家求人天福報的心很切，盡看眼前、眼皮底下一點小利益，都是有相的利益，看不見無相的利益。學道者、修道者，不要貪圖有相的利益，要盡修無相的利益。

我相人相眾生相壽者相，是初步用功的開始，佛告訴他，不住色生心，不住色聲香味觸法生心，就是要斷這些。用什麼來斷？怎麼斷？沒有智慧怎麼能斷的了呢？若沒看破了，怎麼能放的下。人家罵你、侮辱你，那個氣洶湧的不得了，非要報復不可，這能看破嗎？聽到人家罵我，當成像風一樣！但你先得「無我」，他罵的是誰，不是我。這是罵，還容易，那打呢？當受苦的時候，現在癌症很多，一下子這個癌、一下子那個也癌，到處都是癌症。當你生了癌症，怎麼樣觀想？怎麼樣理解、怎麼樣對待它？這叫病魔，怎麼樣對待病，你要找原因。

剛才講過「我的」身體，「我的」不是「我」，病的是「我的」，跟「我」沒有關係，能有這種力量嗎？如果有這種力量，你說死，我現在很願意死，可是現在它不死。很多年前我就想到這個字，那等於是換個跑道！現在老了沒用了，你換個跑道年輕點，那不是更好！你若怕死就念阿彌陀佛，生極樂世界，那再不死了。你得付出，要想得到必須先付出。

中國的語言，「捨得！捨得！」你不捨，得不到的，捨就是付出，身心都要捨得，之後就修行。當修行的時候，坐兩個鐘頭感覺很累，連續念兩三部經，好辛苦！坐桌子打麻將，打四圈，再來四圈，天還早再來四圈、完了又來四圈！眾生的業一定要認識。

過年了，大家都吃的很快樂，但是比平常傷害了更多眾生，因爲平常買不起、不肯買、捨不得，大家過年了，殺雞燉鴨子的太多了。人歡喜過年，那些眾生牠們的苦日子來了，特別是美國的火雞節，那一天要死好多的火雞。要能在這個上面明白我相人相眾生相壽者相，能夠在現實的生活當中去磨練。

佛所說的法，若離開世間相就沒有了，「佛法在世間，不離世間覺」，你把世間覺悟了，什麼都沒有，放下了就是彼岸，提起來貪瞋癡就是此岸，你觀想、所作的都是戒定慧，那就是彼岸，你已經到了。這一念是此岸，那一念又是彼岸，這一念又是此岸，眾生就是反覆來往、反覆來往，所以拖的時間非常長。

學《金剛經》，最初一開始，看你的心怎麼用，用心就是用你的智慧，一定要把它用好，《金剛經》就能學的很好，接下來大家都開智慧了。智慧一有了、光明一有了，黑暗就破除了，那就把你走的路給照亮了，你該怎麼走就知道了。開頭非常難，等你一步一步的進入，那就好入了。

經文或者你不理解，也不一定依經文來想這個道理，而是在日常生活當中，用你的思想指導你的行爲、指導你的語言。你做什麼要專注在什麼上，全心全意的，心在什麼地方就住什麼地方，就是住！住是降伏你的心，沒有二念。例如拜懺，現在這幾天可能有很多人在拜懺，懺本上的第一個字是「一心」，但是你拜懺的時候是不是「一心」？若能「一心」，你收的效果就大。

金剛經第一堂課　竟

第二堂課 觀照我們現前的心

昨天我們講須菩提向佛請問：「發了菩提心之後，怎麼樣能使菩提心常住不變？」發了心，依著菩提心、行菩提道、證菩提果。但是一切眾生心不住，怎麼說不住呢？自己觀一觀我們現前的心，不住。

過去有一位道友問一位老和尚：「如何是祖師西來大意？師父你是怎麼修行的？怎麼觀的？」他說：「沒有什麼，就是吃飯穿衣。」他說：「吃飯穿衣誰不會，我們都會吃飯穿衣！」他說：「不一樣。」

我們在吃飯的時候不在吃飯，想別的事；在睡覺的時候不睡覺，想別的事睡不著。觀一觀自己，我們心裡是不是念、住？你思念什麼？你作這件事，是不是全心全意的住？像拜懺也好、念經也好，就告訴我們「一心」，不要散心雜念的、不要產生第二個心，我們能做得到嗎？

當你發菩提心，你的心就住在所發的心上，常時能住在心上，一念不動。這個住要靠定力，住含著定，因為有這個定才能生出慧，定慧均等才能達到《金剛經》的般若波羅蜜，最終的目的是實相般若。

「般若」有三種涵義，現在所學的是「文字般若」，因為從文字上你要去觀照，「觀照般若」是聞思修。觀照契合證得了，才能進入「實相般若」，這個過程非常之長。我們現在連「文字般若」還沒有完全理解。般若是智慧，文字是啓發你的觀照，觀照以後才能證得「實相般若」。

大家都會背《心經》，《心經》第一個字就叫我們「觀」。因為現在我們講住心、降伏其心，住心得觀照你這個心，能住下就是定了。由於你定的住，觀照讓它不失，照你這個念頭，永遠不失掉、不讓它跑掉。降伏是觀照它、照顧它，不讓它離開。我們念《心經》的第一個字就是觀照。「觀自在菩薩」，「觀」的意思就是照亮你這個心。「觀」就含著定，沒有定的功夫你觀觀，思想就離開你所觀的境。

我們昨天講發菩提心，必須先認識這個世界的苦空無常，最重要的是「無我」。經過分析認識了「無我」的涵義，怎麼能隨時隨地的達到「無我」境界？若能達到「無我」的境界，把自己的身心放下，你這貪瞋癡還生起的來嗎？怎麼樣才能達到「無我」？這要靠你觀的力量。當你達到「無我」的境界，對一切世間的諸法，包括善法，你就放下了，你對於佛的教導是不是還執著？這叫法執。

本經的意思是讓須菩提除去法執，不光是去除我，因爲他已經證得「無我」了。一切法也不執著了，像經文裡頭所說：「知我說法，如筏諭者，法尚應捨，何況非法。」我說的法，只是過河的一條船，當你過河了，你能揹著船上岸嗎？也就是人我執放下了，法也放下了。

當你這樣觀照的時候，認識它，放下了，那就自在了。等你自在了，再提起功夫、再用功，那就是「深般若」，達到一實境界，最後達到自在。誰如是修？他怎麼得到的？依著什麼法呢？觀自在菩薩用甚深般若，就是我們現在所學的甚深般若。般若的智，照見五蘊皆空，這是昨天講「無我」的涵義。你肉體的結合就是色心二法，色就是境界相，心是思惟、心理的作用。把它開擴起來，心法開擴出來，受想行識，這樣你才能住的住，這個住是無所住的住。

怎麼樣住？怎麼樣降伏？降伏就是觀照的力量，這叫念住法門。現在開始用這功夫，照顧自己的心裡生起什麼念頭？想什麼？用這個方法來降伏你的妄念。把這種觀照觀到深了，深到無念而念，無念的念還有念嗎？因爲由念而達到無念，無念而念是念即無念，念的時候就沒有念。最初你有意注意，讓心不走，念不失。

念《金剛經》就念《金剛經》，沒有其他的第二念，就是念《金剛經》。觀想佛的時候就是觀想佛，拜懺的時候就是拜懺，念經的時候就是念經，這就叫念住。這個住是無住之住。最後還是提醒學習的次第，因爲我們是初步學習，大家彼此都一樣，我也如是。

這個是對著須菩提說的，《金剛經》的法會大眾，千二百五十人俱，都是大阿羅漢，這部經是對他們說的。他們還要降伏其心嗎？他們還沒發菩提心、還不想利益眾生！須菩提今天發現佛善護念諸菩薩，善付囑諸菩薩，如來出世就化度眾生，每位佛弟子都應當度眾生。要降伏法我執，他們所明白的那個心，明白一半，只斷了見思的煩惱，塵沙無明還沒見到，所以說明白一半。

我們經常說了生死，了生死只了了分段生死，變異生死還沒了。須菩提感覺自己跟同道的道友們，這個心還沒降伏好，還有法執在，還有塵沙無明在。別把無明看簡單了，無明是什麼呢？一般講就是糊裡糊塗的，無明就是邪知邪見。阿羅漢還有邪知邪見嗎？他不肯度眾生沒達到他的心源，沒達到本體，跟佛還有差別，還差的很遠！凡是心外求法，法不歸心，全是邪知邪見。

對我們來說，得從頭開始，我們連須菩提所證得的、所了解的情況，還沒達到、距離很遠呢！生死還沒了！如果見什麼愛什麼、見什麼貪什麼，什麼也放不下，必須得從頭學起。例如對待病苦，大家怎麼對待？怎麼對待它、怎麼認識它？怎麼把苦的境界轉變成不苦？

我最初住監獄的時候，很苦。這個苦，除了肉體上的折磨，在行動上的、生活的就不說了。最初很苦，我就是一句話：「假使熱火輪，於汝頂上旋，終不以此苦，退失菩提心。」這句話是鼓勵自己。是苦，這苦誰受？心的領受，本來就夠苦的，如果心裡再幫忙，這苦可受不了。

我們就說病苦吧！頭痛、腦熱、肚子痛，或者是癌症，特別是肝癌、喉癌。這個病苦，你不要幫它的忙，每位道友都幫病苦的忙，不能從病上解脫，反倒幫病的忙，讓病愈來愈重。我昨天說，「我」都沒有、「肉體」都沒有，病從什麼地方生呢？

任何的病苦，我們這個思想一直幫助它，你哪裡有病，心意識都到那裡。如果把身體都看成：我的身體就是五蘊色心二法所合成的關係，是「我的」，不是「我」，究竟「我」在哪裡？

這意思就是說在生死當中，不要去幫助生死。我們在生死當中，一天就是幫助生死，所以才流轉，從來沒有離開過生死。如果作了善業了，做點人事了，還可以生到人道中；你做的不是人事，就脫離人道生到畜生道。或是再猛利一點，我們對貪吃的開玩笑了，你可能要墮到餓鬼道，因爲太愛吃了，要你沒得吃。

造業猛利，瞋恨心特別重的、害人害的猛利，非下地獄不可，墮三惡道。先把三惡道斷了，生三善道。三善道有個機會能遇到佛法、能夠聞到佛法，並不是生到人道就容易遇到佛法。你就是遇到佛法，信念不堅定，你光聽聽，就是種一點福報而已，距離了生脫死、證得菩提，還非常遠。如果你已經學了、已經深入了，要再學歸依三寶。

現在在座的都是歸依三寶的，你回憶一下，一天二十四小時，你在三寶的念頭有好多？念佛、念法、念僧好多？離開了失念了，沒念佛、沒念法、沒念僧，這個念頭有好多？

以前有很多道友要求三歸，讓我給他代受個三歸。你受三歸是「歸依佛、歸依法、歸依僧」，僧不是一個人，僧者是和合眾。你所歸依的僧是一切聖僧，包括佛在世的大阿羅漢，你都歸依他們，舍利弗、目犍連、須菩提，你也都歸依他們。僧者是眾義，佛弟子的僧人，你都歸依。佛也不是釋迦牟尼佛一尊佛，因為他現在住這個世界上，我們是他的弟子，所以稱為本師。阿彌陀佛、藥師琉璃光如來，我們都歸依了，你歸依的是佛寶。

每天念「歸依佛、歸依法、歸依僧」，在受三歸依的時候，我是代受的，我希望你歸依十方諸佛、歸依十方諸法、十方賢聖僧，從你受三歸這天起，每天臨睡覺的時候最少念十聲。早晨睜開眼睛，剛一醒來第一個知覺，你再念十聲「歸依佛、歸依法、歸依僧」。儘管我每次都這麼囑託，有的弟子他受了又隨喜、受了又隨喜。我問他：「早晚是不是還念歸依佛、歸依法、歸依僧？」他說：「早忘了。」

現在我們在座的諸位道友，是不是每天晚上臨睡覺的時候念「歸依佛、歸依法、歸依僧」，一直念到睡著呢？早晨一睜開眼睛，想到了「歸依佛、歸依法、歸依僧」，念以後了再去洗臉、漱口做別的事，你做了好多？中間斷過沒有？如果你從來沒斷過，就以這個功夫，雖然沒了生死，也差不多了，以後生生世世能遇見三寶，三寶隨時攝受加持你。

這個我也把它說是念住，如果二十四小時都能夠這樣，不論做什麼事心裡頭都有佛法僧三寶作爲主體，其他都是副業，佛法僧三寶是奉行的主體，其他都是副業。把我們這個心，第一步先住到三寶上，第二步我們還沒有到，連這個也沒有了，無所住了。我們先說第一步，做了第一步再說第二步。

降伏，我們最初可能不純熟，第一個是妄，第二或者一打岔，特別是家庭主婦，小孩一催妳、或上學的兒女，或者是先生明天有什麼特殊的事告訴妳：「早點起來、早點作飯！」妳一著急，就把三寶忘了，顧不得念。

類似這些事，就說明我們要把心住到不變上，但是住不住！事情很多，你怎麼樣降伏它？就在這個上面建立三寶觀念，也不要太多。你的本尊是釋迦牟尼佛也可以、阿彌陀佛都可以，你這樣來住、這樣來降伏，但是你必須一行，多了不行。最初給自己訂的功夫，不要太多了，一個你還做不到，多了你更做不到。久而久之，這就叫定。持之不失就爲定，這樣你對佛所教授的法，你眞正得到了。

有人說傳法，「我得到正法了！」我認爲這是胡說八道。什麼是正法？佛所說的都是正法，不是正法佛不會說的。法是什麼呢？軌道的意思，生菩提道的軌道。在這個軌道上你能夠理解了，軌生物解，任持自性，自性是你的心，你的心體永遠讓他不失，要這樣子來降伏你的心。

佛言：「善哉！善哉！」須菩提這樣向佛請求說，佛就讚歎他，說你問的非常好。「善哉！善哉！」就是好的意思。說須菩提，「如汝所說」，就像你剛才所說的。

「如來善護念諸菩薩，善付囑諸菩薩。」你就諦聽吧！「諦聽」是在事上認得理，在一切事上認識你的心。在華嚴教義上講，現在這個事是事法界，你把事法界變成了理法界，如理的思惟。諦就是理，諦思就是如理的思惟，如理的思惟就是觀照。這個聽已經不是耳朵，我們當然都是用耳朵聽，但得用你的意來觀照，這樣來觀照，就契機了。以理來說，以理成事，以事顯理，我如是說、你如是聽。

若有一個發菩提心的人，就是善男子善女人，聞了法，知道本具有佛性，由於失念了，現在想會歸本有的妙明眞心，應該怎麼樣呢？「應如是住，如是降伏其心。」這就是以下所說的。佛先告訴他，如是住，如是降伏其心，只是告訴他，如是住，如是降伏其心。「如是」是指以下佛要說的話。

須菩提，「唯然，世尊！願樂欲聞。」我希望聽，這個過程很簡單，一問一答。佛就告訴他，如是住，怎麼住呢？如是降伏心，怎麼降伏呢？「諸菩薩摩訶薩，應如是降伏其心，所有一切眾生之類，若卵生、若胎生、若濕生、若化生、若有色、若無色、若有想、若無想、若非有想、非無想，我皆令入無餘涅槃而滅度之。」我都把他們度了，使他們度到成佛。

爲什麼加「無餘」兩個字？涅槃是不生不滅的，要了生脫死，成就佛果，不生不滅，這叫涅槃。「無餘」是對著「有餘」說的，還沒有究竟的。聲聞緣覺認爲他們證得涅槃了，他們感覺著，佛在世的時候他們所證得的跟佛無二無別，菩薩行菩薩道，他們體會不到，現生的化身佛跟他是平等平等的，這叫「有餘」。證得「無餘涅槃」，是究竟成佛果的時候。像這樣度脫無量無數無邊的眾生，實在無眾生可度，也無佛道可成，實無眾生得滅度者。佛度眾生無眾生相的意思，沒有眾生可度。

以前有人問過我這個話，「地藏菩薩永遠成不到佛。」我問：「為什麼？」他說：「因為地藏菩薩發願，眾生度盡方證菩提，眾生界有盡嗎？眾生界是無盡！地獄空了他才成佛，地獄能空嗎？」我說：「這是你的看法。」他反問：「那你是什麼看法？」我回答說：「沒有地獄，根本沒有眾生，我見到有眾生是眾生相，所以有眾生。地獄根本沒有。」

那時候我們在美國紐約。我問：「紐約有監獄沒有？」他說：「有！」我又問：「有監獄你怎麼沒進去？」他說：「跟我沒關係，我沒犯罪！」我說：「地獄沒有就是這個意思，你沒有犯罪，地獄對你沒有，你想地獄幹什麼！你認為你有眾生相，有我相、人相、眾生相，什麼都有了，難道地藏菩薩還有眾生相、還有我相、人相？地藏菩薩早成佛了。」我又說：「釋迦牟尼佛在《地藏經》第二品上就跟地藏菩薩說：『我不是以佛身度眾生，我什麼身都現的。』」

這是我們看見、聽到經上所說的，事實也如是。什麼事實呢？釋迦牟尼佛在印度涅槃，他活了八十歲就死了。可是從天上看不是這樣，智者大師感覺也不是這樣，為什麼？

智者大師入法華三昧，「法華一會，儼然未散」。道宣律師在終南山淨律寺修道的時候，戒行精嚴，感得張天人送供。道宣律師是學戒的，學四分律的，大家看道宣律師傳就知道。張天人給他送供，他就問張天人說：「現在釋迦牟尼佛涅槃了又到哪兒去度眾生？」張天人聽了就一愣，很詫異說：「你問的是哪尊釋迦牟尼佛？」他說：「我當然問的是印度降生的釋迦牟尼佛。」他說：「釋迦牟尼佛沒入滅！我給你送飯來的時候，釋迦牟尼佛還在那兒說《法華經》！」兩者對照起來，就說明我們是凡夫心、凡夫念。根據這個證明佛是如實語，佛所說的話絕對不是妄語。

滅度無量無數無邊眾生，實實在在的說，沒有眾生得滅度者，既然沒有得滅度者，也沒有能度眾生的人，也沒有所度的眾生，更沒有度眾生的法。「何以故」，這樣說聽起來不是很混淆嗎！爲什麼？若菩薩有我相、人相、眾生相、壽者相，即非菩薩，不是度眾生的。菩薩度眾生沒有眾生相，若有眾生相，那把菩薩給愁死了，哪一天才度的完嗎？別把示現當作眞實。

什麼叫示現當作眞實呢？我們看演員，他不論演什麼都可以，都是假相，不是眞實相；還有他在台底下，他跟我們一樣，等上了台他變了。那時候我們在北京看四大名旦，特別是梅蘭芳，他一臉髯鬍子，等刮了鬍子、畫上妝，就像十七、八歲的姑娘，這個是你可以體會到的。

你說如果是眞實的，眞實都是不變的，別人你不知道、自己還不知道嗎？你現在照照鏡子是不是十六、七歲時候的樣子？是變異的，不是眞實的，眞實的不會變異的。

譬如說用種種方法眞實，就談到如何克服你的病苦，當遇到厄難，在觀苦的時候，痛的不得了，你把這個拋開。我們經常說：「有覺覺痛」，你感覺著痛，痛不能痛到你的感覺上。「有覺覺痛，無痛痛覺。」但是初觀的時候效果不大，痛是眞的。天台宗講空假中三觀，觀一切都是假的，等你痛起來，它不假，它是眞痛；不是痛，是你的觀沒有修成，觀是假的，你假不了，假不了所以才沒有修成。爲什麼修不成？心不專一，要專注一境。

我以前很愛看小說，特別是看〈濟公傳〉。那個縣官打濟公，他一顯神通，前面縣官在大堂上打他，後宅裡縣官的夫人被人打的滿腿流血，濟公給大轉移了。什麼力量能搬家？大家可以用這個想你的事實，再從這個道理去體會佛所說的「無我相、無人相、無眾生相、無壽者相」。先把我相體會到了，無人相、無眾生相、無壽者相三個都解決了。

這段經文告訴我們，一位菩薩若想度眾生，先了解一下都是哪些眾生，有些眾生斷不定他是什麼，怎麼說斷不定他是什麼？因為眾生究竟是眾生嗎？是有情的、是無情的？我經常舉「蟲草」「脆色」跟「人蔘」為例。

後來學佛了，我經常腦子裡想，牠們是動物、是植物？是屬於有情的、還是無情的？像這類眾生你怎麼度？這三類度不度？「蟲草」、「脆色」跟「人蔘」。佛法說的，度有緣者，無緣不度。像這種東西還沒變成人，緣還不具足，還沒有力量度牠。眾生種類我們不知道的非常多。我們看海洋，好多是你從來沒看見過的，隨時都有新鮮的，這段經義就是這麼個涵義。

佛就對須菩提說，你要聽，我就跟你說。須菩提當然要聽了，哪有不聽的，諦聽諦聽吧！那些大菩薩要想降伏眾生的心，得先把自己的心給降伏了。怎麼降伏自己的心？必須發菩提心。諸位道友經常說發菩提心，自己觀照自己，我是不是發菩提心？我們很多道友連菩提心都還沒有了解清楚！特別是在漢傳佛教，省庵大師發菩提文，每位大德都發菩提文，但是很籠統，怎麼下手呢？我要成佛、我想成佛、我就是佛，自己怎麼觀照的？別人又怎麼看你？別人會把你當成瘋子，自己會變成傻子，又瘋又傻，發什麼菩提心呢？連常人你都得不到，因此你得先了解過程。

發菩提心不是一句話，內容非常豐富。你若有了這個心了再去行，依著這個心去起行，行完了要證得，行的時候必須知道什麼是菩提道。就像今天過年，道路塞車，多轉幾個巷子、多轉幾個街道，沒有關係，因爲不堵車，你要知道哪個街道上不堵車。所以發菩提心，必須先了解菩提心次第。

我們昨天說厭離心，先考驗我對這個世間厭離不？如果厭離了，絕對沒有貪愛，不論這個世間有多好的東西，你看見認爲是障礙，不會起心去得到它。貪愛心，你有沒有？或是人家不高興，或者是本來不是說你的，你懷疑。我們這地方住三個人，他倆總嘀咕在一塊，不太跟你說話。你心想：「他倆是不是想整我、他倆是不是說我！」懷疑心就有了。

遇到任何事，總是把自己摻雜進去，若達到「無我」，這事跟我沒有關係。還有瞋心、愛心、很多煩惱，這些都放下沒有？你對這個世間上一點貪愛都沒有了的話，什麼也罣不住你！你自己要考慮。我對這個世間生起厭離心想脫離，生起厭離心必須得修道，你若達到無我才眞正達到厭離，你沒有達到無我的時候，有我在，還什麼厭離？我是沒有了，但是你對法，還是有罣念。這個法雖然是出世間法，還是有罣念，成不了佛。法執、法我執，自己先觀照一下，一步一步來，大慈悲心不是一句空話。

我們讀經、念經的時候，不要光讀文字，看看說的是什麼，它叫我們怎麼樣做。特別是發迴向心，每位道友都發過這個心，我要代眾生受苦，自己的苦都受不了，還代眾生受苦！只是別人冤枉你一點，你都受不了了，總認爲自己是清淨的，總想把自己的過錯轉嫁給別人，把痛苦給別人，把幸福留給自己。

如果幸福都是給別人，痛苦留給自己，願意代你們受苦，那好了，一切眾生的病就是你的病。就像維摩詰居士說的：「眾生病故我病。」害病的時候，你想過沒有，我天天發願代眾生受苦，好了，我這個病沒關係，我代眾生受了，願癌症都生到我身上來。事實上也變不到，你雖然有這個願也辦不到。他有他的業，他的業你代不了，是自己的願力。假使說你是位菩薩，因爲害了病，你要想：這是代眾生受苦！我沒有這個業，還苦不苦？這是減少自己的痛苦。「我又行菩薩道！」高興還來不及，痛苦起碼說是不完全減輕，但也減輕一些，因爲他那個思想意識轉換了，換了跑道，這就變了。

在《華嚴經》〈淨行品〉，智首菩薩請問怎麼成佛、怎麼發菩提心、怎麼行菩薩道？文殊師利菩薩答覆他：「善用其心」。就是你會觀、善用其心觀，觀就是認清楚、看清楚，你必須得學，這是度眾生的方法之一。

你想度眾生得有方法，什麼方法才能度眾生？這就要學佛法，你學少了還不行，你多學，這不是求自己了生死。希望大家不要錯誤理解，錯誤理解了，這部經也去看、那部經也去看，結果把你耽誤了，極樂世界去不了了，這個世界出不去了，等你受了苦了，你說：「都是那個法師說的，讓我什麼都學。」光往那一條道走不是就出去了嗎？這是發大菩提心的，他雖然生厭離不貪愛，但是不離開世間、不離開這些眾生，離開眾生他還度誰去？

我說這個大家不見得相信。在拉薩，我們學法的道友們沒有一個發願生極樂世界，而是發願生生世世在這個世界度眾生。願好發，心裡這麼一想也可以，但是苦眞來的時候，一天一天磨練的時候，菩薩道就不行了。爲什麼阿羅漢要退心呢？因爲行菩薩道非常難。

諸位都遇著很多的事，我們發菩提心，想行菩薩道，遇不著這個境界，因為帝釋天看見你還不夠資格，你發的菩提心不真實，你那是煩惱心。你必須對世間厭離，大悲心真具足，誠誠懇懇的心無二用，要這樣的發願。

每位道友想一想，我們學習發菩提心，像我們是經不起考驗的。你只要發大願，繼續向前，多讀誦大乘，讀〈普賢行願品〉、〈觀世音菩薩普門品〉，多看看那些大菩薩，他們怎麼做、他們怎麼行、他們怎麼發心，生起我們的勇猛心，發心能堅定。我們從一點一點做起，能夠幫助別人的事盡量幫助別人，自己千萬不要想在別人身上佔便宜，怎麼樣讓自己安逸一下，千萬不要有這樣的心，要善用其心。

「善用其心」，包括降伏心，把你的心住在菩提心上，為什麼發菩提心要你這樣來住？這個住可別認為像我們住著不動的那個住，不是那個意思；而是專一、意念不散亂，一心！你幹什麼事就全部幹什麼事。吃飯就是吃飯，心裡沒有雜念，吃飯就是吃飯，睡覺就是睡覺，做什麼，單打一。久而久之，你就發菩提心專注在菩提心上，一切都變成菩提心。

菩提心，剛才講的是大悲心，盡度一切眾生，但是必須有般若智慧，沒有智慧，大悲往往落於情感、落於愛見，因為你有分別，有分別就容易產生愛見，那又不成了，必須得有慈悲；有了慈悲心、大悲心，讓一切眾生能夠認識世間是無常的、是苦的、是空的、是無我的，是這樣來行菩薩道。能對一個人說，讓一個人信也好。

像我在西藏學習，我們的上師喇嘛，傳法也好、授戒也好，都是單對一的，不像現在我們受戒一壇三十個、五十個，哪有這個事。我在西藏受比丘戒，三位師父就對著你一個人說，跟你講清楚要你去作什麼，傳法受灌頂不是那麼容易的。你也跟著作壇城，之後修四加行，都修完了，那個心誠的不得了，之後把那灌頂傳給你，一傳給你就去閉關修行，這樣一修就成就了。

法，一經三傳，變成「烏焉成馬」，本來是烏鴉的「烏」字，之乎者焉的「焉」字，後來變成「馬」字，飛禽變成走獸。烏鴉的「烏」跟「焉」字、「馬」字都相像，大體差不到，但是最後一變，簡直是飛禽變走獸了。

佛對我們所說的教法，是眞實的。像《金剛經》有七、八十家註解，各說各的話。像南懷瑾老師《金剛經說什麼》，究竟《金剛經》說什麼？一切法要用你的智慧觀察，住心向佛學習，諸位道友一定要誠誠懇懇的學習，必須要磕頭懺悔。如果你的三業不清淨，學什麼都很困難，根本學不成，地藏菩薩是這樣說的。如果看過《占察善惡業報經》，爲什麼要拜占察懺、用占察輪？地藏菩薩跟我們說：若三業沒清淨，二種觀道、一實境界一個也修不成，必須懺罪懺到三業清淨，修定修慧而能達到一實境界，一定能修成。

我們因爲帶著很多的錯誤、帶著很多的罪，想發大財又想高升，能達到目的嗎？現在我們連「我」還沒有忘，那個般若空，不是空間的空，也不是虛空的那個空。最初步的時候，必須有這麼一個認識，這是佛對須菩提說的這一段話。一切眾生想要希求達到一個目的，一定要懺悔，要發願。懺悔發願完了之後，你不做什麼也得不到，你要去做。我們做一步得到一步、做一步得到一步，做久了你自己可以體會到。

佛菩薩的加持力是加持什麼呢？跟自己的心相結合，佛菩薩加持就是你心裡頭的力量、反應，你心裡頭的感跟佛菩薩的發心力量，你認爲是觀世音菩薩的加持，其實是自己。如果你不念觀世音菩薩、不念〈普門品〉，或者沒至誠懇切、忘我、無我的求，他不會加持你的，因爲他跟你的緣結不上。我們看那電線沒插上，它不靈的。如果自己的心隨時這樣觀想，等於已經插上了，你的心力依著佛的教授、法的力量，之後跟菩薩結合，就相應了。

好比說你天天念《地藏經》，夢見地藏菩薩，或念觀世音菩薩、夢見觀世音菩薩，那是自己的心理反應。如果能懂得這個道理，愈求愈誠，愈求愈靈，愈靈愈求，最後達到你的本性，跟諸佛同體。這就是同體大悲，跟眾佛同體大悲，跟一切眾生同一個悲、同一個信心，這樣子自然就容易成就了。

復次。須菩提。菩薩於法。應無所住。行於布施。所謂不住色布施。不住聲香味觸法布施。須菩提。菩薩應如是布施。不住於相。何以故。若菩薩不住相布施。其福德不可思量。須菩提。於意云何。東方虛空。可思量不。不也。世尊。須菩提。南西北方。四維上下虛空。可思量不。不也。世尊。須菩提。菩薩無住相布施。福德亦復如是不可思量。須菩提。菩薩但應如所教住。

「復次，須菩提！菩薩於法，應無所住，行於布施。」佛舉布施為例。「所謂不住色布施，不住聲、香、味、觸、法布施。須菩提！菩薩應如是布施，不住於相。何以故？若菩薩不住相布施，其福德不可思量。須菩提！於意云何？東方虛空可思量不？不也，世尊！須菩提！南西北方、四維上下虛空，可思量不？不也，世尊！須菩提！菩薩無住相布施，福德亦復如是不可思量。須菩提！菩薩但應如所教住。」

前面佛說：「云何應住？」佛就跟他解釋。你發了菩提心，菩提心的涵義非常廣，不是照著經文念一念，福德就很大了。我最近跟我們道友經常說：「讀誦一千遍、兩千遍，不錯。」讀經的功德是不錯，很大的。但是我們不是求這個功德，我們是求解脫道的，求成佛的，那個文字能讓你成佛嗎？你得看文字的義理。佛說叫我們怎麼樣做，我們要體會到怎麼樣做，光說、光念是不行的，還要有確實的行動，才能得到。

前文多數不是對我們說的，而是對須菩提當機眾說的，他們都執著法；我們是執著人、執著我。現在須菩提這些過程已經過去了，菩薩在法上不執著，應無所住就是不執著，不住在法上。現在對我們說，我們應當住在法上，我還沒除掉，用法來除我，我除掉了，法也不要，就不住在法上。

菩薩行布施，布施是施捨的意思。在施捨的時候，不住在我、不住在所施的物、也不住在受施的人，能施者、受施者、所施之物，這三樣都不存在，三輪體空。不是住在色相來行布施的，不是住在聲香味觸法布施的。在布施的時候，既沒有求什麼功德，也沒有說我是個能布施的人，很了不起、很有福報，也沒有說他是個受施者，中間也沒有注意我施什麼東西，叫三輪體空。在布施的時候不著相。

「何以故？」把這個意思再徵啓一下，因爲若是不住相的布施，他的福德不可思量，爲什麼？是徧的，這叫稱性的布施。你一住相，小了，那個福德是有盡的，這個福德是無盡的，不住於相。

菩薩爲什麼要這樣說呢？菩薩是不住相布施，他那個福德不可思量的，你想用心念去緣想，說這個福德有好大，思量不到的！無相的，你怎麼去思量？

佛舉例問須菩提，形容無相布施是什麼樣子？佛問他東方，東方是指我們這個地方說，東方的虛空，能想到虛空有好大嗎？虛空有好多嗎？虛空是空的，不是什麼實體，沒有，這個誰都懂。

須菩提就答：「不也，世尊！」虛空怎麼能思量大小、長短、方圓，不可能的，這是一方，光指東方。南西北方，四方其餘的三方可思量不？南方、西方、北方，也像東方這樣子，那個虛空，它的大小、長短、方圓，你能想出來嗎？須菩提還是答覆：「不也，世尊！」他說虛空不能想，不能計算長短、方圓、大小。佛就用這個比喻跟前面所說的法結合起來。

須菩提！菩薩的無住相布施，不住能施者、不住受施者、不住所施物，這叫無相布施、不住相。福德就像虛空似的，也是不可思量，十方虛空。東南、西南、東北、西北，東西南北加四維，再加上下，就是十方，十方的虛空可不可以思量？總的說是不可以思量。誰若做這個布施誰就是菩薩。當你思想這東西，不考慮物質的大小，也不考慮能施者，也不考慮受施者，這個布施的功德，就像十方虛空似的，計度不出來這功德有好大。

「須菩提！菩薩但應如所教住。」答覆他了，菩薩發阿耨多羅三藐三菩提心，怎麼樣住？怎麼樣降伏？佛先答覆住。住在什麼上面？無相布施，沒有我、人、眾生、壽者四相，這個福德不可思量，你問我怎麼云何住？就是這樣住。

我們平常在自己的日常生活當中，你做一個什麼事，例如說到這來聽經，怎麼來觀想，我今天來這聽經，怎麼樣觀想這聽經的事件，無我無人無有說法，本來也無法可說！法無定體，法沒有一個定體，沒有什麼形相，有法可說嗎？有能說的人嗎？有聽法的人嗎？有聽法者、有說法者嗎？有所說的法嗎？你用這個相似的去這樣觀想想。

在日常生活之中，最初我們只是觀，說住，我們住不住。最近有好多道友跟我說：「孩子都不聽話，給他惹禍。」我說：「你管他去。」「怎能不管，那牽涉到我！」「你管了又怎樣，能管的了嗎？」他說：「是管不了。」管不了也得有個辦法。

如果發了菩提心，這件事你怎麼做？你別把他當成是我的兒子，你把他當成眾生。遇著自己的事，能不能把他推開一點，以這個方法來試一下，心裡開闊一點。不說別的，起碼心裡自在、舒服了，反正因緣所生法都是空的。他是他，我是我，放下就自在，提起來很苦、很累，放下了、解脫了。

一位道友求我給他迴向，迴向就完了，不行還揹著，就問人家現在怎麼樣？這都是揹著放不下。你能揹的起嗎？這個道友打電話要這樣、那個道友打電話要那樣，你揹的動嗎？過去了就過去了。後文講，過去心不可得。我們盡把過去的煩惱拉到現在，你的煩惱十分之八九，已經過去了，放不下，一直緣念不捨；還有未來的，還沒有來也放不下，也一直在想我將來怎麼辦。我們有位道友出了家，還一直問將來怎麼辦，都當和尚了還怎麼辦？這都是放不下，也不曉得怎麼住心。

大家要經常這麼想，沒有我你他，也沒有過去、現在、未來，什麼事過去了就沒有了。沒有過去、現在，念念不住，你緣念，是解決不到任何問題，只增加自己的苦惱，來生受生就是這麼輪轉的。好，放下吧！今天晚上先放下。

金剛經第二堂課　竟

第三堂課

我們怎麼離相？

須菩提。於意云何。可以身相見如來不。不也。世尊。不可以身相得見如來。何以故。如來所說身相。即非身相。佛告須菩提。凡所有相。皆是虛妄。若見諸相非相。即見如來。

這段經文主要講的是離相。六根所對的六塵一切境界相，不執著了，離相！我們都是以相來分別，都執著在相上，我們對離相，做起來很困難，這是講般若的涵義。

「般若」爲什麼不翻？因爲它含的義理很多，所以不翻；又者秘密故，因此不翻。那是屬於般若見，我們用智慧觀照，這知見是正知正見，是智慧的見。因爲這個見是契合理體的，離相是讓你見性，依你智慧的心跟心體相結合。你看見一切相，在相上能見到相的性，見相的性就是見到一切諸法的本體。

以華嚴教義講，到七地菩薩才能達到離相的境地。離相就是修行者的地位，已進入七地菩薩的地位。七地菩薩修行所得的次第，就是他的定跟慧平等平等，在他的一切動作當中，就是在定中，他在定中也能發生一切智慧去利益眾生，就是定慧均等。他所用的心是順理的，我們所用的心是妄的，妄是背理的、不順理的。我們說不順理是指法身理體說的。我們在相上起種種的執著，那就生起種種的煩惱。眞正般若的空義，我們理解的都不夠，還不用說眞正的證得。

我們所見到的空，只能是觀照的。在觀照的時候，例如在靜坐的時候，或者現在大家共同學習《金剛經》的時候，我說的聲音，你聽見，這是有相的。怎麼能達到聽無所聽？你見的相，見無所見，沒有能見的也沒有所見的，也沒有在座聽經者的群眾之相、說者之相，這個智慧達到入理。這個境界是顯你的眞義，見到我們的眞心。

我們現在用的心是虛妄顚倒的心，虛妄顚倒心不能見到眞理。你得把虛妄顛倒心靜止下來，我們是從文字、緣念當中，想或是思惟、或是觀想，只能體解到這麼一回事，但我們見不到。等見到了，用禪宗的話就是明心，明心就是開悟了。

這就告訴我們，你要想明心，要想悟得菩提道，菩提的眞理，你得先離相。若見諸相非相，才能見到如來。見如來也可以，見到眞心的理體也可以。若能見到你的眞體，見到你的眞性，那就答覆須菩提的「云何應住？云何降伏其心？」見到眞理了才能降伏，這是無所住的住。

我們降伏或者對待一個事物，怎麼克服？我們把它克服住了，降伏住了，這是有形有相的東西。對我們這個心，怎麼能降伏你這個妄？妄太多了，我們那些法相，凡是所有一切煩惱、一切妄執，在色聲香味觸法上，你對待六塵境界的一切境界相上，色聲香味觸法也是妄，所對六塵境界也是妄；乃至眼耳鼻舌身意六識，這十八界全是妄的。得離開諸相，把這個相降住了，那就是明心見性。

所謂見性就是證法，證法就是證得的證，證得法性的理體就見到法身，見到法身了，法身就是佛，本身就是佛。佛的法身是徧一切處，法身即是佛，法身是佛，自己的心也是佛。這個不是化佛，而是眞佛，是如實境界，實相佛。我們所見到的這個佛，這也是化的，化種種相，像我們見到釋迦牟尼佛，也是化的。

離開相所見到的，這個相是離開你現在的緣念的心，緣念的心跟現在所有的知識、知見！所有看問題的看法，都是緣起的。緣起的沒有實性的，緣起一切諸法沒有實體的，緣起的一切諸相沒有眞實實體的，必須得達到性空。

空是空寂，寂就是定，達到空寂性的性體。就是我們所說的從發心，發心就是我們剛有信心，因信心，觀一切世間生厭離心。厭離心，而不是想超脫，不想自己超脫，一定要度一切眾生，要大悲心，這兩種沒有智慧是不可以的。因爲有智慧才觀照，你觀照厭離的，能厭離的徹底；你生起的大悲心是平等的，平等救度一切眾生。你有這兩種心，必須得靠智慧。智慧的生起，是從離相的生起。這一段文著重在教我們離相。

在離相的時候，怎麼樣離？離相有個次第。我們所知道的世間一切是苦的，苦的性體是什麼？苦的體，不苦。當你感覺痛苦，感覺痛苦的感覺的這個覺，它是不痛苦的。非得你寂靜下來的思惟，生起這種認知。當然我們還不說證得，而是初步的，這個道理我們信了，信了之後必須得徹底明白，明白就是解，解之後，依你所解的去修；依你所解的去修就叫行，等修到了一定程度，那才能證得。

證得的方式有多種，禪宗歷代祖師公案，他就是見道，修了好多年，或是過去生多生累劫的，他就參，參就是他修的過程。機緣相契的時候，乃至豎個指，一舉一動，這個參悟者能開悟，那種就能把攀緣的一切念頭停下來，在寂靜當中，狂喜、狂心、狂亂的心靜下來了，狂心頓歇。這時候碰到一個機會、一個機緣，突然間的一種現相，或者打個板，或是禪宗所說的豎個指頭，他都馬上就明白了。

過去有位修行者，盡是參「我怎麼生的？我媽媽怎麼樣能生我？」參！等他開悟了，他才知道女人才能生孩子，他聽到這麼一下就開悟了，他就明白了。類似這種的機緣，機緣相契，一千七百公案都是直指這個。但是他必須修證功夫到了，這種是不是眞正的明心見性？以個人認識，我心裡是不大承認的。

有人這樣問過我：「開悟有沒有次第？」我說：「豈止有次第，次第還多的很！」我們常常說呵佛罵祖，像丹霞劈佛，這些例子很多。但我們現在的人沒人學也學不到。現在連正式的禪堂都沒有，怎麼還有開悟的，那就更沒有了。有沒有這樣修行的，在山裡頭修行的還是有，但是寂靜的功夫沒有達到，理解力沒有達到那個程度，悟門難開。

從教理的次第來講，離相，我們怎麼來離相？這是體空，離相當體即空。這種離相不是把相都遣除了那種離相，而是你的心，妄心跟妄相停歇，眞心顯現。

舉個例子，佛在菩提樹下頓悟成佛。禪宗的大德認爲他們那個開悟也跟釋迦牟尼佛是一樣的。我在鼓山的時候，那時候小不懂事，我也是這種想法，說頓悟了，就成佛了，成佛了就跟釋迦牟尼佛，無二無別。

等到學了教理之後，有時候跟禪宗大德辯論的時候，他說，他開悟成佛了。我說：「我也成佛了。」他說：「你成什麼佛？」我說：「理即佛。我認爲我這個佛性跟佛的佛性，無二無別的，不也是佛！」他說：「我不是你那個，我是成就。」我說：「你距離遠的很。」

釋迦牟尼佛在忉利天，就像現在彌勒菩薩座的，他下到人間，也經過入胎、出胎，乃至於夜睹明星開大悟，現在禪宗祖師那個悟開了也頓成佛，跟釋迦牟尼佛無二無別。在我們學教義，懂得這個道理，能相信嗎？不能相信。我們從教義裡知道，知是一回事，現證又是一回事。知道不等於你就是，像我們知道這飲食多好吃，吃了是飽肚子，你得把它吃下去，肚子才飽，吃到肚子裡還經過一段消化過程。因此，離相的境界，很難，不能夠離相，那就好了。

佛問須菩提：「你是不是以身相來見佛？」他說：「我不是以身相見佛。」為什麼說不是以身相來見佛？佛所說的身相，即非身相。怎麼理解？現在我們這個身相，是不是我們的身相？非身相，這也給我們提一個參的話頭。

這身體明明有，說它不是的，身相即非身相。他舉佛的例子，佛說身相即非身相，這是遣相。佛在很多經教上說，是五蘊假法和合的，假法和合的不是真有的。所以他說是身相，即非身相。若離開這個身相，又哪兒找身相？

僅舉身相這一個例子，其他的一切所有相，即非身相，這種是般若智慧的當體即空，是不假分析的。如果不假分析，就是體空，這在教義上講叫體空觀；我們如果不能進入的話，叫析空觀，把它分析，分析是這個肉體是地水火風四大種；或《楞嚴經》七大，地水火風空根（見）識，他是和合而成一體的。如果經過這麼一分析，各就各位，身體沒有了。我們再假分析，說是我們從幼年到壯年到老年，到消失消滅了，這叫析空觀。

《金剛經》講的是當體即空，用般若智慧一照，照見五蘊皆空，在深般若智慧照的時候，照見五蘊皆空。對於佛問須菩提，須菩提答，佛也認爲他答的是對的，不要以身相來見如來。不以身相見如來，還有見沒見呢？還有沒有佛可見呢？

「凡所有相，皆是虛妄」，如何是無相的如來？大家多思惟思惟。可不可以解釋呢？如果我們參學，這就不要解釋了，因爲解釋是妄的。我們這語言不是妄的嗎？你以耳根來聽，還是妄的，達不到眞實的。眞實是要你契證，默契。見到諸相非相，一切諸相非相，因爲一切諸相是和合而有，因緣而有的，是緣起的。不論舉個什麼相，都是緣起的。就我們這個架子，緣起的，除了人工、木料，那不一定是木料，拿個鐵的也可以，反正是和合體的，這個是緣起的！緣起無自性，因爲無自性故，都是幻化的。

《金剛經》最後的四句話，貫徹全經。「一切有爲法，如夢幻泡影，如露亦如電，應作如是觀。」《金剛經》最後解釋的是達到非相，《金剛經》整部經就是讓你見諸相非相。用這個觀點、用這個義來體會，用到日常生活當中，如果有什麼苦難，你沉靜下來，分析一下，這苦難哪來的？有沒有？也是一相。生和死，有沒有？當然有生，有生必有死，生起一定要滅，生必定要死；你想不死，那就不生！不生就不死了，一切諸法都如是。

依這個意義來說，一切諸相是讓你觀照，用般若智慧的觀照，因爲須菩提問：云何應住？云何降伏？這是降伏的一種，究竟降伏就得離相。離開相你才能見到性，妄盡才能顯眞，眞就現了；妄不盡，眞不會現的。

怎麼能達到妄盡？《金剛經》現在只是開始，一切的文字是教你妄盡的方法。現在所有看到的一切事物，就我們現在這些人、所有的花，乃至於佛像，顯離相，一切有形有相的東西，我們得認識它，把它當成實有的。

須菩提在羅漢當中證得空義是最深的，所以佛問這個，「若見諸相非相」，就顯空義。須菩提答覆這個問題，這是他經常修的，所以答覆的時候，佛就承認了，認爲他答覆的是對的，這個問題並沒有難倒他。但是他答覆的是不是究竟的？須菩提這個時候沒有證得法身，他知道不知道？須菩提的智慧已經斷了見思惑，他還會不知道嗎？但是沒有證得，他知道的不確切，我們隔離更遠了。我們也能理解離相眞如，但是在一切事實上就離不了了。

或者人家罵我、侮辱我，或是在生活當中困苦，或是一切災害降臨，你也離不了相。離相，水是水相，火是火相，但你見到它有相，它就把你燒了。你能把你的色身變成法身嗎？沒有這個本事，連阿羅漢的神通也沒有。是不是要等離開肉體才是法身？這也是錯誤的。諸相非相，諸相是非相。即一切相即是法身，法身徧一切處，不壞他的相！並不是等到相消滅了，我們才知道。

好比我們把這個相打破了或者燒了，這叫離相，不是的。離相是在相上而認識到無相，我們這個假身是幻化的，幻化空身即法身，我們把一切相都幻化就是法身。明心的時候，你明了，一切無障礙；沒明呢？一切都是障礙。

這個問題是靠思考的，從文字上的解說，你得不到實在好處、得不到實在利益。如果把握住這個觀點，雖然沒證得法身也沒悟得，但是認識到煩惱來了，你修這個觀。沒有你我他，特別是在受苦難嚴重的時候，你觀吧！不但離苦難，是你對待理性上，能明白一點。爲什麼這苦加到我身上？雖然不能夠完全離了，但總比不懂的要好一點，任何苦難來了，自己能忍受。

另一種，你不能忍受也得忍受。這個話怎麼講？我又說到監獄了，如果監獄給你上刑，你不能忍受，不能忍受有什麼辦法脫離？你照樣的也得受苦，能忍受也得忍受，不能忍受也得忍受，它也過去了。能忍受的跟不能忍受的受苦，不同。

說自在，什麼地方才顯自在？就在你認爲最煩惱、最苦難的時候。忽然間很自在或是忽然間很解脫了，那也可以說是悟的一種。當最痛苦的時候，害病是最痛苦的時候，你修這個觀，如果有了效果，那個病能病的到「我」嗎？「我」會生病嗎？我說這方法是不完全的，每個人有每個人的想，你可以用總的方法、用般若的智慧，再來觀，誰在受苦？能受苦的我這個肉體，所受的痛苦有個實質性嗎？沒有，自己觀照有沒有？或者用器械打你，能打的人跟所打用的器具、打的方法不同，或者拳頭打你，或者踢你打你，你是受者，把這三個分析開來想！當正在受苦的時候，你想，效果非常大。

另一種是轉移目標。當受苦難的時候，你不要專注，把它分開來，把打的人、受打的身體、打的刑具分開來，就可能減少很多痛苦。這是說用觀心的方法，觀它是假的。我的身體是假的，打的方法也是假的，沒有一件眞實的，苦又從哪兒生出來的呢？這能夠減少痛苦。

但這個是見到法性？不是的。你能夠這樣用功，漸漸達到無我，從無我再進一步，一切諸法都無我，連這個法也沒有。這樣才能夠「若見諸相非相」，才能見佛，自己就是佛。雖然我們開不了悟，也證不到法身、也成不了佛，但是我們能夠解脫一部份。

如我們遇到一件事想不通，很煩惱，你就把般若智慧顯現一下吧！你說：「爲什麼我要煩惱？煩惱從什麼起的？爲什麼我要憂愁？」很多事情還沒加到你身上，你就憂愁的不得了；等事情已經過去了，還想著那件事，又拉回來，痛苦的很，這叫放不下、看不破，把諸相都當成眞實的！如果離開這些相，不把它當成眞，是幻化的，這樣你對離相的境界，漸漸能入一點點，但是還不容易。

須菩提在聲聞、緣覺當中，他解空已達到第一，不只這一生，多生以前，他成「空生」。證阿羅漢果之後，沒有完全見到法身，但是他把見思惑消了，不承認阿羅漢見到法身。在大乘教義裡頭，他的地位跟顯宗判教的七地菩薩是相似！若從他的地位說，他也是見到一分法身，或者也證到一分法身。以圓教來分就不同了。

到圓教，像《華嚴經》初住位的菩薩，叫發心住，他發菩提心，能在一百個世界裡頭示現成佛，那個時候他一發菩提心就相似證菩提果，但是是相似；初地菩薩是眞正見道，證了一分法身。像這個說普通的大乘，《金剛經》爲什麼說是無上乘？大乘之上，不是通教的菩薩。在漢地裡頭判這個教義，有一定的道理，給你劃分很多等級。

我們自己的定位，好比我們信佛、也發了菩提心，我們只在信心，這個信心我們還沒有到位，連個初信的位置都沒有到。初信的位置，它有境界相的，也還是有相的。什麼相？「覺知前念起惡，能止其後念不起者」，絕不相續，絕不再起第二念、第三念，乃至發之於身口七支，沒有了，這就眞正信了。十信滿了，到了初住，十信有十種信。像護法心，爲了護持佛的正法，寧捨身命，他把他身命看的很輕，把法看的很重。信位菩薩絕不失掉念三寶的念，我們能具足有這種信心嗎？更不用說高深的。十信滿心登了初住位，這還是相似的離相。我們講的是相似的離相，不是眞正的離相，非得登了初地，真正離相，只見一分，十分當中只是一分。

有個故事。有一次，佛在天上說法的時候，大家都渴念的想見佛。因為大家渴念如來，在這時候有一位比丘尼叫蓮華色比丘尼，她已經證得阿羅漢果。在佛的戒律，凡是比丘比丘尼、優婆塞優婆夷，四眾弟子有一定次序的，是以戒臘來分次序，不是以出家先後來分次序的。比丘一定在比丘尼的前面。雖然蓮華色比丘尼證得阿羅漢果，在佛制的戒律上說，比丘比丘尼、優婆塞優婆夷四眾弟子，這次序當中比丘在前，比丘尼在後。

蓮華色比丘尼就想了，若按這個次序排，不能先見到佛。她就不現比丘尼身，因為有神通，把自己變現為大梵天王，她跟他們在一起，不隨佛制，因為他們是護法，是梵志的，不屬於四眾弟子之列。所以她就化現為大梵天王，比他們先見到佛，因此她是第一個先見到佛。她見到了佛，跟佛說：「世尊，我今天是最先見到您的。」佛說：「不是你最先見到我的。」蓮華色比丘尼就很奇怪了，明明是我在這兒先見到您的，為什麼說不是我先見到您？在我之前沒人來過。佛說：「有。」他說：「何人？」佛說：「最先見到我的是須菩提。」從這個涵義，須菩提證得空義了。

佛就跟他說：「爲什麼須菩提先見到我？」因爲須菩提在因地的時候，也是在一個法會當中，須菩提沒有去，大家都很高高興興見佛。須菩提就這樣的思惟，不以身相見如來，我思惟諸法，以法來見佛。因此佛說，他是第一位見佛的。佛對蓮華色比丘尼說，須菩提第一個見到我的是法見，我們現在說的就是見到法身佛，這是講離相的涵義。

我今天跟大家說離相義，主要著重日常的生活，怎麼樣去不執著，怎麼樣放下。想兒女也好，想父母也好，想你最愛的朋友也好，你要想他的性，不要想他的相，你就見到他，就跟他永遠的相親在一起。離開相的體只有一個，法身只是一相，我們的法身跟諸佛的法身是無二無別的，你證得了，才知道如是，沒證得之前，你就如實觀、如實想。現在所有三界九有一切眾生，也同在一個裡頭，不是在性裡，而是在相裡。所現的相不同而已，就在六道輪迴轉，出不去。只是這麼一個相而已。

「般若」的涵義，或者你說如實想，說他是空的，絕對是錯的。說般若義是有的，那就更錯的。你要體會般若義，就我們前面所說的，「若見諸相非相」，這是般若義，眞實義，認識諸相非相，不是把一切諸相泯殺，那就錯了。差之毫釐，失之千里，意思完全不對了。

前面講四相，我、人、眾生、壽者，那是按世間相講。若這樣來見世間相，以世間相來見，這就是世間相。出世間的理體如何？在理體上沒有這些相。我們就極淺點說，人，我們就說人，不去分析他，人就是人。你作第二念，這人是年輕的？年老的？中國人？外國人？黃皮膚人？白皮膚人？總說人就是人，但是你不能去分析，一執著，就麻煩了。若不執著，人也沒有了。般若義是這樣的，不是把這個東西消失了，沒有了，那就不是般若，那是頑空。

我們所說的空，是用般若義來空掉執著、煩惱這些相，空掉種種的妄想分別，煩惱來了，你用這個觀吧！之後去分析，找找原因，找找煩惱的生起，我們還不是一個煩惱，這個煩惱過去，那個煩惱來，那個煩惱來，觀觀我們煩惱的生滅相續，思想的妄念。攀緣，必須有種種世間相，那是什麼呢？我們這個心被相轉，那就是一切眾生。

如果心能轉一切相，在《楞嚴經》這樣說，心能轉境，心把外面一切境轉上，一切境都歸於心，這就是佛。心被境轉，遇著什麼境，生起什麼煩惱，遇到什麼境生起什麼煩惱，那就是眾生。這是離相的意思，獲得法身的意思。

離了相，那個相就是實相。反過來，實相者無不相。我們說究竟光明體是個什麼相？現在我們是燈光，太陽光跟月亮光，這個光有什麼分別？光是明，明的涵義有什麼分別？有些問題，經常思惟修，就是觀。

我們現在聽到了，聞法，就是想法的義理。很多道友都在讀誦大乘，讀〈普賢行願品〉也好；讀〈觀世音菩薩普門品〉也好；讀《阿彌陀經》也好；讀《藥師經》也好，隨便讀哪部大乘經典都好。但是每部經上說的什麼話？經上教你怎麼做？你讀的是文字，文字是給你詮釋一種義理，那個義理是你要去做的方法，最初文字上生疏或者記憶不熟，你好好讀！讀完了就去想，這句話教我做什麼？不是給你說說就好。有的話，恐怕你一生、二生、千萬億生還弄不清楚，就是一個離相，離相是無相嗎？離一切相。他沒說滅，而是讓你離！離不是滅一切相，就是在一切相上，心不作意，心不執著，而不是那個相沒有。心能轉境，並不是境都沒有，而是你在境上不執著了。

道友們都看電視，如果你看到西洋人，朋友見面抱了就接吻，你作何感想？你看這個相是什麼相？每個人的心並不同的！特別是看偵探小說、偵探電影，剛抱著親完了，回來就要殺你，或者給你一槍。你體會到嗎？佛說的甚深義理，當理解不通的時候，不要鑽牛角尖，你回到最淺處，最深的道理在最淺處去找也能理解，不要鑽牛角尖。越是最深的，越是最平凡的，這個道理要大家體會一下才知道。

「若見諸相非相，即見如來」，離一切相，見一切法的眞實相，離一切相是假相，眞實相是什麼？眞實相無相，無相無不相，還是一切相。

當你知道這個人是壞人，你不理他，也不包庇他，也不縱容他，也不隨他轉。壞人對你來說，毫無用處。你若是有力，你把他轉變了，你的力量更大了，大菩薩能把壞人轉變成好人。

「若見諸相非相」，要把你的心住在什麼地方？住在自己的性體上，住在你的自性上。你經常這樣的觀，能夠見到眞空之理，眞空是不空的，不是頑空。爲什麼說眞空？眞空跟頑空是有區別的。我們一說空見，眞空的，知見見空理，看著這一法，一見到他，性體是沒有的，他是空的，這叫性空。這時候只是你明白了，明白自己的心，是初步的。在教義上這叫什麼？「明心菩提」。明白覺悟，明白自己的心，叫「明心菩提」。

「明心菩提」，怎麼來的？是從最初的發菩提心，那叫「發心菩提」。因為學了佛，或用戒律也好，用你的智慧也好，乃至你學到，能夠使你的心伏下去，不再那麼攀緣。面對五欲境界，當你沒有證果，人人都如是！但還能降伏他那個心，不去攀緣他，而是認識他，對我修道非常有害，把他降伏下。降伏並不是斷，而是降伏他，不讓他放縱，不讓他攀緣，那叫「伏心菩提」。之後，「明心菩提」，明白這種道理，明白離相的眞義，明白相的眞諦叫離相。離相見性，離開相才能見到性。

須菩提白佛言。世尊。頗有衆生。得聞如是言說章句。生實信不。佛告須菩提。莫作是說。如來滅後。後五百歲。有持戒修福者。於此章句。能生信心。以此為實。當知是人。不於一佛二佛三四五佛而種善根。已於無量千萬佛所。種諸善根。聞是章句。乃至一念生淨信者。須菩提。如來悉知悉見。是諸衆生。得如是無量福德。何以故。是諸衆生。無復我相。人相。衆生相。壽者相。無法相。亦無非法相。何以故。是諸衆生。若心取相。即為著

我人衆生壽者。若取法相。即著我人衆生壽者。何以故。若取非法相。即著我人衆生壽者。是故不應取法。不應取非法。以是義故。如來常說。汝等比丘。知我說法。如筏諭者。法尚應捨。何況非法。

一念生淨信，一念就是一刹那間。一念生淨信，就是剛才我們講的離相，離一切相，還沒說證得了，這是眞理，清淨信。

須菩提聽完了之後，對佛說：「世尊！到未來的時候，有的眾生聽到佛這樣說，他能信？他能懂？他能生起信心？」佛就對他說：「莫作是說。」你不要把未來的眾生看得太低了。未來的眾生能生信心，不但能生信心，他說佛這種的法才是眞實的，眞正以此爲實。

聽到《金剛經》不詫不異，現在爲什麼說我們此土是大乘根機很多？大家讀誦《金剛經》的人太多，沒有反對《金剛經》的。他能生起信心，佛說這法太好了，般若義太高深了，雖然沒入，但我信得及，是眞正的佛法，拿這個當爲實在的。以此才能夠了生死，以此才能夠離苦得樂。像這樣的眾生，不是一佛、二佛，乃至於三、四、五佛種的善根！他種的善根是在千萬佛所種下的，善根種得很久很深的。若是聞了《金剛經》這一段的章句，聞經上所說的這些話。只是一念生起清淨信，佛說的對，離相眞如，離念生起實相。

「須菩提，如來悉知悉見。」佛一定善護念的，就是前面須菩提讚歎佛，如來善護念諸菩薩，善付囑諸菩薩。所謂末法者，這個時候很不好，造惡的很多，生善心所的很少。法也沒有什麼正，也沒有什麼像，也沒有什麼末，現在信的人少了，眞正修行的人少了，理解力的人也少了。若能在這個時候，有這樣信心的人，如來還不加持他嗎？一定加持的，得如是無量福德。

我先講講「信」，什麼叫實信？什麼叫虛妄的信？我剛才講信心有好多種，當我們已經發菩提心，信心，信我所具足的這個心，跟佛所成就的心，無二無別。妄跟眞就是那麼一點點分別，差之毫釐，失之千里，一萬大劫、十萬大劫，也翻不過來。妄跟眞是一個，在《華嚴經》講，妄盡還源，還歸眞心。大家看〈大乘起信論〉講一心二門三大，都是這一個心，心眞如、心生滅。三大呢？體相用，不過要講九相，業相、轉相、現相、智相、相續相、執取相、起業相、計名字相，業繫苦相，一個跟著一個的生起，越染越深，越染越重，這是分別的次第。

佛跟須菩提說，你不要把未來的一切眾生，乃至於現在的眾生，你別把他們看成是沒有信心的，看成是一成不變的，這樣看是不對的。

佛在如來滅後五百歲之後，佛告訴他，莫作是說，在我涅槃之後，五百歲之後，還有些持戒修福的人。持戒修福就是受過三歸五戒的，三歸本身就是戒，歸依佛不歸依外道天魔，不歸依外道天魔就是戒，不要你歸依其他的，只能歸依佛，不歸依魔王外道邪說，不要歸依，這就是戒。

歸依法，只能照著佛所說的教典經論，不歸世俗一切的典藉。只說歸依，甭說你看看作參考，那不是的。歸依，以他爲師，以他爲我的鏡子，或者以他爲生活的指導方針。

歸依僧是不歸依外道邪眾。不歸依天魔外道，不歸依外道典藉，不歸依外道邪眾，這就是戒。叫你不要這樣做，這就是戒。

殺、盜、淫、妄、酒五戒，受了戒，受持不犯的。修福德有多種，讀誦大乘、持誦禮拜，都叫修福德。對於《金剛經》上所說的這段話，也就是佛跟須菩提問答的那段話，他能生起信心，前面說是清淨信心，沒有染污，他相信了，一切諸相非相，還要離相，離相是見佛的法身。

因爲聞到這個法，生起信心，能持戒修福，就能入佛門。能夠生起信心，能夠相信這個法是眞實的，那就是修福德智慧的人，不是少善根的人，能夠對於此法能夠進入，對《金剛般若波羅蜜經》能生起信心。

生起信心的表現，很多的道友們聽到經，雖然沒有深切的理解，照這個去修，但是他初步的來受持讀誦。能夠受持讀誦，他就深入的學習，不但不生毀謗，他依這個作爲他的修行；依著這個作爲修行的指南，乃至做人的指南！因爲他久積善根。

所說的清淨信，這個很不容易，我們現在的信心不是清淨的，這個自己問自己都知道，我們佛弟子往往在生活上或者生意上，或者學習上，或者生老病死苦，這些境界相來的時候，抱怨了，「我信佛的，我是佛弟子，佛不加持我，佛菩薩不靈！」抱怨來了，這不叫清淨信。還有好多信佛的，因爲有種種災害來了，受種種災難，或者有什麼逼迫他的，遁入空門，到這裡來躲避。過去有人犯了罪之後，怕受法律制裁，躲避到空門裡，過去如是，現在也如是。

這個叫清淨信嗎？不叫清淨信。如果已經出家的二眾師父，已經受了比丘、比丘尼戒，對佛所教授的，不只《金剛經》，對佛所教授的，是不是生起有信心？有了信心之後，什麼叫作清淨信？身、口、意，心裡沒有貪、瞋、癡的念頭，口裡頭沒有妄言、綺語、兩舌、惡口，身體沒有殺、盜、淫，這樣才算是眞正的信心，以他的行爲證明他是眞正信。

每個人都可以理解自己到什麼程度，四眾弟子經常掛在嘴邊上的話，「我的業障很重！」業障很重，怎麼辦呢？永遠讓這很重的業來壓著你嗎？業障輕或重，怎麼知道的？這不是一百斤跟五十斤。

怎麼叫業障重？怎麼叫業障輕？遇著挫折、困難了，業障就重了嗎？窮了業障就重了？或者臨時受個災難，這叫業障重嗎？或者害個重病，這叫業障重嗎？拿什麼作標準來個重和輕？如果眞正理解自己的業障重，那就把它消失了，要懺悔！把它掛在嘴邊，業障重，有什麼用處呢？清淨心，心裡頭沒有這些雜念，遇點什麼困難，對佛菩薩就打問號，或者遭受一點挫折，或者生活不如意，信心就不堅定。罷道還俗，當時社會的現象或是排斥你，爲了活命，或者爲了現前的利益，若是要你罵三寶，讓你燒佛像，都幹！大陸上那時候，自己廟裡的和尚自己來拉佛像的，不少。

我們講的是清淨信，這觀念非常重要，我們一天生起過幾次清淨信心？哪管是一分鐘兩分鐘，這個時間我信佛是清淨信。甚至讀誦大乘的時候，拜千佛禮懺的時候，有沒有清淨的信心？其他人不知道，自己應該自己知道。你學了這麼多經，隨便看哪部經都這樣告訴你。

起貪心，最愛好的就叫貪心。這些不是不懂，總是掩飾自己的錯誤，用種種方法手段，掩飾自己的錯誤，這就叫業障。還做很多的業，把清淨心障住。我們現在三業沒有清淨而能不犯錯誤的，很難。乃至於沒入位的時候，沒有證到初果阿羅漢，沒有證到阿羅漢果，乃至初果、初果向都沒有得到。現在我們很多道友修行的時候，自己檢討自己，煖、頂、忍、世第一，這些位置都沒有達到，更甭說初果向、初果。這個信心你能說清淨嗎？一念清淨信心都沒有，這一點都不過分。現在的七眾弟子，只要名利一現前，對我有害有利的事一現前，經書可以燒，佛像可以拉倒，這是我親眼看見的，像在文化大革命，這種現象很多。

一個清淨信心都這麼不容易，要進入般若義，大家想一想，業把你障住了。若知道業障重，那就懺悔吧！懺悔，最究竟的方法，最快速的方法，讀誦大乘也是的，禮拜也是的，特別是修禪定觀心，狂心頓歇，歇即菩提，什麼罪業都沒有了。

有一位老師經常給人家懺罪，總是要人家把業障拿出來，「把你的業障拿出來，讓我看看！」我跟他開玩笑，我說：「你要看業障？」他說：「我要看看哪，把你的業障拿出來！」我說：「你看見我就是業障。」

因此，我們對我們自己要特別了解，不要欺騙自己，別人你不了解，也無需去了解別人，對你沒有什麼用處。最好把自己了解清清楚楚，當你特別煩惱的時候，要靜下來，靜坐思惟一下，找找原因，自己分析一下，先從無我做起。怎麼理解？可能解齊佛等，但得從凡夫一步一步做起。

我說這個意思大家可能會懂，說的多圓多妙，不能解決問題。念佛的時候老老實實念佛，印光老法師、廣欽老和尚勸大家，就是四個字，「老實念佛」。

你說：「誰不會！」我說：「誰也不會。」「老實」，很不容易，沒有雜念的、沒有妄想的，說一丈不如行一尺，你平常一觀，不要是口裡頭說著空，妙有！感你做的，全是在有的當中，半點都空不了的，這不行。相對照，用甚深的義理，知道我們現實的生活，讓我們能眞正的離相，或是人打我，我有修離相，沒關係，我沒得相，沒有你也沒有我，打誰？你打。一回、兩回，你眞正能得到受用了，金、銀財寶堆得多少，或者現在新台幣堆得那麼多，也跟你沒有關係。

在衣食住行上面，自己隨時注意，好吃的少吃兩塊，吃多了胃腸受不了，病也少生；把最愛的，自己遏止住，不要放肆，一步一步做起來。你能放得下，看得破了，就能空得掉了。空的是煩惱、是業，我們所說的業惑或是三障，都把它空掉。感你得到的，是戒、定、慧。

金剛經第三堂課 竟

第四堂課

學習《金剛經》是學智慧法門

大家吉祥！我們學《金剛經》是學智慧法門，不要自己給自己設個限，什麼叫自己給自己設個限呢？這個法很深的，自己業障很重，我能學得進去嗎？這是給自己設了限，那就學不進去。這是我的心本具足的，法不向外求！把它看成很容易了，你也進不去。這兩者都是偏的。

你就用個平常心，像你學其它的事物一樣來認識、來學。你說難嗎？無量劫來我們也遇不到，遇到了也開不了悟，我看在座道友不曉得都念過多少遍《金剛經》，你開了悟嗎？我講都講了好幾十遍，每天還念一部，我現在也沒明白！明白是有層次的，說我們信，是信明白了，信從覺上起！你不覺怎麼信佛？我們是普通的念個阿彌陀佛，信了佛，也算受了三歸也入佛門，這一步就很不容易。

你如果分析一下，我們現在這個地球上，有好多信佛的？你再篩檢一下，信了佛之後，照著佛所說的去做，又有好多？包括我們在座的諸位，不論出家的比丘、比丘尼，在家的優婆塞、優婆夷，不要妄自尊大，妄自尊大不說假話，自己別欺騙自己，你究竟信了好多？信本身就是悟，就是覺。

你不覺怎麼會信呢？信解，信的悟，還有解的悟，解的悟就是我們學經的時候，以前不懂這個意思，現在這麼一聽、一講一學習，懂了，這個悟叫解悟。你不學習，不理解！學習了，你理解了，理解是一回事，作還是一回事。之後就說到行，行是照著經上所教授我們的方法進一步去修，等你修完了之後，證得了，親自的領會到，這叫證悟！達到這個證悟就不容易。

我們說解悟，大家都學，現在我們一百多人共同學《金剛經》，層次非常不同。第一個你用什麼心情來學的？這個自己都知道，我是想求解脫、想了生死、想把煩惱斷了，以這麼個心情來學的。若是，那個老和尚講，我也聽聽吧！這是隨喜。

我們來學的時候都有一個目的，只是求福報，讓身心健康，生活愉快，或者是現在作生意很不順當，經濟很不景氣，能夠加持我一下，發個財，生意好一點，這樣來學習的。而出家兩眾，想求證果、想求解脫、想了生死，以這麼一個心情來學的，付出就不同了。

不管是以什麼心情來學的，在前一段經文，須菩提向佛請問說：「佛，你說的甚深道理，在後五百世的眾生聞到，能進入嗎？」也就是能信嗎？能夠理解嗎？佛就告訴他，後五百歲的眾生，有善男信女發了菩提心，他要想求解脫，能夠進入的。佛並沒有說你開悟，也沒說你成道。根據這個原因，我們看下一段經文。前面說這麼幾句，大家也算是那個學習的時候，你怎麼樣用心來學？文殊師利菩薩教導我們，要善用其心。學的時候要會學，怎麼用你的思想？我們都是妄，不錯了！我們是妄心，怎麼樣用你的妄心來達到你的眞心？在這個過程當中，怎麼體會？

「何以故？是諸眾生，無復我相、人相、眾生相、壽者相、無法相，亦無非法相。何以故？是諸眾生若心取相，即爲著我、人、眾生、壽者。若取法相，即著我、人、眾生、壽者。何以故？若取非法相，即著我、人、眾生、壽者。是故不應取法，不應取非法。以是義故，如來常說：汝等比丘！知我說法，如筏諭者，法尚應捨，何況非法？」

「何以故」是個問號。這是指上面的話說的。我們現在這個心，就是現前這一念心，能夠跟現在所說的道理，這個道理是上面所說的這一段文，那是從佛的薩婆若海流出來的，從佛的智慧海流出來的！不要多，有一刹那之間，跟佛所說的法相應，這種情況每個人都有！短暫一瞬間的相契應。

「何以故」，是指這個說的。若是眾生一念相應了，這個時候無我；離念，無我，身心都放下了。因爲《金剛經》這個法，經過般若的法相，達到無我。比如說我執，只是這一念，我執就放下了。不但我執，連法執也放下了，就是無法相。我法二執全放下，這個眾生就解脫了，一念之中解脫了。

我們若能有這麼一念相應，有一念就有第二念，有第二念就有第三念，就會達到念念相應的時候。當你念念相應，究竟是達到無我。如果做不到這一點，若是取相，有所攀緣，這種境界就沒有，一有所攀緣就著我人眾生壽者。再進一步說，我人眾生壽者沒有！若取法相，取著我人眾生壽者這個法，那叫執著法相。執著法相，就是法我執，我人眾生壽者也如是。

爲什麼這樣說？法相是對著非法相說的，「何以故」，徵啓的意思。爲什麼這樣說？「若取非法相，即著我人眾生壽者」，進一步說，離開了法，沒有法相，沒法相還有取捨法這個取捨的相，那個叫非法相。也是著我人眾生壽者。因爲這個緣故，所以說不應當取法，也不應當取非法。不但人我放下了，法我執的法也放下了。

依著這個道理，「如來常說，汝等比丘」，因爲佛說《金剛般若波羅蜜經》這個時間，千二百五十眾都是阿羅漢，都是比丘，以須菩提爲代表，這千二百五十眾是佛的常隨眾，沒有其他的四眾弟子。佛跟他們說，汝等比丘，都是比丘相，你們應當知道！我所說的法，如竹子編的筏子，筏子不是船，是能度的意思。那個筏，是讓你解脫的，你解脫了，還要筏做什麼呢？你過河用個竹排過河了，過去河了，還把竹排背上嗎？就把它丟了。這段經文就是這個意思。

它的義理，我們再深入的說。若是佛跟須菩提解釋說，爲什麼我說這一類眾生不是一佛二佛三四五佛而種善根，而是於千萬佛所種的善根？因爲他能看得破、放得下，不執著人我眾生，也不執著法，也不執著非法。沒有我相人相眾生相壽者相，沒有法相，沒有非法相，因爲這個緣故，他能進入金剛般若波羅蜜。

佛滅五百世之後，還有這類眾生，能得悟入，不但沒有我執，連法執也沒有了。我執！大家平常知道懂得多一點。這個法，就是你所見到的一切境界相，這境界相有世間法、有出世間法，包括出世間佛所說一切法，全是假的。所以，「知我說法，如筏諭者，法尚應捨，何況非法。」後面又說：「一切有爲法，如夢幻泡影，如露亦如電，應作如是觀。」這就是修行的方法。《金剛經》最後總結告訴你修法，觀哪！像作夢一樣。

提到作夢，我們把它看成如夢，以我個人的觀照，我把這個夢比我現實的眞實還眞實，爲什麼？不是如夢嗎？是假的。

我的出家，一步一步的到哪去參學、進程都是作夢。因爲作夢才給我這個方向，現在大家在這裡聽《金剛經》不是作夢嗎？我不存在，法也不存在，也沒有個說《金剛經》的，也沒我這坐在這兒聽。我們能達到這個目的嗎？但是你學了般若，必須得達到這個目的，才叫修成。至於中間這部經說的都是方法，用什麼方法？

像我們作生意，不要像社會上的作生意，爾虞我詐，盡用欺騙手段，什麼手段都用，以達到發財爲目的。這個財，發了就沒有，很快就空的，相信嗎？我們看中彩券，你得有這個命，還得有這個福，中了也享受不到的。

我在天津，那時候天津出黃河獎劵，叫黃河劵，一塊錢一張，那個時候，拉黃包車的一天也不見得拉到一塊錢，他還要生活。有一位拉黃包車的就買了一張獎劵，號碼是背熟了的。突然間一看那個公佈獎劵號碼的時候，他高興死了，他中了頭獎，可以得五萬元。他把獎劵擱到哪裡呢？包車的踏腳板底下有個小箱子，他擱在小箱子裡頭。

他這一看，他中了，高興得就昏了頭，把他的黃包車往海河裡一扔，「呵！我這一回可不拉黃包車了，去領五萬塊獎金。」他拼命往領獎的地方跑，跑到了領獎的地方，不錯，你中的號碼是這個號碼，把你的彩劵拿來吧。他這一聽，「我丟到河裡去了。」「你丟了拿什麼領呢？」他一氣憤之下，投了海河自殺。那不是中獎，而是要他的命。在天津報紙上大登特登！我是看報紙知道的，因爲命裡頭沒有，你拼命去掙是一回事，你享受是一回事，該你得的你不要要欺騙手段，這樣得到的財富不長，會失掉了。

像我們學般若智慧的人，要想投機耍滑取巧懶惰懈怠，想證入般若義，門都沒有，只能下地獄。他取得相反的效果，爲什麼？第一個要你信，信是眞心。眞心信自己能成佛，因爲有佛性，我們具足那個眞，眞信，就是性體，在性體以外所起的妄想雜念，把它消失，性體就現。這是銷「我」的方法，但銷「我見」非常困難。有人說斷惑，斷見惑非常難。

特別是我們佛教弟子，破戒還可以懺悔，破了見很困難。因爲這個你會墮落，會從信佛的人變成謗佛，你在毀謗佛，自己還不知道。因爲你沒學過，以爲讚歎佛，其實你是謗佛的。必須得透過學習，我們想想「我」，「我」所詮的義；法，是一切諸法。說我是假的，我所有一切諸法，這些法是眞的吧！法不空。我是沒有的，是我執的，但是法是存在的，特別是佛所說的一切教法，那就不是經文所說的「知我說法，如筏諭者。」

這一點我們體會得很少的，因爲經常叫我們尊重經、禮拜經，把經看成如佛在，突然間說它是假的、它是不存在的，我亡了，法也得要亡，有時候你還通不過，因爲法不空。我是空的，法不空。

最簡單說，佛說是苦、集、滅、道四聖諦法，這是最初一開始說的。這個法是有的，是空的？這是兩重因果，一個世間因果，一個出世間因果，假使我們說沒因果，落入斷滅知見。我們學《金剛經》，千萬莫有斷滅知見，《金剛經》不是斷滅的，不要把空義斷滅，那就不空了，不空就是有了，有了也不對，有了是執著。

正確的對待，既不偏有也不偏空，不執有不執空，自己要用你的觀力。是不是把一切法都壞了，一切法都沒有，是不是還有一個非法相呢？後面會有一個專遣非法相的。另外還有一種，非法的非法相，說這個也沒有了，沒有一個非法相。法都不存在了，怎麼有個非法相？亦無非法相，都沒有。

在這段文裡，我相、法相乃至非法相，二邊都不執著。或者我、一切法，我們都認爲它沒有了，什麼都不存在了，我們這樣的來信般若，對不對？這是不對的。爲什麼不對？遣除不是滅掉，而是心裡思惟上不執著。同時說無我相、無法相乃至沒有非法相，般若義是不是這樣子就生出來了呢？

我們前面講的，離相眞如，離一切相，離一切言說，但有言說都無實義，言說沒有實義，一切所顯現的諸相也沒有實體，離言說相，離文字相，離語言相，離一切諸相。離一切諸相是個光明，這樣來顯般若義。光明是什麼？是智慧相，智慧相是個什麼相？大家可以觀。

離相，離一切相就不執著一切相，這個是說離，沒說斷滅，說你不執著，不說沒有。我們經常把沒有當成斷滅，這種觀照是不可以的。是說你悟解了，等你解的時候就明白，我法、我相、法相，乃至一切非法相，這三者是讓你明白、讓你悟解，悟解之後依著這個道理去修行，修行達到三輪體空，這樣去悟得證得。

所以佛說：汝等比丘！知道我說法相，像筏諭那樣的，因爲這個道理讓你對法不要執著。但是我們對經拜，或者對經讀誦，是不是執著呢？又不是的。拜經、念經，對經還是要恭敬，要誠懇的信心，表達它能啓發我的信解。

最初開始跟大家講《金剛經》的時候，我說：「依文解義，三世佛冤，離經一字，即同魔說。」這一段意思就告訴你，不即不離的道理，若不是這樣，爲什麼般若義難入呢？入了，就開智慧了。說我悟得的，我們現在悟得不可能！我們解，往這一方面做，從淺入深，漸漸的理解了。什麼時候我明白了，你就不會做錯事了。前面有障礙，你走不得的，車子開不過去，你就別開了。因爲不知道，所以才出車禍，你能知道嗎？先求個知道。知道就是解，但是解的時候，不要太鑽牛角尖。「鑽牛角尖，就是鑽到死胡同裡轉不出來，要善學。」文殊師利菩薩教我們對一切法上，善用其心，慧解現前。慧解現前是你對一切法了別的非常清楚，該怎麼走，就如是走。

另外，還可以作如實觀，自己觀察自己的理解能力。例如，佛所說的法，最基本的是什麼？持戒，你要受三歸、要受五戒，說我持戒了，沒有犯戒，這是很自然，從來不殺生，還執著殺戒作什麼呢？像我們出家兩眾，不但不殺生，有時候還去放生，不但不殺，我們連牠的肉都不吃，你還去執著那個戒嗎？

一切法都如是，但先從自己入手，一切為了我的這個「我」，把「我」放下，你現在理解「我」！「我」要放下，「我」是個什麼？「我的」鼻子、「我的」眼睛都不是「我」！但是他這個「我」，眼耳鼻舌身意聚集而成，再加一切境界相的六塵，色、聲、香、味、觸、法，再加你能分別的六識，眼、耳、鼻、舌、身、意識，這是十八界。

你這個肉體是五蘊所合成的，色心二法。心法裡頭又開擴是受、想、行、識，你把它分開來觀察。我們又拿作夢來顯示，當你睡覺作夢的時候，肉體本來是倒在床上睡著了的，夢境有所活動。

我在鄉下看到一個人，他本來在床上睡覺的，想到明天有師父來作法會，在山東作法會得需要好多水，我們得從山下挑水。他腦子裡頭有這麼個問題纏繞著，他黑夜就起來去挑水。早上起來一看，水缸都滿了，這是誰挑的水？怎麼都滿了？他認為自己還在睡覺，那挑滿了，他又回來睡覺，一看他那鞋都是濕的，你說作夢嗎？是眞的。那是在山東即墨縣，他們都是農民，信佛很懇切，之後他跟我說：「法師，昨天道友分配他挑水，本來說是睡覺作夢挑的水，但是身體還在床上睡覺，怎麼把水缸都挑滿了？」他挑水時不知道他在挑水，也算開悟了，他作夢不知道他是作夢。

我就想到了，我說作夢不知道是作夢，還是在作呢！諸位道友現在在這聽課；你是在作夢！這要自己觀，是不是這麼回事？像我們作夢的時候，你意境的回想，肉體在上面沒動，在外面很多事情，你做了很多事情，你醒了，歷歷在目。

我自己給自己起個名字叫「夢參」，我有時候好久都沒夢，有時候夢的是不知道的夢。夢，當然都不知道，但有些夢知道的，各位道友多數都是三四十歲了，以前作這個夢，你回想這個夢，現在過去了，是不是在作夢？眞的嗎？眞的沒有了，過去了；是有的嗎？有的，不存在了，過去了，現在不是二十歲了，照照鏡子看吧，是不是？我們回想過去生，今生、過去生、好多生，怎麼樣理解由自性所產生的現相？

我跟宏覺法師在紐約住的時候，我跟他講，我作連續夢，今天作了，明天接著這個夢再作，後天接著這個夢繼續再作，就像章回小說連續作，作到現在沒有了。爲什麼？或者念經也好，習定也好，拜懺也好，把過去的塵影給擾亂了，讓現在的心性障礙你現在的行爲，回憶過去嗎？根據現在嗎？大家可以思索問題！

佛講完《金剛經》，一切諸法，如夢幻泡影，把夢擺在第一位，一切諸法就好像作夢。但是你若從這個夢裡參，你也能夠理解，夢若醒了，就不是作夢了。夢醒了，我們夜間作夢，害怕也好、恐怖也好、發財也好，醒了什麼都沒有！你若死了，這一段分段生落下了，沒有了，那就變了夢境，這一段就是作夢了。再回憶，什麼都沒有了。

台灣經過九二一大地震，如果再有水災，水沖下來變成泥石流，過去是夢，現在這泥石流是眞實的。爲什麼那次泥石流那麼大呢？因爲前面有個地震，震鬆了，這一下雨，就沖下來了。我們在西藏的時候，整批山隨時就滑落下來，因爲沒有人煙，誰也不知道。西藏很多山頂上是海，怎麼來的？地震陷下來，之後又隆起來，像騰格里海，非常神秘，神話多得很，確實不可思議。你說這是眞實，是作夢？確實是眞實的。

喜馬拉雅山珠穆朗瑪峰是海底！爬山的撿到海底的貝殼，這是事實！前年我們去西藏大昭寺，大昭寺以前有個幢是空心的，你把耳朵趴到幢底下可以聽底下嗡嗡嗡，海嘯的聲音。現在可能封死了，沒有了。

還有一座老鼠殿，現在也沒有了。那座殿你進去全是白老鼠，這些老鼠都喝酒的。如果掉到酒缸裡去，其他的耗子會救牠的，一隻耗子跟一隻耗子，一隻耗子叼一隻耗子尾巴就叼上來了。這些事是眞的？是假的？你見到了，會產生問號，為什麼？各有各的作業，各有各的事情，你要這樣來看一切問題，看的都是假的，假的還貪戀什麼？還煩惱什麼？不要憂愁，退一步海闊天空。

這個是空義嗎？你悟得了，照這個去觀，般若義就是這個義，空，一切不執著，一切事物都在運動當中，都在變化，也在成長當中，有的事物是變化變化得消滅了；有的事物變化變化它又成長了。舊的去了，新的又來了，循環不息。

根據這個問題，你要理解到地藏菩薩的願：「地獄不空，誓不成佛，眾生度盡，方證菩提。」有眾生可度嗎？有地獄存在嗎？地獄本來就是空的，我們犯了罪、下地獄，你有業就有了。土城監獄，有沒有？沒有一個人說它沒有的吧！對我們在座時，它有沒有？恐怕很多人都沒到過監獄。

我自己的事，關了三十三年哪，之後，無罪釋放。他們給我加一個批語，「死不悔改，老反革命」。現在這個對我也沒什麼用處，一切諸法都如是。你說是假的？我住了三十三年，是眞的嗎？什麼問題都沒有了。你說：「是眞的？是假的？」在監獄裡經常聽到說：「我沒罪！」喊沒罪，「你有知識沒有？」「我有知識！」「有知識就有罪了。」「你有錢沒有？」「有！」資本家還沒錢嗎？「有錢就有罪了。」

此一時彼一時，到什麼時候說什麼話，這叫隨緣義。不要把佛法研究的很深哪！現前所有一切生活，所存在的事事物物，這就是般若義。

大家經常說：「黃花翠竹無非般若」，那不是讓你念念的！得經過好多的思惟，你才能承認，這眞是不錯，是般若義。因此，法非法，我非我。這就是經的意思。離開日常生活，佛說法作什麼？所以不要想太深了；不要想我們做不到，若是做不到的話，佛絕對不說。佛說的法，絕對能做到，你就是不肯做，是不是這樣？

印光老法師經常跟我們說：「老實念佛！老實念佛！」我們誰老實啊？哪一個老實念佛了？從淺顯說，就是別打妄想念佛；從眞實說，你用般若義來念佛，就叫老實。以實相般若來念佛，你就是佛，以佛來念佛，不就對了嗎？你若用這個意思來學般若，都會通的，在文字上，你想不通的，你把它放下，不要盡是去鑽，「不行，非要弄明白不可！」你永遠明白不了，你要放下，另走一個跑道，觀你的心，這就對了。

須菩提。於意云何。如來得阿耨多羅三藐三菩提耶。如來有所說法耶。須菩提言。如我解佛所說義。無有定法名阿耨多羅三藐三菩提。亦無有定法。如來可說。何以故。如來所說法皆不可取。不可說。非法非非法。所以者何。一切賢聖皆以無爲法而有差別。

《金剛經》最主要的 是無爲、離相、離言，在《華嚴經》叫離言眞如、離相眞如，都是離一切相的眞如，即言眞如、即相眞如。

離言即言，離相即相，你說是有嗎？好像沒有，我現在回憶我那幾十年監獄，好像沒有！若是沒有，我可眞的住了三十三年。有和沒有，你好好思惟吧！現在你四十歲，三十九歲以前的你想一下，有沒有？沒有，你可是一步一步來的，有了，現在不存在了，現在你只能說現在，不能說過去，你也不能說未來，未來還沒來，你知道什麼時候？你不知道的。這個問題到後面還會講的，三心了不可得。

我們前面是講離相的眞如，離一切相，離一切言說的般若。若想把這個解釋清楚，不說證得了，你能把它理解了，完全清清楚楚的，就很不容易了。現在，我一直在說，大家一直在聽，這是離言沒離言哪？你能不能體會到，說即無說？我沒有說！你若問我，我說：「我沒有說！」這是不是妄語？這個不能拿這個來要說：「你明明說了，你却說沒有說，你不是打妄語嗎？」我這個跟你說的那個，不一樣的；跟你想的不一樣的。

那天宏覺法師談個故事，有一個老禪師，有人問他：「何是祖師西來大意？」他說是穿衣吃飯，那人又說：「這是什麼西來大意？我每天也是穿衣吃飯。」他說：「你穿衣吃飯跟我穿衣吃飯不一樣的！」「有什麼不一樣？」他說：「我穿衣就是穿衣，吃飯就是吃飯，睡覺就是睡覺。你吃飯心裡想別的，不是在吃飯；睡覺也想別的，翻來覆去在床上烙餅，根本睡不著，想很多的事，不一樣。」

「是法住法位」，每一個法住本來的位置，「世間相常住」，這就是祖師西來大意。你若想很深的，很深的是在極淺處顯。你到西藏學最高深、最究竟大手印法，把現前一念心修成了，就是修現前一念心，沒有別的，我念好多咒，就是現前一念心。你這樣跟人家說，人家不相信，這一位老和尚胡說八道的，這樣子還要跟你學什麼？我們不就一天都這樣子，都如是，那就不如是。看的是如是，實際不如是。

這一段文有兩個問題。一個是如來成了佛之後，是不是還有一個無上正等正覺的菩提可得？有沒有？成了佛之後，有沒有得了阿耨多羅三藐三菩提？第二個問題說，佛說法四十九年，如來有所說法耶？

第一個問題是說，我得沒得無上正等正覺？第二個說，我有沒有說法？這問題很現實！佛成佛了，證得無上正等正覺，這是不錯的，這是事實。

有沒有說法？佛成了佛之後，說法四十九年，從說四諦法起，直到後面說《涅槃經》，都是在說法。假使佛問我們，我們答，有！都不對。須菩提答：「如我解佛所說義！沒有什麼阿耨多羅三藐三菩提可得，沒有什麼正等正覺可成，也沒有什麼法可說。」「爲什麼？」「你說的法都是不可取，都是不可說的，說它是法，不可以；說它非法，也不可以；說它非非法，也不可以。」「爲什麼？」「一切賢聖皆以無爲法而有差別，就稱它證得無爲法。」

我們要理解，無爲不是什麼都不做，什麼都沒有了，因爲無爲故，才能無所不爲，如果我們的心專注一樣事情，其它的全都不知道了，等你到專注一相開了悟了，連這一相也不可得了，一相即一切相。佛經常說：一相即一切相。《楞嚴經》說，於一毛端現寶王刹，坐微塵裡轉大法輪，就是這個涵義。

你今天學了《般若經》，你知道爲什麼一毛端現寶王刹？現在舉起這一毛端。這一毛端就是一總相大法門體，舉一毛端，這一毛端就爲主，其它都爲伴，主伴圓融具德，這是華嚴義。

在般若的過程當中，須菩提馬上就懂得，現在須菩提的解悟已經進入高深了，佛只要一問，他就答得沒錯，他說：「如來沒有什麼正等正覺可證，也沒有什麼法，哪個定法如來可說。如來都隨緣吧！隨機吧！不可取，也不可以說它是非法、非非法。」

什麼原因？一切賢聖都是以無爲法而有差別的。我剛才講的無爲，無所不爲，那更深一層，以無爲法有差別。這個跟《華嚴經》的〈梵行品〉完全是相合的，這是空義。但是這空義不是我們想像的那個空，也不是我們常說的那個空。因爲如來所說的法，既不可取也不可說。

說是非法不可以，說是法不可以，說非法也不可以，說非非法也不可以，都不可以。無爲法是證得的，我們前面講離言眞如、離相眞如，就是離一切相，所以叫無爲。我剛才加一個「無爲故無所不爲」，這是證得了之後，才能做得到的，未證得之後不行的，無爲就是無爲。

須菩提。於意云何。若人滿三千大千世界七寶。以用布施。是人所得福德。寧爲多不。須菩提言。甚多。世尊。何以故。是福德。即非福德性。是故如

來說福德多。若復有人。於此經中受持乃至四句偈等。爲他人說。其福勝彼。何以故。須菩提。一切諸佛。及諸佛阿耨多羅三藐三菩提法。皆從此經出。須菩提。所謂佛法者。即非佛法。是名佛法。

剛才說無爲，佛恐怕眾生落入斷滅知見，什麼都不做了，也不修行了，也不解了，也不聽了，也不學了，無爲！怕眾生理解錯誤了，理解錯了就落入斷滅知見。一切無所有，還修什麼，那叫頑空。

佛一邊遣除，讓你不要執著，又怕你落了斷滅，又拉回來說有。眾生貪著心很重，沒有功德，他就不讀了，說這部經功德大得很，乃至你求發財、升官、長壽了，他來勁了，讓他不睡覺他都幹。說什麼都沒有，什麼都沒有，我讀它幹什麼？這是現實。

佛怕眾生落到斷滅知見，落到頑空的境界，就這麼一遣一說。「須菩提，你怎麼想的？若是有人誦《金剛經》、學《金剛經》的話、學《般若經》的話，來比一比吧！若是另外有一個人供養三千大千世界那麼多的珍珠、瑪瑙、七寶、金銀，這個得的福德大不大？」須菩提說：「甚多！以這麼多供養、布施，功德當然大！但是大是大，我說這個大，可不是世間相。」須菩提體會佛的意思說，這個福德不是體性，而是相。在相上才有多有少、有大有小、有長有短；在性上沒有，我是隨順世尊這樣問、隨世間相而說甚多。

般若義還說什麼？般若義沒有了，因爲這個福德不是福德性，而是生滅法。在生滅法上才說福德多，在福德性上，沒有什麼多少，也沒有能供的，也沒有所供的，也沒有物質多少的相。佛說這個比喻，意思在哪呢？你聞《金剛經》、聽《金剛經》、學《金剛經》、念誦《金剛經》，顯這部經的殊勝。

「若復有人，於此經中」，若是另外一個眾生，這個眾生不是用滿三千大千世界的七寶供養嗎？另一個眾生沒有，什麼物質都沒有，他就是法供養，法供養是什麼呢？《金剛經》上的四句話，不但自己學了，還告訴別人。如果諸位道友告訴人家，「一切有爲法，如夢幻泡影，如露亦如電，應作如是觀。」這個福德不可思議。

你也不管他會不會，也不管他理解不理解，也不管他聽不聽，你就這麼樣說吧！大家看見《法華經》的常不輕菩薩，人家把他當成瘋子，他見人就磕頭，「你是未來諸佛，我可不敢輕慢你！」人家拿石頭打他，「我什麼佛！」胡說八道，打他。這個也如是。若能夠聽到《金剛經》的四句話，不但自己去如是作，還向別人說。

這個福德跟前面用三千大千世界七寶布施那個人，兩個人的福德比較一下，哪個大？後者大。勸人家說《金剛經》四句話，勸人家信，乃至信不信他不管了，我給你念四句，這是《金剛經》上說的，你聽見，有受用！你不是想發財嗎？你有許願嗎？你聽了能發財，哪一輩子發財不一定，不一定現前，馬上就發財。到時候他給你印證一下，你說完了，隔幾天說，你說的，我怎麼沒發財？就像諸位道友聽完之後，回去也沒發財，你們說：「那老和尚胡說八道，《金剛經》上說的不老實，我沒發財。」那是你理解錯了。

這個是無相，無相的福德就大了，不著一處而徧一切處，這福德有限量嗎？那是有形有相的，這個是無爲法，無爲法的功德最大。爲什麼？稱性而起，功德即非功德，是名功德。功德沒有，因爲沒有故，所以功德才大了。

凡所有相皆是虛妄。般若四句義，不是虛妄的，而是眞實的。什麼原因這樣說呢？「須菩提！一切諸佛及諸佛阿耨多羅三藐三菩提法，皆從此經出。」金剛般若也就是一切般若，《大般若經》六百卷，《金剛經》，是《大般若經》的第九會。文字只是一部份，意思可就包括全經。

大家都讀《心經》，《心經》包括六百卷《大般若經》的心，我們所講的這個，也是《心經》上前面那兩幾句，「色不異空，空不異色，色即是空，空即是色，受想行識，亦復如是。」諸法的空相是什麼樣子？「不生不滅，不垢不淨，不增不減」，很簡單，我們講了這麼半天，就是《心經》前面的幾句話。

有時候，佛所說的法，開闊，讓你塵說剎說，說得多了，收攝回來，一句話都沒有說。懂得這個意思，你漸漸能入了。因爲一切諸佛的佛法都是從般若義而生出來的；一切諸佛的無上正等正覺也是從般若義生出來的，亦能從般若義而能證得般若才能成佛。爲什麼？一切佛法即非佛法，是名佛法。佛法有覺悟的方法，沒覺悟前有用處，學它了能夠覺悟，覺悟了它就是空義，沒有用處了。「知我說法，如筏諭者」，隨說隨遣，說了，怕你執著，就把它遣除；說了，又怕你執著，又把它遣除。

以下舉須菩提，乃至於與會當中的千二百五十位比丘，這是他們親自證的，親自理解到的。

須菩提。於意云何。須陀洹能作是念。我得須陀洹果不。須菩提言。不也。世尊。何以故。須陀洹名爲入流。而無所入。不入色聲香味觸法。是名須陀洹。須菩提。於意云何。斯陀含能作是念。我得斯陀含果不。須菩提言。不也。世尊。何以故。斯陀含名一往來。而實無往來。是名斯陀含。須菩提。於意云何。阿那含能作是念。我得阿那含果不。須菩提言。不也。世尊。何以故。阿那含名爲不來。而實無不來。是故名阿那含。須菩提。於意云何。阿羅漢能作是念。我得阿羅漢道不。須菩提言。不也。世尊。何以故。實無有法。名阿羅漢。世尊。若阿羅漢作是念。我得阿羅漢道。即爲著我人衆生壽者。世尊。佛說我得無諍三昧。人中最爲第一。是第一離欲阿羅漢。

世尊。我不作是念。我是離欲阿羅漢。世尊。我若作是念。我得阿羅漢道。世尊則不說須菩提是樂阿蘭那行者。以須菩提實無所行。而名須菩提。是樂阿蘭那行。

佛就跟他說：「須菩提，於意云何？」凡是「於意云何」，就是你怎麼想的？佛說法，在印度原文是倒裝句，怎麼叫倒裝句？像我們在西藏，西藏的文字是從印度學來的，所以藏文跟印度文非常相近。他們的主客句子是顛倒，我們說：「吃茶！吃飯！」他們不這樣講，而是說「薩摩薩」，是「飯吃」，說話都要調過來的。主客互調，跟我們的習慣不一樣。印度的原文也如是，說你怎麼想？什麼事？我們是先說這個事，之後，你對這事怎麼想？

佛先問：「須菩提，你怎麼想的？」什麼事我怎麼想？聽著吧。「於意云何？」說你怎麼想的？「須菩提，須陀洹能不能這樣想，我得須陀洹果不？」須陀洹果是初果。

須陀洹是什麼意思？入流。入流是入了聖人之流，證了須陀洹，自然任運的來人間七次，他就再不來了，這是證果的好處。須菩提說：「不也，世尊。」像大家說，你是不是人？你得到人了吧！你腦子裡頭就說，我是個人，什麼得到得不到，這是假名。「夢參」，假名！「夢參」不是我，我也不是「夢參」，假名是個符號而已。像我在監獄裡頭幾十年，「夢參」這個名字沒有了，我的名字記得最多的是「三四八」，用了十五年，「三四八」這是獄號，後來把「夢參」都忘了，只知道我叫「三四八」，這是慣力。

這都是假名的，證得須陀果也是這個意思。須陀洹叫入流，入了聖者流，無所入！什麼叫聖人流？什麼叫凡夫流？他的思想上沒有這個觀念。他不入，怎麼不入法呢？無所入，他不入色、聲、香、味、觸、法，他斷了見惑，不入色、聲、香、味、觸、法，他聞了色、聲、香、味、觸、法，不起分別。

「斯陀含能作是念，我得斯陀含果不？」斯陀含叫一往來，一往來就是還來人間一次，初果來七次，二果來一次就行了。斯陀含，證得二果的聖人，思想上沒有一個來不來。因爲沒有這個問題，自己能知道得到斯陀含果不？須菩提說：「不是這樣，世尊。爲什麼？斯陀含名一往來，而實無往來，是名斯陀含。」任運、自然的意思。

「須菩提，於意云何？阿那含能作是念，我得阿那含果不？」須菩提言：「不也，世尊，何以故，阿那含名爲不來，而實無不來，是故名阿那含。」不來人間了，實實在在的，他還要來，這是說相反的意思。

四果阿羅漢也如是。「須菩提，於意云何，阿羅漢能作是念，我得阿羅漢道不？」「不也，世尊，何以故」，佛，不是！「不也，世尊。」什麼緣故呢？實在沒有一個名字，標名是阿羅漢。什麼叫阿羅漢？阿羅漢是什麼樣子？我就是個人！那時候阿羅漢成道，他還是個人，還是個比丘。

在經上，有時候稱比丘就稱比丘，有時候還加個阿羅漢，像在我們前面，千二百五十人俱，沒有說是阿羅漢。這些都是阿羅漢，有時標出來，有時候不標，這是譯者的關係。

什麼原因？實在是沒有一個法名叫阿羅漢。「世尊，若阿羅漢作是念」，我得了阿羅漢道，若有這麼一個能得的心，有一個所得的阿羅漢道，那就是著了前面所說的我、人、眾生、壽者。

又說我得無諍三昧，在阿羅漢之中，我是無諍的，這個三昧是在人中，三界之中最是第一，我是第一離欲阿羅漢。但是我沒有作這樣想，不作是念，連這個念頭都沒有，沒有一個念頭說我已經得了阿羅漢，離欲阿羅漢。假使我真的作這個念頭，說我是離欲阿羅漢，世尊不說須菩提是樂阿蘭那行者。

阿蘭那行者就是寂靜處修道者。「阿蘭那」翻「寂靜處」，在寂靜處的行道者。「以須菩提實無所行」，所以才說我是樂阿蘭那行。

金剛經第四堂課　竟

第五堂課

什麼叫無所得？

佛告須菩提。於意云何。如來昔在然燈佛所。於法有所得不。不也。世尊。如來在然燈佛所。於法實無所得。須菩提。於意云何。菩薩莊嚴佛土不。不也。世尊。何以故。莊嚴佛土者。即非莊嚴。是名莊嚴。是故須菩提。諸菩薩摩訶薩。應如是生清淨心。不應住色生心。不應住聲香味觸法生心。應無所住而生其心。須菩提。譬如有人。身如須彌山王。於意云何。是身爲大不。須菩提言。甚大。世尊。何以故。佛說非身。是名大身。

這一段經文是說菩薩，前面是說佛法，佛得阿耨多羅三藐三菩提，得無所得，根本就沒有能得者，也沒有所得的法。

我們上一段講的是四果阿羅漢，從初果到四果，他們所證得的空義，所證得的阿羅漢果，也是得無所得。現在這一段念的是菩薩，也就是釋迦牟尼佛在因地當中，在過去古佛，然燈佛所，是不是有法可得呢？這是「於法有所得不」，是不是有法可得？須菩提對這個道理還是懂了，他說：「不也，世尊！」不是這樣，如來在然燈佛也是於法實無所得。

從佛、菩薩、聲聞、緣覺，在他證得的時候，無所得。怎麼叫無所得？假使有所得，那就不能得到，有所得就有我、有法，就有我執我見，阿羅漢是證得空性的，雖然沒究竟也證得一半，斷了見思惑。佛在行菩薩道的時候，在然燈佛所，得到然燈佛的授記，授記他將來作佛，名釋迦牟尼。他也是無有一個能得、所得，菩薩無所得。

上面是約正報說的，下面是約依報說的。諸佛跟諸菩薩說法，他得有個處所！像阿彌陀佛度眾生，要先發願，莊嚴一個極樂世界，接引一切眾生，每位菩薩在修道的時候，不是經常說莊嚴佛國土嗎？莊嚴佛國土是自己莊嚴自己的佛國土，當你成佛的時候，就住在你那個佛國土裡攝受眾生，我們現在待的這個國土是釋迦牟尼佛，釋迦牟尼佛的報身是盧舍那佛，法身是毗盧遮那佛，我們所見到的是化土！因爲我們的福報、智慧見不到娑婆世界是清淨的，實際上這個世界是清淨的，這個世界是華藏世界，那是他過去修行當中發願，由願力行菩薩道所成就的，這個是有得是無得？下一段經文說這個問題。

「須菩提！於意云何？菩薩莊嚴佛土不？」一切菩薩在行菩薩道的時候，發心自己有個好的處所，就像我們發心有間精舍，或者發心我們修座寺廟，作爲修行的道場！就是這個涵義。

須菩提答覆說：「不是。」佛問他說，菩薩行菩薩道的時候，是不是莊嚴佛土呢？須菩提答覆說，不是的。「不也，世尊。」什麼緣故？「何以故」，是徵啓的意思。「莊嚴佛土者，即非莊嚴，是名莊嚴。」莊嚴佛土是有相的，非莊嚴。非莊嚴就無我了，我都沒有，還有個處所嗎？以無所得故，這才是眞正得莊嚴。

這是約理上講的。前面的莊嚴是約事上講，事上講是虛妄的，凡所有相皆是虛妄。因爲這個緣故，須菩提，諸菩薩摩訶薩該如是生清淨心。要莊嚴佛土，不是清淨心！有形有相的、有言說的，都不是清淨心。所以說諸菩薩摩訶薩，菩薩之中大菩薩，菩薩摩訶薩，加上「摩訶薩」就證得「無生法忍」。「無生法忍」把它倒過來說，忍可一切法無生，證得無生法忍。「無生法忍」就見到性體，見到自己所具足的佛性。

爲什麼菩薩莊嚴佛土，而沒莊嚴佛土？因爲菩薩莊嚴佛土，而不執著佛土的念。如果有這個念，心就不清淨了，那就住色生心，住聲香味觸法生心。這是不對的！應生起無所住心。須菩提前面問「云何應住？」佛告訴他，無住，無住亦無生。這就是無爲法。無相、無住，應無所住而生其心。

證得無生法忍的菩薩，既然見到法身，就應當先得，主要是莊嚴自己的淨土，就是莊嚴佛淨土，爲什麼又說菩薩沒有莊嚴淨土？爲什麼在前面的二乘人聲聞緣覺沒有說這個問題？因爲二乘人所證得的涅槃，他認爲是究竟，不需要處所，不需要度眾生，什麼都不需要。大菩薩所以莊嚴佛淨土，他是爲了化度眾生。因爲大菩薩自己要想達到究竟成就，成佛了之後，自己得有一個化度眾生的範圍，也得有個化度眾生的處所，所以要莊嚴佛土。他成佛的時候，發願成就自己的佛淨土。

因爲一切有情的眾生，根性不一樣，發心的情況也不一樣，願力也不一樣，乃至修行的行為都不一樣。大菩薩，有的時候示現在人天乘，他去利益眾生，讓人得福利！有時候他給他們說法，讓他們布施，得大福德。在他自己如是發心，也勸一切眾生如是發心，行六度，布施、持戒、忍辱、精進、禪定、智慧。

我們講《金剛經》，分前半部、後半部。後半部好像重複前半部，不是的。前面所講的是「般若道」，後面所講的是「方便道」。若想達到「般若道」，得假方便，後面說的著重怎麼樣進入前面的「般若道」，就是方便。「方便道」，在一般的講是六度萬行，你若學《華嚴經》，講十度。它從智慧度開了四個，方、願、力、智，就是發願，修行要有力量，度眾生要有力量，要有方便善巧、還得有智。這個智慧是從智度裡開個慧，慧方願力智、施戒忍進禪，十度。

菩薩在行菩薩道的時候，想建立一個處所，是屬於「方便道」。「方便道」是眾生的緣，這是緣起的。講「般若道」是性空的，性空的一切都沒有。緣起諸法，本體沒有，性空的。因此菩薩行菩薩道的時候，沒有一個思想要去莊嚴一個佛淨土。那是方便善巧的時候。

我們的思想，什麼事情都是有意識的，有作爲、有思惟，有這樣的想法，那樣的想法，這是破除我們眾生的執（知）見，所以佛問須菩提，你是不是看見那些大菩薩在行菩薩道，或者布施、持戒、忍辱、精進、禪定，修這些是爲了莊嚴他的佛國土？是不是這樣想的？

這個時候須菩提懂得了，須菩提答覆說：「不是的。不也，世尊。」爲什麼？菩薩莊嚴佛淨土，不是有意的，不像眾生是以世間法來論，所以他說：「莊嚴即非莊嚴，是名莊嚴。」隨順眾生的緣，在性體上是沒有的。

祇樹給孤獨園精舍最初的緣起是，孤獨長者發願要布施供養佛一間精舍、道場；佛沒有起意說，我要修個祇園精舍，而這間精舍的名字，就是祇陀太子跟祇樹給孤獨長者，不是佛起的，佛沒有這個思想。

大菩薩在因地教化眾生的時候，他是用佛說的教法，用覺悟的方法，去攝受一切發菩提心的眾生。不發菩提心跟菩薩的願力是不合的，你生不到的！像大家要生極樂世界，得跟阿彌陀佛願力相合的，得發願度眾生。發願的時候，如果發一個清淨的心，那是無我、無人的！以那個心生的品位相當高！現在佛所攝受的現前眾生，都是帶著我見去的，並不是都在這個世界證阿羅漢果的，無我無人無眾生，沒有。生極樂世界是仗他力。

現在我們講《金剛經》，完全是自力。自力跟仗他力、仗佛菩薩的攝受，情況完全不同。在《金剛經》上，佛只是跟你說這麼一個，你怎麼去做的一個方法，怎麼樣發心、怎麼樣行菩提道？怎麼樣觀照？怎麼樣生起般若智慧？他一開始就告訴你照見五蘊皆空！哪有這些形相呢？

從發心的菩薩到究竟的成佛，隨緣而生起的佛國土，每位佛、每位菩薩，成佛了，自然有他的佛國土。自然義是隨著他當初發願、發心的時候，一佛出世，諸（助）佛揚化！你看極樂世界，釋迦牟尼佛就在這個世界宣揚！說阿彌陀佛那個國土多好，你們念他的名號可以生到那兒，那是幫著他度你。我們說佛光山很好，或是哪個廟很好，是幫助他的。一佛出世，諸（助）佛揚化，就是這個涵義。

我們講莊嚴佛國土，可以做這樣觀想；有佛國土可莊嚴嗎？是無佛國土可莊嚴？沒有啊，沒有還莊嚴個什麼？莊嚴說有的！我們說莊嚴即非莊嚴，是名莊嚴。那就是用清淨心莊嚴的，換句話說，不著相。例如我們布施，並不是說不布施。布施是布施，但是這個布施，沒有我相、人相，我相就是我布施，能布施者；人相，就是受施者，還有中間所施的物！是錢財？是衣服？是甚麼東西？這些都沒有，三輪體空。但是並不是都不布施，照樣的布施。布施過程當中，不執著。

像我們經常說般若義空，空是空，空的意思是不執著。你解脫了，就沒有煩惱！你解脫了，就沒有生死束縛。你束縛是因爲你不解脫！你解脫當然都沒有了，沒有見思惑、沒有塵沙惑、沒有無明惑，這些惑染都沒有，做什麼是都對的；當你一執著，做什麼事都不對的。

沒明心！你作布施，這個布施一定取相，落於有相的因果，所以福德非常小。我們一說都多少萬年！我們看一萬年很長，在佛菩薩看一萬年很短的。一切事物當你受的時候，特別是受苦的時候，你感覺很長，但你受過去了，也感覺很短，一回憶沒好長時間！好像昨天一樣的，這個道理是一樣的，這就是爲什麼常要我們靜坐、要習定呢？就是思惟這些法，訓練你的心，讓你的心把妄都除掉，眞一顯現了，才知道什麼都沒有，這樣才達到般若義。

沒有的意思，不是像我們說的沒有是斷滅，不是這個意思。什麼也沒有，你在什麼上面都不執著，你那個心到這個時候，什麼罣礙都沒有，才叫清淨心！靠什麼？靠你學的般若智慧。你還沒有明心，還沒有見性，但是你現在初步學，經常念經文，學《金剛經》、念《金剛經》，你經常念，經常思惟《金剛經》上所說的話、所說的道理，思想也要照這個路上走，一起心動念，自己觀照吧！爲什麼我起這個念？你這樣觀察久了，它就明了。明了就有智慧了，你就清楚了。

或者你可以看你一天在想什麼？想就是起個念頭，觀察這個念頭是好的是壞的？是隨順法性的，能幫助我將來明心，那這個念頭起的就對，讓它相續，讓它增長。如果起這個念頭不對，違背明心見性這個道，乃至於阻礙這個道，馬上就把它排遣，這個念頭不要！學習的時候，就這樣來觀照。莊嚴佛國土是不空的！我們現在講的一切是即般若義，講一切諸法皆空，空還有什麼國土莊嚴嗎？一切諸法皆空，沒有什麼國土莊嚴。

大菩薩莊嚴的時候，莊嚴也是空的，阿彌陀佛四十八願也是空的，是隨你的緣而建立的，我們認爲極樂世界是有？是空？我們好多道友生極樂世界，認爲那是實有的。那是空的！你去了到那個地方能夠跟空義相應，你在這心裡悟不到，心裡不相應。照〈大乘起信論〉講，怯弱的眾生，他那發心不猛利，就好像我們說這個人膽子小，好多事都不敢做，就那膽子大的，一切無所畏懼。

莊嚴佛國土是隨順世間相，不是般若相。在這上面，爲什麼說這麼多話？因爲恐怕籠統，莊嚴佛國土，發願還錯了嗎？是不錯！但是我講的是般若義。在般若義上面，一法都不立。還有什麼莊嚴佛國土呢？等你悟得了，又回來了，一切法皆立。你明白了，立的時候，沒障礙了。立的也是空的。無罣無礙！若這個時候，你要立！立都成障礙了，不但佛國土沒莊嚴成，心也明不了，心也見不了。正報還沒得到開悟，還說到依報！就像我們現在得經濟富裕，才能購買房子。現在吃飯都成問題，你想買房子，不是妄想嗎？不可能的！

依報跟正報，修道是正報，依報是隨著正報而有的，以下說正報。「須菩提！譬如有人，身如須彌山王，於意云何？是身爲大不？」須菩提言：「甚大。世尊！何以故？佛說非身，是名大身。」

大和小，凡是相對的法，沒有標準的。我們這大，以何爲大？大到什麼程度？這個大的話，還有比他大的沒有？小，小到什麼程度？還有比他小的沒有？因爲這個事物跟那個事物比，兩者相互比較而言，說那個大了，這個小了。說這個是長形的，那個是方形的，那個是圓形的，長短、方圓、大小，相對而言，沒有標準的。「須彌山」，是言其大妙高，「須彌山」翻我們話就是「妙高峰」，形容這個山非常的高，是我們一個小世界的中心點。

關於這個問題，說法很複雜的，有的大德說須彌山就是喜馬拉雅山，但是喜馬拉雅山周圍的國家，好像跟佛所說的不合。佛說的須彌山四面，是四大部洲，南面的南贍部洲，北邊的北俱盧洲，東邊的東勝神州，西邊的西牛賀州。這四個地方在我們現代人間，沒看到。

也有人這樣說，西牛賀州就是西藏那邊的，現在也不是這樣子。東勝神州，那跟日本境界也不像。特別是北邊，北俱盧洲的人壽一千歲，平均一千歲也不害病，福報特別大，但是不信佛法，沒有佛教。像大慈善家，作些善事，根本不懂得佛法的。看美國鐵路大王，他的財產都捐了做慈善事業，但他不會迴向的，他不懂怎麼樣去布施！只能捐獻，那個布施是有相的，以這個福德就生到北俱盧洲去享受吧！

爲什麼我們說韋馱菩薩三洲感應，沒有北俱盧洲。因爲他護的是護持佛法，那個洲沒佛法。根據這個道理，有位大德說，須彌山就是珠穆朗瑪峰。實際上不是的，這不是我們現在所要講的主要問題。主要講的問題，說一個人身的大小，拿這個小世界裡頭什麼最大？妙高峰須彌山最大，說有一個人身體像須彌山這麼大，是不是大？

須菩提隨順世尊的話說：「對！甚大。」像須彌山那麼大的一個身體，那不大嗎？當然很大。這是有相的。須菩提怕佛再問他，他馬上就加一個，佛說非身是名大身。什麼是大身？非身，身非身。身非身是什麼呢？一切諸法非諸法。身是相！非身是指性說的，身是在相上說的。

佛經常說，身非身，那是指著法性身說的，在性體上沒有。法性身是無相的，無相還有個大小嗎？須菩提不能跟佛抬槓，說什麼大身？根本沒有！什麼大小？佛說的，非身才是大身，要隨順世間相，不錯！像須彌山那大身是大的，但是佛說的是非身，佛說的非身才是眞正的大身。

須菩提。如恆河中所有沙數。如是沙等恆河。於意云何。是諸恆河沙。寧爲多不。須菩提言。甚多。世尊。但諸恆河尚多無數。何況其沙。須菩提。我

今實言告汝。若有善男子善女人。以七寶滿爾所恆河沙數三千大千世界。以用布施。得福多不。須菩提言。甚多。世尊。佛告須菩提。若善男子善女人。於此經中。乃至受持四句偈等。爲他人說。而此福德。勝前福德。復次。須菩提。隨說是經。乃至四句偈等。當知此處。一切世間。天人。阿修羅。皆應供養。如佛塔廟。何況有人盡能受持讀誦。須菩提。當知是人。成就最上第一希有之法。若是經典所在之處。即爲有佛。若尊重弟子。

這段經文，佛向須菩提說，莊嚴佛土即非莊嚴，是名莊嚴。之後，又舉法性身與幻化身兩者相互比較，有相的身跟法性的身來比較。這樣說好像都用空遣有，空就大了。這是純粹以空義、以法性身遣肉身來莊嚴佛土，沒有莊嚴也用不著莊嚴。

《金剛經》說的都是「空」，那你學《金剛經》作什麼呢？怕眾生落於空見，落於那個空，不是眞空，而是頑空！這個是爲初學的，乃至於初斷見思惑的人，沒有深入法性的，他不理解佛意！佛是隨說法，隨要把它遣除，就像在《金剛經》上是立般若義的，所以隨說隨遣。在遣的當中，又怕眾生落於斷滅之見，什麼都沒有了；但是你造業瞧瞧，瞧瞧有沒有？作惡業的時候，還要受報的。如果你受報，你能證得了，受報也是空的，苦樂都沒有，平等平等，你就證得空義。因爲怕眾生不理解，墮於頑空，怕他執著空，執著空了，誰也不修。那是錯誤的。

這段經文說「有」，什麼有呢？不用說證得了，就是你誦誦《金剛經》，還不是全誦，誦四句偈都可以，這個福德比用恆河沙數那麼多的財寶供養，福德還要大，這是有法。供養這麼多財物，當然福德很大了，但不如有一個人誦持《金剛經》四句偈，都比這個功德大，管你中間誦哪一段，說四句話都可以，但是只是《金剛經》裡頭文，讓你產生了怎麼樣認識空，那個認識的空是指空性說的，不是虛空的那個空，也不是頑空的空。

現在本來是遣除有的，在生死當中執著，執著你的肉體，因爲有個肉體了有個我了，就以這個我見，有個我、有個心，以這個來執著我，這是遣除我。乃至於我沒有了，又執著法，法也遣除了，什麼都沒有了。有的眾生或者就執著斷滅空，爲了怕眾生落到斷滅空，佛說的經義是讓你知道空中的有。

你平常種的福德，布施或者功德不大，若誦《金剛經》的四句偈，比你用那麼多財寶供養福德都大。爲什麼此經來回反覆的說，說空又說有，說有又要遣除，怕眾生執著有，又說空。佛所說一切法，你從學《般若經》可體會到，不是對著一切眾生機的，而是對什麼機，說什麼法。這部經流通到世間，不見得都是證得阿羅漢果的，那對他們產生什麼作用呢？是不是產生副作用？那會讓一切眾生生起斷滅之見。

佛是一切智者，像《金剛經》，從佛入滅之後，流通到現在快三千年了，我們現在才學習，以我們所有的智慧，能夠深入嗎？若一說空，你做的都是在有的這一邊，怎麼能空的了呢？一說有了就貪著有了，見不到法性理體，永遠明不了心，永遠究竟解脫不了，佛又得說空。

每部經都有一個修行的法門，《金剛經》這部經的修行法門呢？包括般若義，般若義就包括六百卷的《大般若經》。

佛在這舉一個例子，就是布施。以布施與讀誦《金剛經》兩個功德相互比較，那個是用恆河的所有沙數，這些恆河沙是這個數不清的！還不用說那麼多，就我們這屋子裡頭的微塵，你說有好多？這是不可知數的。佛用這個是比較而言，大家都能懂，那麼多的三千大千世界，一粒沙作一個三千大千世界，再把三千大千世界都拿來做布施，這個福德大不大？佛問須菩提。這個數字在世間相上說，非常之大、非常的多，若有一個善男子善女人，誦《金剛經》的四句偈，還不是天天受持，還不用給人解說，就光你受持，這個福德勝前福德。

《金剛經》是般若義空，空的是無相，無相的福德比有相的福德大的多，這是不可計的。前面你再多，都還是有數字，還可以算的！空，你怎麼算？沒法算。誦持《金剛經》的四句偈，比前面用那麼多的大千世界七寶來供養，比那個功德都還大。爲什麼？這是希有之法，明心見性之法，會歸自己的心體之法，一切解脫了，一切無障礙了。因此說《金剛般若波羅蜜經》所在的地方，就像佛在一樣的，像尊重佛的弟子一樣。換句話說，經典所在處，即是三寶所在，因此說福德大。

我們經常的說受三歸，或者是聽聞幾部經，或者自己受持幾部經，有人這樣問我：「我也常常念經，按因果說，我的錯事還要下地獄！避免不了。」

就算是歸依三寶，還要下地獄。那就是信不信的問題。若信的話，歸依佛了，永遠不會再墮地獄；歸依法，永遠不墮餓鬼；歸依僧，永遠不墮畜生。

你若信，歸依佛法僧三寶之後，三塗已經斷了。如果你再去行，我在〈修行〉這本書裡講，如果你晚上早晨相續的，臨睡覺的時候，要睡著之前，「歸依佛！歸依法！歸依僧！」你念十聲；早晨一起來，第一個念頭就「歸依佛！歸依法！歸依僧！」功德是不可思議的，因爲我們沒求什麼功德，只求解脫。

三寶弟子第一個是求解脫，不是求福德。福德，你得在六道裡頭輪轉，我們求解脫，解脫了是不輪轉；輪轉的福德跟不輪轉的福德，兩個怎麼來比呢？佛的這段比喻是要你認識到，《金剛經》並不空，這是對另一類眾生說的。因爲另一類眾生是求福德的眾生，對他們一說空，什麼都沒有，他會生起恐怖感。這是對他們說的，你受持這部經，那個福德大的很。

但是這個福德，不但在相上，你能夠將種子種下去，將來得到福德性，得到福德性了之後，就證得般若義，那個功德拿世間的事物怎麼來算呢？同時跟你講，「若是經典所在之處，即爲有佛，若尊重弟子」，就是三寶所在。這點我們信嗎？如果信的話，要實行！

我看諸位拿《金剛經》，並不怎麼重視！若是像經上所說的，經典所在之處，就是佛在，如果是佛、觀世音菩薩、地藏菩薩、文殊師利菩薩、普賢菩薩、彌勒菩薩在這裡，見到菩薩你會怎麼樣？我看我們三寶弟子馬上趴地就磕頭，我可得救了。菩薩，你現身了。

但你看了一本《金剛經》，能這樣做不？能這樣恭敬嗎？我看到很多道友拿經，甩甩搭搭的，一點不重視，或聽完了拿經本往那邊一丟，回去了往哪隨便一擺，這還是不錯的。每個三寶弟子家裡都有佛像、佛堂，佛堂的佛桌上，亂七八糟東西都往上面擺。這是說福德，說得好處的。沒說另一方面，有罪過的！你恭敬、持誦，當然有功德；你輕蔑、汙衊，有沒有罪過？功德有好大，罪過一定跟著來的。這是必然的。

我小時候，我的老法師就教授我們，對法寶一定恭敬，才能夠在法寶上開悟，開悟就是才能聽得懂，還不是說明心見性。我們現在印刷術很發達，那一印就好多千本上萬本，過去想請一本經，好困難哪！為什麼過去都用手抄本？抄部經，說功德很大很大，那是鼓勵抄經！讓你去抄經，抄了才流通的多！如果不抄怎麼有？過去沒有印刷術。當然是你印也好，若沒有母本，你拿什麼印呢？我是深刻體會到！

像我從監獄出來，就住在北京，北京那麼方便，想找一本〈普賢行願品〉，沒有。都燒了嗎？沒有。集中在寺廟堆起來，大殿堆的全是經，大殿門一鎖，加封條一封，誰敢動一本？槍斃你，沒人敢動。管理人敢動？不敢動，都封起來。你說沒有嗎？有。你想看一本經，到那個時候，沒有了。你才知道它的艱難。

我爲什麼在這個地方多說呢？經常給大家念義淨三藏法師的詩。義淨法師在唐朝，有人對經典不大恭敬、不大重視，他就寫兩首詩來警告，「晉宋齊梁唐代間」，晉朝、宋朝，那個宋是指著唐前的那個宋，「高僧求法離長安」，在那個時候，長安是京城，就是現在的西安，很多人離開長安去取經，「去人成百歸無十」，去一百個人，十個人也回不來，即使回來的，能夠像玄奘法師那樣嗎？法顯法師也翻過，能有玄奘法師那樣翻的多嗎？取經人那麼多，去的很多、回來的很少，回來的是不是就能成就了？很難哪！

「去人成百歸無十」，去一百回來沒十個人，「後者焉知前者難」！後來的人看到經，怎麼知道前人取經的時候，翻譯這些經，那麼多困難。「路遠碧天唯冷結」，取經的路非常遠，去年我們朝絲綢之路，就感覺那個沙漠地，進一步退半步，很不容易。到中午了，高溫三四十度吧！那地方沒有雨。夜間冷得要死，零下幾十度，你說怎麼活得出來！「路遠碧天唯冷結」。「沙河遮日力疲殫」，風若一來了，什麼都黑暗的，沙子把太陽遮到了。

「後賢如未諳斯旨」，後來的賢者，這是義淨法師尊重後來學佛法的人，稱賢者，也就是賢人。「往往將經容易看」，他看起佛經來，不大重視，體會不到法寶是什麼意思。

我有時在佛學院說這個，我們的學生就跟我說：「現在一印多少千本。」我說：「沒有原來取回來的本子，你拿什麼做母本去印？」他說：「日本就有！」我說：「日本也是從中國學過去的。」一定要恭敬！剛才經上說，對法寶恭敬，你會產生智慧，他有種加持力量，應當這樣體會。

剛才說《金剛經》所在的地方，四句偈都可以，有這麼大力量。我們現在在座的能信不？若能信就知道把這部經當成塔廟，恭敬禮拜，說一切諸佛皆從此經出，這部經有這麼重要。假使說沒有智慧能成佛嗎？這部經就是智慧之經，若有經的所在，聽了這部經，之後發了菩提心，聽經一句話，他能思惟修，修完了，能悟得了。如果沒有這部經，他不能開悟的，怎麼悟得呢？

大家都知道六祖大師，六祖大師聽人家在念《金剛經》，聽到「應無所住而生其心」，他就開了悟了。我們天天學，也不悟，那是因緣沒到的，學的時候，你總有悟的一天。

在學習這一段經義的時候，希望大家把這個當成眞的，經所說的話是眞的。如來誠實語言，如果是能夠這樣尊敬這部經，他可以加持你開悟吧！能夠明心，能夠見到般若義。何況恭敬、禮拜、讀誦，你也用這部經的觀點來觀照一下，不要盡想業障很重，不要把自己想得很卑下，因爲你的佛性跟佛是平等，不卑下的。發大心，要勇猛，一次不成，兩次；兩次不成，千次！千次不成，萬次。只要不離開經，總有開悟的那時候，要生起這麼個信心。

爾時。須菩提白佛言。世尊。當何名此經。我等云何奉持。佛告須菩提。是經名爲金剛般若波羅蜜。以是名字。汝當奉持。所以者何。須菩提。佛說

般若波羅蜜。即非般若波羅蜜。是名般若波羅蜜。須菩提。於意云何。如來有所說法不。須菩提白佛言世尊。如來無所說。須菩提。於意云何。三千大千世界所有微塵。是爲多不。須菩提言。甚多。世尊。須菩提。諸微塵。如來說非微塵。是名微塵。如來說世界。非世界。是名世界。須菩提。於意云何。可以三十二相見如來不。不也。世尊。不可以三十二相得見如來。何以故。如來說三十二相。即是非相。是名三十二相。須菩提。若有善男子善女人。以恆河沙等身命布施。若復有人。於此經中。乃至受持四句偈等。爲他人說。其福甚多。

佛講《金剛經》說到這裡，「般若道」已經快圓滿了，就說「爾時，須菩提白佛言：『世尊！當何名此經？我等云何奉持？』」在這個時候，須菩提說：「這部經這麼尊重、這麼貴重，以此經就能開悟、就能成佛，這部經得定個名字，我們好奉持！」

現在須菩提已經領悟了佛所說的道理，我們對《般若經》的功德也知道了，對《般若經》的義理也能明白了，對空義也能明白了，講《般若經》的體性，乃至於莊嚴佛淨土，莊嚴佛國土，現在都懂了，究竟這部經叫什麼名字？這部經有這麼大的功德，這麼不可思議的力量，若受持起來，得有個經題吧！

每部經的經題，都是經過當機眾的請求。《地藏經》是普廣菩薩請問佛叫什麼名字。在古來大德，他把一部經的題目給你講清楚，好多聽經的就走了，聽個題目他就領會到了，他去修行了。古來大德們，時間非常的寶貴，經題聽完了，了解這部經是什麼意思，他就回去修行了。

大家知道智者大師講《妙法蓮華經》，九十天講一個「妙」字，這成了佛教界一個佳談，九句談妙。華嚴的祖師，講了半年，就講個「大方廣」，他把全經的意思，就在經題裡解說完，所以經的題目非常重要。

爲什麼不能誦全經，念一部經的名字就可以？《南無大方廣佛華嚴經》、《南無妙法蓮華經》，就像我們念佛名號一樣，若一念《南無大方廣佛華嚴經》，《大方廣佛華嚴經》所含的無量諸佛、無量諸菩薩、無量境界，你這一念這部經的名字都具足了。所以念哪一個人名字就代表這一個人的一生，也是這個涵義。須菩提在這裡特別請求，他說佛說完了，這部經叫什麼名字？

佛就告訴須菩提，「是經名爲金剛般若波羅蜜，以是名字，汝當奉持。所以者何？須菩提！佛說般若波羅蜜，即非般若波羅蜜，是名般若波羅蜜。須菩提！於意云何？如來有所說法不？」須菩提白佛言：「世尊！如來無所說。」

佛對須菩提說，你問這部經叫什麼名字？因爲這部經能破一切眾生的煩惱，破人煩惱，一切的言說都叫戲論，能破一切戲論。言語道斷，心行處滅，能破除一切妄想執著。我們的妄心，所有的執著，智慧能破，有智慧了就能把它們破除。

「般若」就是智慧，不翻的原因，多涵義故。「般若」的涵義，不只是一個智慧，涵義還很多！因爲多涵義故，所以不翻。像我們世間上說：「這個人很有智慧。」他那個智慧不是般若智慧。兩者涵義完全不同的。因爲它像金剛那樣子，堅利明，有這種功能。所以定這個名字，就是《金剛般若波羅蜜經》。定這名字，我們不能理解，所以才講全經。

像大智慧者一聽《金剛般若波羅蜜》，他就明白了，用智慧破你的一切惑，把苦海消失，從此岸到彼岸。其實也沒有彼，也沒有此。能海老法師將《般若波羅蜜多心經》最末的咒語譯爲：「成佛成佛！大家都成佛！」這就是般若義。般若義是讓你成佛，一切眾生都能成佛。

因爲這個名字，你就應當奉持、恭敬供養、讀誦禮拜，所以者何？爲什麼你應當奉持《金剛般若波羅蜜》？佛在這個時候怕眾生起執著，他不是顧慮須菩提，須菩提不會執著。

「佛說般若波羅蜜，即非般若波羅蜜，是名般若波羅蜜。」這個題目的涵義，你要著重他的義，不要著重語言文字！這是表法，不是事實。「非」就是它不是實義，必須是證得的實義。證得實義才是眞正的般若波羅蜜。你要這樣的來認識、這樣去做、這樣的體會。

佛又提醒須菩提，說：「須菩提！你怎麼樣想的？如來有所說法不？」依我們想，佛說了這麼半天，或哪個老師跟我講了半天，他問你：「我說沒說？」怎麼答覆？「我有所說法嗎？」須菩提回答：「你說沒說，我聽也沒聽！」白佛言：「世尊！如來無所說。」什麼都沒說。

假如我們這樣說，可以嗎？你問我：「夢參，你說法沒有？」我說：

「沒說！」你們不說我是瘋子，至少也說我是傻子。因爲天天在這裡說，說不說。他讓你從這個悟，佛種給你種上，留個入手處，留個悟得的機會，你去參吧！

他說了半天，他說沒說。什麼意思？那去想去吧！說的是什麼呢！你再回顧一下！說了這麼大、這麼長，都說些什麼？你可以想！智慧什麼樣子？我們經常可以想，說這個事我懂得，這懂得是個什麼樣子？怎麼懂得的？懂得是個什麼東西？知道，你知道甚麼？就是這個涵義。

你能把所知道拿出來給別人看嗎？無相的。你拿得出來？我經常跟道友互相開玩笑，說業障，你把業障拿出來給大家看看嗎！在佛的教導當中，「業性本空唯心造，心若亡時罪亦亡，心亡罪滅兩俱空，是則名爲眞懺悔。」這才是眞正會懺悔之人。

「般若即非般若，是名般若。」你就眞正的明白般若。有時其它參的話頭，就是般若，佛說般若波羅蜜，即非般若波羅蜜，是名般若波羅蜜。又說不是般若波羅蜜，那是什麼？這才是眞正的般若波羅蜜。

任何的事物，你可以用這三疊句來解釋，但是必須心裡頭的思想眞正明了。不要不懂，裝懂。我也算是一份，不懂裝懂。我們對《金剛經》是不懂的。這樣說了半天，還是不懂。懂得了就叫悟了，悟了就證得了，證得了才能享受，怎麼叫享受？沒得煩惱了、解脫了！你把房子給關上，我可從窗戶上出去，我從哪都可出去，無罣無礙了！如果你把肉體觀空了，跟虛空合，空跟空還有障礙嗎？有這等事嗎？這事就是有。

我們在五台山，有一位老和尚叫高妙峰，他在山上修行，已是成道者，但他只剩一件事還沒放下，到他壽命盡了，我們說的黑無常白無常小鬼來拿他，到五台山找，沒有高妙峰，找不到，小鬼沒辦法就向土地公公請教，說：「高妙峰不在山上？」土地公公說：「在山上！」「怎麼人找不到了呢？」土地公公說：「他現在入定。」

大家知道定的涵義，一入大定就把肉體都化了，你看不見他。「這完不成任務，可怎麼辦！」土地公公，你看還有什麼方法嗎？土地公公說：「只有一點，他還有個鉢。」鉢多羅那個鉢，換句話說，是我們吃飯的飯碗。他那個飯碗大概是皇上賜給的，非常的好，他很喜歡，這是他的執著，還有這麼一點執著。

小鬼就攻擊他這個弱點，敲這個鉢，一敲就看到他在那坐著！一鎖鍊就把他鎖上，高妙峰祖師一楞，怎麼讓你們把我捉住了，那小鬼就說：「你的壽命盡了，你這假修行，還有貪愛，一敲你的鉢，就出來了。」「啊！」他就嘆口氣，說：「沒修行好！」他又說：「你把我鎖上了，反正我也跑不了了，你把那鉢再給我看一看！」

小鬼一聽，這是眞的，你跑不了了，鎖上了。把那鉢遞給他，啪！往地一摔，這一摔，他又入定了。小鬼說：「你入定，我不管你！」這一拽，空了。鐵鍊子沒有了，一拽拽空了。高妙峰又說話：「要拿老僧高妙峰，除非鐵索鎖虛空，要還鎖得虛空去，再拿老僧高妙峰。」

這是高妙峰的故事。五台山這類故事還很多，生死來去自由，無罣無礙，我們可以說他證得般若波羅蜜空義。等你悟得空了，把這個有消失，那就是空義。這種不是觀無我，而是神通！這種力量，阿羅漢也做得到了。把見思惑、我執沒有了，就能做得到。

我們對《金剛般若波羅蜜經》這個智慧，怎麼認識呢？如果把我們這個肉體，變成一個智慧體，智慧是無形無相的，怎麼能變得了智慧體？無我相則無法相，我相破除了，法相破除了，自然就無障礙。這個也不是我。現在對我們來說，這個若不是我，又到哪去找個「我」呢？找「我」是找不到的，根本就「無我」，打那兒找個「我」呢？

這一個為什麼說不是「我」？我們無量劫來執著，就是在這個五蘊上，解脫不了，色、心二法解脫不了。解脫不了成質礙，到處都是障礙，人家罵一句話，你也忍受不了，或是哪一件事你忍受不了。我們每個人回想，當煩惱的時候，某一件事想不通的時候，睡不著覺，吃飯也吃不下去，再好吃的吃不下去，你倒在床上，翻來覆去就是思想，這個時候你就該用功了。

假使你還記得《金剛經》，想一想，實在不能修的時候，念一念經題，《金剛般若波羅蜜經》！《金剛般若波羅蜜經》！《金剛般若波羅蜜經》！念念就能幫助你解脫了。問題是怎麼樣用心？學習的時候，先學會怎麼樣用心。這是佛說的《金剛般若波羅蜜經》，大家經常觀想，這是一種智慧的學問、智慧的法門。

就像佛說的：「我說法，有所說法不？」「無所說」，無所說對不對？無所說，《金剛經》怎麼有的？現在我們學什麼？有所說，有所說對嗎？

「有所說」跟「無所說」，大家要多參考，「有所說」，說的沒有，是遣！邊說邊遣，以言遣言，用語言又遣，以我所說的語言來證實這個語言是沒有的，音聲是沒有的。

如果學過《楞嚴經》，觀世音菩薩在二十五圓通裡頭是耳根圓通，反聞聞自性，佛所說的就是你的聞！你聞佛有所說嗎？若是聞到有所說，沒辦法開悟了；若是無所說，無所說是斷滅。有所說是有！無所說是無！有不可以，無也不可以。佛在說，說了就遣除，乃至說到這裡，佛還問須菩提一下子，「如來有所說法不？」佛有法可說嗎？須菩提體會到，他答覆得很乾脆！「世尊，如來無所說！」佛，你沒有說。

諸位道友不要聽聽而已，或者你還不明白，自己多思惟思惟，你會明白的。這個地方說向人說四句偈都可以！但是我還沒明白，怎麼向人家說？說你沒明白，沒有明心見性，學著說這幾句話，我看誰都明白。

我們知道《金剛經》無說，現在依著經上教，那是目的，不是過程。過程當中，因為有說，說明白了，你知道證得了才無說。如果我們人人都是迦葉尊者，佛說法不用這麼說，拿起了一朵花一現，拈花！迦葉就微笑，就得了，說了。那也是這個涵義。

佛有一次陞座，文殊師利菩薩作維那師，就像我們現在宏覺法師作這個角，就是文殊師利菩薩作的角，大眾來聚齊了，文殊師利當維那，一敲引磬，「法筵龍象眾」，他念不是我們念的鐘聲偈，那個鐘聲偈，我們若陞大座，人多非常莊嚴，維那光唱鐘聲偈，也得唱個二十多分鐘，光念這幾句話，「法筵龍象眾，當觀第一義」，就是這個第一義！

佛囑託須菩提，諦聽，就是第一義。「諦」字就是義，「當觀第一義」，今天來到大會，不是來聽佛說法的嗎？說你觀第一義。我們把它說成般若義也可以。「諦觀法王法」，你如理來觀，如般若義來觀，觀什麼呢？觀佛所說的法，「法王法如是」，法王法就是這個。佛就下座了。明白？你明白就參去吧！好，我們也就下座。

金剛經第五堂課　竟

第六堂課

不要執著斷滅空

爾時。須菩提聞說是經。深解義趣。涕淚悲泣。而白佛言。希有。世尊。佛說如是甚深經典。我從昔來所得慧眼。未曾得聞如是之經。世尊。若復有人。得聞是經。信心清淨。即生實相。當知是人。成就第一希有功德。世尊。是實相者。即是非相。是故如來說名實相。世尊。我今得聞如是經典。信解受持。不足爲難。若當來世。後五百歲。其有衆生。得聞是經。信解受持。是人即爲第一希有。何以故。此人無我相。無人相。無衆生相。無壽者相。所以者何。我相即是非相。人相衆生相壽者相。即是非相。何以故。離一切諸相。即名諸佛。佛告須菩提。如是如是。若復有人。得聞是經。不驚不怖不畏。當知是人。甚爲希有。何以故。須菩提。如來說第一波羅蜜。即非第一波羅蜜。是名第一波羅蜜。須菩提。忍辱波羅蜜。如來說非忍辱波羅蜜。是名忍辱波羅蜜。何以故。須菩提。如我昔為歌利王割截身體。我於爾時無我相。無人相。無衆生相。無壽者相。何以故。我於往昔節節支解時。若有我相人相。衆生相。壽者相。應生瞋恨。須菩提。又念過去於五百世。作忍辱仙人。於爾所世。無我相。無人相。無衆生相。無壽者相。是故須菩提。菩薩應離一切相。發阿耨多羅三藐三菩提心。不應住色生心。不應住聲香味觸法生心。應生無所住心。若心有住。即為非住。是故佛說菩薩心。不應住色布施。須菩提。菩薩為利益一切衆生故。應如是布施。如來說一切諸相。即是非相。又說一切衆生。即非衆生。須菩提。如來是眞語者。實語者。如語者。不誑語者。不異語者。須菩提。如來所得法。此法無實無虛。須菩提。若菩薩心住於法而行布施。如人入闇。即無所見。若菩薩心不住法而行布施。如人有目。日光明照。見種種色。須菩提。

當來之世。若有善男子善女人。能於此經受持讀誦。即為如來。以佛智慧。悉知是人。悉見是人。皆得成就無量無邊功德。

這段經文很長，先把經文念一念，感我們解說的時候，大家連貫這個義理，也是觀想！因為《金剛般若波羅蜜經》，它的突出點是在講空義，顯空義就是要你去除斷滅空，因為顯空義恐怕落到認為什麼也沒有了，那就是斷滅。

佛有時候說功德、說有相法，說功德是給我們一個啓發，不是完全空的，但是這個功德確實也是空的。因為在我們眾生的心哪！他總想有個得，但是佛顯這個義理，得是甚麼呢？實相。這個很不容易得到，得若得不到？他就落於斷空了，因此他反覆地說。

很多經論都如是說，不過他表現的方式不同，說法也不同，同是一部經，同是一樣的講解，佛法傳到我們東土，每位法師解說的，當然不會違背經義，但是所說的方法、方式，並不完全一樣。為什麼？每個法會的聽眾不一樣，對的機不一樣，說法的人就以他的善巧方便，擇他的機而說的，而且要說的功德是無窮無盡的，每部經都是功德無窮無盡的，是拿有相說的嗎？

若是有相，有所言說、有所形相，都是有盡的。須彌山再堅固，到壞的時候還是照樣壞了，沒有一個堅固的東西，什麼最堅固的呢？般若的義最堅固。

同時，《華嚴經》第四會，佛是在夜摩天宮說的，都是法身大士，讚歎佛的功德，說的那些詞句讚歎起來，讓我們聽到生起很大的歡喜，這個歡喜心功德無量無邊，歡喜心有形相嗎？功德有形相嗎？我是舉這麼一個例子。

大家常念《地藏經》，前面舉《華嚴經》覺林菩薩讚歎佛的功德，那一會是以功德林菩薩爲會主，在十林菩薩當中，覺林菩薩讚歎佛的偈子，「若人欲了知，三世一切佛，應觀法界性，一切唯心造。」我們念前面這麼多的經文，就是要你了知你的心，過去現在未來諸佛，三世諸佛，你若想眞正的明了，「若人欲了知，三世一切佛，應觀法界性，一切唯心造」，都是我們現前一念心所造。爲什麼說現前的一念心呢？我們每天都有念！從早晨乃至於睡夢之中，這個心的念不間斷，沒有停歇的時候，就像能念的心，所念的法，不同而已。

但是他的念，從來沒有離過念，現在這般若義是讓我們離念、離言說，但是我們怎麼樣去理解離念的意思？我們前面講離相眞如，也就是離念的眞如。這段經文的意思是把這過程說一說。爲什麼把它念這麼長，好像我們氣脈不能斷，斷了連貫不起來。

須菩提，聽到佛給他解說般若義，現在已經完全領會到，他感動的涕淚悲泣。我們要知道，須菩提是斷了見思惑的，不是我們流眼淚的感情作用。須菩提沒有那感情作用，喜怒哀樂憂恐驚，這個時候他全斷了，這是爲了要顯示法的意義殊勝，但無明還在，塵沙惑還在。他這個流淚有幾種，第一種，爲自己，遇到甚深的法義，這個甚深法義就在日常生活當中，我怎麼不知道？斷了見思惑了還體會不到？就在平常心、平常念的當中去來體會到甚深的法義，怎麼以前不知道！好像新發現似的，所以他才講：「希有！世尊。」這個法這麼希有。

「希有」就是尊貴，很難得聽到。一件世間大家都沒有的，你得到了，所以稱寶。就像我們受三歸，稱三寶，很稀少。但是在我們三寶弟子，覺得希有嗎？有像須菩提這種感覺，「希有！多生累劫我現在遇到了。」如果有這種感覺，你對待三寶的信仰，證入不同。有的人一聞到三寶名字，一受個三歸，他能得到無量的好處、無量的利益，達到甚深的功德；如果我們泛泛的受了，沒有那個難遭、沒有那個希有，沒有這種的思想，效果也就不大。

須菩提聞到般若波羅蜜的時候，他得到非常的深入，跟他過去所得到的，所證得的，完全不同，所以他才讚歎佛所說的甚深經典。「甚深」是指般若義說的。爲什麼我跟佛二十年，佛所說的法都沒說到這種經？其實佛都在說，不過那個時候，他沒開悟。沒開悟他沒有理解，今天，他開了悟，甚深的悟解。他聽到了，他這樣讚歎，說我聽到了，已經證了果，跟佛這麼久，我聽到還不足爲奇。若是讓另外一切眾生，有人聽到這部經，信心清淨，即生實相。這個生實相者就是說自己本心，明了。

什麼叫實相呢？是我們的眞心，有時叫實相義；有時叫般若義；有時叫妙明眞心、法界心，都是一樣的。實相，我們可以說是現前一念心的本體，明悟了，但是這個心得清淨的。什麼樣清淨的呢？過去心、現在心、未來心，了不可得。那才叫一念清淨。一點雜念沒有，就像我們拜懺也好，念經也好，教我們一心！

一心可不是你現在的妄念！必須得信心清淨了，才能實證實相，也就是到頓悟的時候，你就開悟了，實相是自己原來本具的心，顯現了。什麼叫實相？實相者，其實非相也。若是在一切現相見，都不叫實相。這個相是無相的相，叫實相，「即是非相」。須菩提說，是故如來所說明的實相，是什麼樣的境界呢？是有相的？實相者無相。以無相故，成立一切相。這就不容易理解，實相是無相的義，是眞心的。

因爲無相故，你用到哪，哪靈，實相者無相也。無相者，無不相，相相皆是心。這在《華嚴經》講的較詳細，隨拈一法，無非法界。到證得實相，你說什麼，都是實相，都是眞心，都是你的清淨妙明眞心。既沒有我、人、眾生，也沒有染污，也沒有長短，也沒有方圓。

「世尊哪！我現在得聞如是經典」，他沒說就證得了！只是得聞。聽到佛說這種甚深的道理，不但信，我也能解，不但解，我還能受持。這個時候須菩提還不是大菩薩，距離成佛還很遠！但是現在我信這種道理了，我也解悟、明白這道理了。解是經過佛一教導，我就解悟了。還要去行，就是聽，也很不容易聽到。若是常聽到的，不成爲希有了。大乘教義常說，大凡勝小乘。說發菩提心的、大心的凡夫，超過二果小乘的聖人。涵義就在此。

我現在得聞到，能夠信解受持，因爲我已經有一定基礎，不但證了阿羅漢果，在解空的道理，我是深入的，所以成爲解空第一。空理，我是明白了，明白不空；證得空理了，才能夠達到不空的境界。面對這個不空，我們是執著的，把它當成實有的！必須得翻個身，證得之後才能說不空，不空者即是空義。

不空是什麼呢？是妙有。妙有非有，那就是眞空。眞空不空，眞空即是妙有。這兩種看來很容易，實際非常之難。因爲這個緣故，我現在信，或者解，或者受持就是行！凡一說受持，持之不捨。我們說聞法就要受持，聽到法了就去做，對現在的四眾弟子道友說，聞了法了不去做，聽一聽而已，能夠聽一聽，很不容易。

須菩提這時候是跟著佛，從他出家算起二十多年，他聽到佛說《金剛般若波羅蜜經》，他感覺到希有，特別尊貴，他感動得痛哭流涕。我們聽到有什麼感動呢？我們沒得到，所以就沒感動。

須菩提就比較一下了，說佛涅槃五百年之後，若是有眾生聽到這部經典，也能夠信解受持，那個人甚爲希有，我比諸位可能早知道幾年，我也沒什麼感動！學了佛之後，聽到《華嚴經》，也沒甚麼感動，爲什麼？沒進入，沒得到它的好處，所以沒什麼感動。當你進入了，眞實理解了，進入了，感動有了。

今天我看到這段經文，往往在尋常當中有些不尋常，拿什麼證明呢？有沒有什麼證明呢？有！同在一個法會上，同時來這學習，有的接受程度不同，宏覺法師他跟我二十多年了，我講經他聽得多了，自己也在講。前天他聽到這般若義，他受了感動，我也沒注意他！他說他流淚，爲什麼？我就感覺到須菩提，跟著佛這麼久了，爲什麼今天這樣感動？這叫契入。他契合佛的心，這是一種。

未來五百世的時候，若是能有眾生聞到這部經，眞正的信，他要求解，很多道友讀經沒契入，你信了才去讀，受持它，你是不是眞正理解，你理解的對不對？印證過沒有？怎麼樣印證？用行來印證。你做過沒有？受持，聽到了就持之不捨，從聽到那天就受持不捨。若後五百歲，再有這麼一個人這樣的做，眞是第一希有了。距離現在幾個五百歲？五個六個了。我們在這個時代，還能聞到這種大乘經典，這也像須菩提似的，很希有了。現在人講《金剛經》的，不是不少嗎？你能聽過幾次？聽完了，對《金剛經》從前面到後面，理解沒有？眞正生起信心沒有？還不要求清淨信。清淨信，很難！清淨信哪！一點雜染都沒有，一點兒疑惑都沒有。

有些古來人聽到大乘經典，渾身毛孔都豎起來，有這感覺嗎？我經常說：「業障重！」那只是說話，沒什麼表現，但是你在緊要關頭，就表現出來了。

須菩提說，若在後五百歲，有人能這樣信，有人能這樣解，那是眞正的希有。能見佛在世，又能聞法證到阿羅漢果，他聞到《金剛般若波羅蜜經》，甚爲希有。現在我們聞到、聽到，乃至讀誦，你感覺到甚爲希有嗎？能夠有這感覺，雖然你沒成聖，也沒有斷了凡夫的一切的貪愛心，但你能聞到，那就很不可思議。

前面說非一佛二佛三四五佛而種的善根，我們過去多生種的善根不小，因爲我們現在沒有達到無我境界，我人眾生相都具足的，但是能聞到這個法，這個善根種下去，它是像經上說的金剛，金剛是不壞的，金剛種子種下去了，它一定會出生的。繼續這樣的受持，這樣的讀誦，因爲這部經是啓示我們的，它讓我們離一切相。其他一切大乘經典都這樣說。能夠離一切相，即名諸佛。若見諸相非相，即同如來。看見一切相，不執著。見相無相的時候，說你那個思想、那個知見，很正確的。這叫名字相似！我們現在是理具即佛。從理上講，我們跟佛無二無別，只是理具而已。

感你眞正的受了歸依，歸依三寶，也能眞正精進，名字即佛。但眞正信解，理解了，悟入了，信心成就了。我們現在是雜染的信，不是清淨信心，若是達到清淨信心，入了初住，這個時候再發菩提心，就比你現在的發心，眞刻得多了。

這一段的經義，爲尊敬這部經的力量，這部經的效果，須菩提說我現在這樣信，這樣理解，後來這樣行，還不算困難，因爲有佛在世，我自己本身也證得阿羅漢果，斷了見思惑，若是再過五百歲，有位眾生能夠這樣信，他就能夠離一切相，即名諸佛。

須菩提向佛這樣的表達，他聞經之後的感受，向佛啓白了，向佛表白了。佛認爲他說的是對的，就給他印證，佛告須菩提：「如是！如是！」你說的完全正確。他上來所說的這些話，佛承認了，「如是！如是！」

「若復有人，得聞是經」，佛又重複向須菩提說，後五百歲，若有個人能這樣的信心，他就是名字即佛，即名諸佛，說他是佛也可以；雖然沒證得實相，但他悟解實相。佛又往下解釋，「得聞是經，不驚、不怖、不畏，當知是人，甚為希有」。「如是」，就是這樣子。

若是有這樣具足信心的人，能遇到《金剛般若波羅蜜經》，聽這部經說一切相都沒有了，什麼都沒有了，他不驚怖，認為這是事實。不驚不怖不畏，說這個人眞正的很少有。依我們經常的說法，這個人不是一般的人，而是具足清淨信心的人。

「何以故？」為什麼這樣說？因為佛說第一波羅蜜，即非第一波羅蜜，是名第一波羅蜜。這是三疊句，好像有三種，只有一個意思。佛說的般若波羅蜜是一個假名，即非般若波羅蜜是事實，是名般若波羅蜜，是名第一波羅蜜。為什麼加個「第一」呢？一切法都有第一，第一是再沒有超過他的，這才是眞正般若波羅蜜。這是一種解釋。

佛所說的般若波羅蜜，能夠以此法到彼岸，說是言說，言說不是實義，般若波羅蜜不是言說的，不是有相的。那個般若波羅蜜，不是般若波羅蜜；若能離開言說，離開一切相，才是眞正般若波羅蜜。不要執著那一個，那是假名。根據假名去求所詮的體，根據這個體，你能解入，或者是證入，才是眞正的般若波羅蜜，般若波羅蜜不是言說相、不是文字相。若是取相就不是；若不取相、見性，才是實相義。

這樣說好像籠統一點，佛又舉例來說。說忍辱波羅蜜的時候，這是言說，不是事實，要你在事實上體會，言說的不是實的。例如，我們肚子餓了，要吃飯，說菜飯怎麼好，羅列一大堆，肚子飽不了，必須得吃，你吃進去，肚子飽了，這才是實的。

下面舉歌利王割截身體，形容忍辱。佛說那個是假名，爲了讓你以指見月，就像拿著手指頭指月亮，手指頭不是月亮，你看月亮去吧！看月亮，還得證得，爲你所用、爲你所得，那才是眞實的。這個得，得無所得，般若波羅蜜沒有什麼得，沒什麼得也沒什麼不得。所有我的教法當中，說忍辱波羅蜜，那是語言。

當你從語言，體會實義，體會所詮的，能詮詮於所詮，語言的文字，一定有個義理表達的，那時候證得實體，才是眞的，是名忍辱波羅蜜。這個恐怕在文字上，還理解不到，或者是語言上，那時佛對須菩提說話就是對話，在語言上，還不能夠完全明白。爲什麼我這樣說？須菩提啊！我給你舉例子來說。

如我昔爲歌利王割截身體，說往因的時候，那個時候佛在山裡修道的時候，歌利王帶著一幫她後宮的宮女到風景區遊玩，歌利王疲勞了，他就睡著了，那時候宮女滿山跑，她們在宮裡約束的很厲害，一出來就很高興。

因爲看見一位修行者，修忍辱行，非理相加，我沒惹他，非理來加在我身上，那你忍受了，忍受他人無緣無故的羞辱，或者忍受其他人無緣無故的罵我，或者忍受其他人栽害我，這是一種忍。還有，修無上甚深的法，你承認、忍可，這也要忍！這個忍更不容易。我們上面加兩個字，「無生」，忍無生，那忍超過這個。

這是講故事，宮女就圍著他，他就給她們說法。在這個時候，歌利王醒了，身邊都沒有人了，跑哪去了？他也來找，一找，看到宮女圍著這位修道者，他就生起嫉妒心，認爲這位修行者引誘他的宮女，嫉妒、障礙、什麼心都有了。

他就跟這位修行者說：「你爲什麼引誘我宮女？」他說：「我修忍辱行。」他說：「你修忍辱，我就看看你是不是能忍？」歌利王拿刀割他身體的時候，是一塊一塊的割他。大家想那種痛苦如何？但是他忍了，無緣無故加害。支解包括多了，不是割一刀兩刀就算了的，而是把他的身體一塊一塊支解。

佛這個時候跟須菩提說話，我當時修忍辱行，被歌利大王割截，那個時候有我相人相眾生相壽者相，有沒有？假使一有執著，我就生瞋恨心，報復、怨恨，這個心若積累下去，未來生兩個人就糾纏不清了，報復來報復去的。但是我沒有生起瞋恨心。

又過去五百世，佛在因地當中修行了很多劫，沒成佛之前，作忍辱仙人，「於爾所世，無我相、無人相、無眾生相、無壽者相。」我也是沒有我相、人相、眾生相、壽者相。

若不能離相的話，有苦了，有苦就有受了，受想行識，這四種是心法。這是說受，受有苦受、有樂受、有不苦不樂受。這個是苦受，「我」沒有瞋恨心；過去作忍辱仙人的時候，「我」也沒有瞋恨心；在一切眾生惱害「我」的時候，「我」也沒有瞋恨心。沒有瞋恨心，建立什麼基礎上呢？我離相了，沒有感覺「我」有個肉體，不生煩惱。

這是佛舉自己的兩個例子。因爲這種緣故，菩薩應該離開一切相，凡所有相皆是虛妄，若見諸相非相，這就成了，則能見實相。諸相非相即是實相，實相者非一切相。若是發阿耨多羅三藐三菩提的心，發了無上正等正覺心的菩薩，你就不應該住色生心，不應住聲香味觸法生心，應生無所住心。你問我：「云何應住？」這樣住就對了，無所住。

每位道友學到這段經文，我們的心有住沒有住？住在什麼地方上？我們是住在五蘊上，不但自己，乃至他人，一切眾生相，因緣和合生的一切眾生相、一切諸法相，我們就住在這些上。因爲一切相生起一切心，生起一切分別心，就妄想執著，就在色聲香味觸法上注意。

在一切境相上注意，這個心就有住，住在什麼上面呢？住在一切的六塵境界相上。佛說無住生心，是不住一切相；心能轉一切相，心能轉境。我們現在心被境轉，先把它翻過來，心不被境轉；心不被境轉又能轉境，這個很不容易。當你在一切的事物當中，在一天生活當中，你可把它用到一切處，不要把般若義的法看成很深，它就在日常生活當中表現的。你不認識都錯過了，所抓住的都不是般若，要把一切都放下。

佛告訴我們，不要住色生心，不住聲香味觸法生心，生起無住心。無住，就是不住色聲香味觸法，你這個心還有住沒住？若是有住的話，那個住不是住，即爲非住。所以佛才說，若是行菩薩道的人，不住色布施，那就不住聲香味觸法布施。不應住色布施，不應住色修禪定，不應住色修忍辱，不應住色修般若。那六度，都可以加一個「不應住色」，色就是一切境界相，不要在一切境界相上住，那是不是菩薩什麼事別做了嗎？不是這個意思。

所以須菩提！菩薩爲利益一切眾生故，應如是布施，「如是」兩個字是怎麼樣呢？不住色聲香味觸法的布施；無我相無人相無眾生相無壽者相的布施。一住相，就失掉了你的眞心。

曾經有道友問我：「你們講華嚴義，就是住在一切相上。」我說：「怎麼這樣講？」他說：「一微塵裡頭轉大法輪，就是住在微塵相。」他引證《華嚴經》話，我說：「你住在微塵裡，能轉大法輪嗎？你自己能住在微塵裡嗎？」《華嚴經》所說一微塵就是性空的本體，那一微塵已經不是那個微塵，微塵沒有了，變了法相的總體。哪一法不在法相的總體裡呢？

《華嚴經》所說的就是這個意思。你若是在語言、在文字上取執著，一取著，面目全非了；不著，還他本來的面目。那就對了。

如我們不住這個肉體，還我們本來的面目，那都是我們的清淨信心。那不是一劫兩劫，不是幾句語言就能翻過來的。那得眞正的實修，沒有苦工夫還是不行的。這是要你不要執著，日常生活中好多這種事。

我曾經聽見這麼個故事，有位表哥到北京打工，住在西城門的一間店裡，後來自己在鄉間租了個小房子，表弟也來打工，跟他的表哥住在一塊。那時北京很先進了，有自來水，表弟夜間起來解小手，他們那個地方的人說話語言非常短少，表弟起來了，表哥說：「誰？」表弟說：「咱。」「誰」就是哪一個人？「咱」就是我。表哥說：「啥？」表弟就說：「撒。」說你幹什麼？我在痾尿。表哥又說：「痾尿？怎麼撒這麼久時間？」表弟說：「一直流不完。」表弟出去尿尿，尿了一個多鐘頭，還在尿！表哥就說：「怎麼回事？」表弟說：「一直在尿不停！」爲什麼？人家夜間把自來水大缸打開，自來水往缸裡頭流，明天起來好用。表弟聽見自來水的聲音，就一直在那裡撒尿。

我說：「這個人開了悟了。」爲什麼？他能把自來水接到他身上，自來水在那一直流，他也在那裡一直站著撒尿，流不完。

我說，他若把這個用到念佛，或是用到修道上，成功！你看他的心用那裡？事實上是個笑話，他心無二用，尿尿就是尿尿。人家是自來水管子，他家鄉根本沒有自來水管，他聽見這個流水聲，認為一定是他自己在尿。

我聽到這個故事，想法就不同了，我說我們眾生的心哪！若能像這樣，把佛所說的法，把「我」都忘了，著重佛所說的法上，「我」成了。我們就是太聰明了，尿完了就完了，想不到自來水就是我，我就是自來水。那就尿不完了。看來是笑話，好多世間相，若用心的體會，你會開悟的。你見一切諸相，非相。非相是什麼呢？就是性。若見不見相，見性。

今天有一位道友就說：「菩薩度眾生，若有眾生可度的，不是菩薩。但是沒眾生可度，他又度什麼呢？」

這個地方就是你開悟的一個機會！如果你有懷疑就參去吧！答覆你，你也不見得明了，越說越遠，越遠越糊塗，越糊塗越開不了悟。就把這個抓住，菩薩是度眾生、沒度眾生？發菩提心要度眾生，哪個是眾生？哪一個不是眾生？若是給眾生說法的時候，見眾生相，即非菩薩。不見眾生相，你去度誰？誰等你度？這就是我們可以開悟的地方。那就告訴自己去參，給自己去參。

過去我們問善知識，像這類問題，他不答覆你。「好好想去吧！」之後，你下去自己心想：「他也跟我一樣，啥也不懂，我自己去想，那我問你幹什麼？」

有一位道友去參虛雲老和尚，我們是小和尚在跟前聽到，我們小和尚光笑，不懂得那是什麼！

他問：「老和尚，如何是祖師西來大意？」虛雲老和尚反問他：「你從哪邊來的？」「我從東北來的。」「東北來的，往西邊走去，就是西來大意。」我們聽見莫名其妙。大家一陣哄堂大笑。那個人磕幾個頭就跑了。這個話一直在我腦子，現在我又想起來了，「你從哪來的？東北來的。如何是西來大意？往西那邊走去就是。」什麼意思？沒有解釋。有好多的問題，當你不理解，等你一理解了，就是這麼回事。

有一個人不知道女人是什麼？他腦子一直想女人，後來他嫂嫂生小孩，他開大悟了，原來是這麼回事，就知道了。往往平常事，他開了悟，這就是觸機，當疑慮到極點，制心一處。

制心一處，無事不辦。我們現在就是不能制心一處，當你吃飯的時候，又想別的事；睡覺的時候，又想別的事；吃飯不去吃飯，睡覺不去睡覺。緬甸有位大德，他叫你制心一處，吃飯就吃飯，睡覺就睡覺，這個事誰都做得到！吃飯就吃飯，做到的人很少！吃飯的時候心裡頭雜念妄想不少，吃飯沒吃飯，睡覺也不好好睡覺，他想這個想那個，這就不能夠制心一處。必須得制心一處，才能無事不辦！

你必須得能見到一切諸相非相。怎麼能達到諸相非相？這要靠你參。一切諸相，緣起的，在我們教下，就要給你講原因，講理由，這一講，悟門全堵塞了，堵塞悟門。所以禪宗對教下很反對，越講清楚越不清楚，所以你不能開悟。腦子裡盡是道理，問號多了，不行。只能有一個問號，才能夠達到那個目的。

我們剛才說：「若人欲了知，三世一切佛，應觀法界性，一切唯心造。」只要是佛弟子都會念，但是要把這個問題明白了，你眞正的了知三世諸佛，是心所造的，現在從文字上說，佛是這樣教導我們；祖師也這樣告訴我們。但是三世諸佛爲什麼說是我心造的？我現在也沒成佛！你想把三世諸佛，過去佛未來佛現在佛都明白了，他不讓你向外觀三世諸佛，觀你自己的心就好了。觀你的心吧！

覺林菩薩讚歎佛的時候，他說：「譬如工畫師，分布諸彩色」、「大種中無色，色中無大種」、「心中無彩畫，彩畫中無心」，心裡頭沒有彩畫，沒有畫！畫家心裡有個什麼畫嗎？沒有！彩畫裡沒有心，心裡沒有彩畫。你這個心怎麼跟顏色合在一起呢？合不到一起。也不能跟紙合在一起，也不能跟筆合在一起，但是爲什麼畫出那個畫？畫的那個畫是心？是顏色？你怎麼理解？這個偈子本來是參學的，是你修行的資料，我們是每天照著念一遍，沒用心去思惟修。

他拿那畫筆畫的時候，是心畫嗎？是手畫嗎？好多問題都可以這樣問哪！我們這裡是畫廊，跟覺林菩薩讚歎佛是一樣的涵義。心裡頭沒有大種，大種中沒有心，也沒有彩畫，爲什麼畫出來呢？彩畫中也沒有心。類似這類的問號，非常之多，頂好不解說，讓學者去參。

經上告訴我們一些方法，有些給你說的很透徹、很明顯；有些根本沒跟你說；有些祖師加以解釋；有些根本不跟你解釋，意思是叫你心契，讓你讀到這部經，心裡頭跟它契合了，契合你就證入了。

「般若波羅蜜」，不給你翻，你去參吧！參久了，你會有個入處的，經上好多的話，有些你念就是了，讀誦到一定程度，這句經，好多年不明白，別人跟你解說你也不明白，等自己念念念的，自己明白了。那是眞明白。明白了就成了嗎？那也不見得。

我也很慚愧，好多佛經，最初我學的少，也沒有底子，像諸位大學、碩士、博士，我是連小學都沒畢業。

很多問題就靠自己去思索，多想出智慧，但你思索也不要鑽牛角尖，想不通了，你放下。過一段時間，突然間遇見哪一個事，突然明白了。經上是這麼說的，原來是這麼回事，明白了，這叫開悟。悟，不是大徹大悟的，東悟一點，西悟一點，加在一起，你就明白很多。

當你明白很多了，色聲香味觸法對六塵境界，對貪瞋癡慢疑，乃至色聲香味觸法這些境界，你就能放下很多，不是像最初那樣執著。你若學佛三十幾年、四十幾年，眞正投入，不是沽名釣譽，不是想得到個什麼，不是這種心情，你會積累思惟，能悟得的。但不是像祖師說的大徹大悟、或是了生死解脫。力量還不夠，但可以給未來生滋潤。

我們都是多生累劫積累的，經上說，不是一佛二佛三四五佛所種善根所積累的，而是多生累劫積累的，現在遇到了。但是我們如果是從遇到了之後，沒有深入，沒有好好去做，信解是信解，不但了不了生死，連煩惱問題都解決不了。大家都知道貪瞋癡，知道是一回事，能制止不貪又是一回事。

佛在世的時候，學就行，做完了再學，再學再進步再做，是這樣的。現在我們學的不做，做的又不懂得，禪堂的人並不是把《金剛經》、《圓覺經》都讀熟了的，都讀透了的，這是禪宗的要義。念佛就好了，一進禪堂就念一句阿彌陀佛好了，參一句話頭就好了。這是對上上根說的，所以他不能成功。

現在諸位道友知道了，學佛很多年了，念佛法門你也懂，禪堂的你也懂，都是一點點，不是通的。若通了，那就好了。一知半解，前進進不到，後退又捨不得，放又放不下，提也提不起來，你說該怎麼辦？很多老修行就這樣過一生。你得提得起放得下，必須得看破，看不破怎麼提得起來呢？入了佛門了，依著佛的教導，不說清淨信，能使我們產生一個含糊的、夾雜貪瞋心的信，都很不容易。

好比我們有些道友，「我學佛這麼多年，瞋恨心還很重！」我說你很不簡單了，瞋恨心，你能認得了，爲什麼你不斷？你斷不了，克服一下，最難的是不知道。

我們學佛的弟子，今天發完脾氣了，發完了就後悔，有時傷了人，還向人求懺悔，我們經常看見師父們跟師父們求懺悔，兩人打架，打完了，唉呀！對不起！難哪！難在什麼地方？那一念衝動來了，你制止不住的。這就是我們修行用功夫下手的地方，這個高深修行、那個高深修行，都沒有用，你要從口上不傷害別人，更不說惡口罵人，連傷害別人的話都不說。

這個話我說出去，令別人不高興或者有傷害，我絕不說，做得到嗎？說的盡是對人有利益的話，妄言兩舌惡口，那更不消說了。殺盜淫妄，這是四根本戒！不論哪個國家的法律，在任何時代，四根本戒都是通用的，哪個國家殺人不犯罪？亂搞男女關係也犯罪；偷人家東西在哪個國家法律都不許可的。欺騙可以嗎？其他戒律不說，這四個根本戒你清淨了嗎？在末法的時期，你能四根本戒守的很清淨，已經很不得了了，我說的是包括細行，不是粗行，粗行大家可能不犯。細行是，不但身體不做，心裡念頭都沒有了，這個非常之難。

我們現在是學般若，學般若都是大菩薩，菩薩是治心的，從你的念起處就算定罪！若自己承認是菩薩，問自己心裡清淨不？菩薩度眾生有沒有眾生相？這是一步一步來的，當初發菩提心的時候，也有發心相，也有自己發心的作為，小心翼翼的這麼做。到一定功力的時候，你才能先斷除自己，才能斷除他人，才能夠無我相無人相無眾生相，初發意時就想像大菩薩一樣，無住相的布施、無住相的忍辱，不可能的。無住相的功力必須漸漸的來，這個功夫很不容易。連住相不能去做，還說不住相呢？

布施有這麼多功德，都不去做！我們說做一件好事，慢慢吞吞的，感作壞事非常猛力，這叫業。經常說業，業就是作業。自己評自己吧！當你讀誦大乘的時候，好多道友不能堅持，初發心時很猛力，漸漸的，心就退了，為什麼？信心不堅定，最初信佛的時候，總要求菩薩消災免難！難也沒免，災也沒消，反而還增加了。

如果你一發心信佛，生意馬上就不好，訂單也少了。不信了，我信了反而麻煩來了。知道為什麼？以前你掛的牌子，很惡的，現在你掛的牌子，很善的，因爲你欠人家債，誰敢向惡的人要錢？不敢要，害怕把新禍又招惹來了，那就忍受算了吧！現在你掛善人牌子，我可以要了，你欠我的該還給我吧！你信了佛，所有冤親債主人找你來了，自己做好事，你要給人家迴向。爲什麼我們迴向，第一個要迴向冤親債主，就是這個涵義。你掛個善人的招牌，你做善事，該還我，所以反倒不如以前。但是若是猛力一點，可以把它伏下去，暫時不還。等我掙夠了，再還給你。

懂得這個意思，不要退心。越碰到這種境界相，越成就你的道業，你越勇猛精進，就衝過去了。衝過去就好了。那就是人家說的，柳暗花明又一村，道力就增長了。

在台灣，我有個道友，不論到哪去，他的電話總是跟著我，一天拜六次懺，五萬聲要增加幾萬聲，夜間也不睡覺。這次我回來，還俗了。緊了就崩了，慢了就鬆了。修行要不緊不慢。

不要聽了很激動，馬上要閉般舟關，連般舟三昧是怎麼回事，還沒弄清楚呢！打般舟關，應當先把般舟三昧修的關法，好好前後學習一下，知道這個是怎麼個過程。

佛法必須很精細的，不是粗心大意，上面說的無我相，最初還得執著一點。初下手的時候，不要就學大菩薩，學不到的。我們叫人不執著，好了，不執著，經也不念，多睡一點沒有關係。不要太執著。看到好吃的，那要吃了。不要太執著。我聽到很多！我們凡夫不克制一點不行，該執著的執著，該不執著的不執著。

般若義是告訴我們不執著，不執著是解脫。但是般若義你進入了好多？怎麼樣進入？般若義並不是不持戒，大家好好體會一下。

金剛經第六堂課　竟

第七堂課

驗證學習《金剛經》的效果

前面講的經文非常長，總的大意是離相寂滅，因爲離一切相才能清淨的靜止，寂滅的意思就是清淨的，就是定的涵義。《金剛經》，我們講了好幾天，你們感覺有什麼效果嗎？你聽了經之後，有效果沒效果？就像我們做一切事情，都要求一個效果，聽了經，在這兒坐一個半鐘頭，有的來的很早，有的人來兩個鐘頭，那麼就要觀察自己的心。

聽了《金剛經》之後，跟你沒聽以前，比較一下！你沒有信佛以前，信了佛以後也聽了很多經，現在聽了《金剛經》，學習《金剛經》，從什麼地方驗證它的效果？從你的煩惱上，感覺煩惱多了嗎？是少了嗎？自己煩惱來了，你能認識煩惱，這是你的效果。過去對煩惱還不知道，不高興了，不高興與本身就是煩惱。你學了之後，感覺煩惱多了，煩惱少了？那是來驗證你聞法的效果。

如果你還像以前似的，什麼事情看不破，《金剛經》是去執著的，你不執著了就是看破了，從一切幻化的事物當中，你認識到了，理解到了，是空的。自己離開這個學習的場地之後，回到家裡，或者回到公司，煩惱馬上又來了，你怎麼能夠看得破？不是完全斷吧！能夠減輕一點，這就是我們的收穫。你一部份一部份積累多了，效果就大了，不然你聽了半天的經，還是跟沒聽以前一樣的，一點用不上，還不如不聽。

你心裡不能安定，一切的境界，你不能克服，那多少要轉化一點！這個一定得自己分析，有時自己理解了也能轉化一點，但是自己認識不夠，還不能夠再去深入，那就是說思惟的力量不夠，不能靜下心來，好好觀察當前的一切事物。學的時候，這就是修行，修行的時候你初入門了，聞到這個法，怎麼樣來認識這個問題？

佛恐怕眾生不信，怕眾生不能進入，把自己所說的教授法，重說一下子。須菩提！如來對你們說的是眞語，眞實不虛的話，就是「眞語」。是「實語」，是「如語」，「如語」就是如實的。我們講實相，都是如實的，都是從佛的眞心流露，入了你的眞心，不是欺騙的。「不異語」，佛說的法永遠如是的，沒有什麼差異的。今天這樣說，明天又那樣說，不會的，永遠是如是的。這部經或者名詞上有所變化，從體上沒有變化的。

證得的呢？如來所得的法也如是，無實無虛，不落於二邊。「須菩提！若菩薩心住於法而行布施。」舉布施度。法是一切有形有相的，這是說一切法。布施是能布施者、受布施者，再加上所布施的物品。佛教授我們說：在布施的時候，心不住法，不著相的布施。

如果執著相來布施，就像一個人入了黑屋，什麼也看不見，「如人入闇，即無所見。」如果是菩薩心行布施，他的思惟不住色不住相，「不住法」就是不著一切相。就像一個人不是盲目者，日光明照，能夠見到種種色。佛說，我所說的這段話！須菩提，你要這樣認識，這是眞實的。但是這個法是給一切末世眾生說的，須菩提不會有異念的，因爲他已經認識了。

雖然須菩提是當機眾，佛說法是給一切眾生說的，佛總結整個經文所說的，都是這個涵義。前面舉布施，歌利王割截身體的時候，那是忍辱。布施、忍辱，舉這兩個，也是概括六度；或是再廣闊，也概括十度。我說的是叫你們信眞實的。

佛恐怕有些人還不能夠這樣信，唯有重新證明，我說這個法是可信的、是眞實的，一點虛假的沒有。因爲在這個世界上，在這個世間，有些人在事上和理上，分辨不清，常時不是眞實的信。說事的時候跟理上不能夠相合，事背於理，理不能顯事，理事不合。

佛所知的，一切法都如是的，理如是，事亦如是。理來成事，在事上又來顯理。一切法都是這樣，眞實不虛的，因爲佛所說的一切法，如實的境界相。如實的境界相，沒有境界相的。如實的！實是實相。這個實相就是說你的眞心，眞心是沒有一切妄想，經文說：如來是實語者、如語者、不誑語者、不異語者，有的經文是五句，有的經文是四句，多一句少一句，關係不大，這是翻譯版本的不同。佛所說的法，所說的話，眞實的啊！就是讓我來信的時候，你要如實的信，乃至信了之後，你要去做，勸人家去做，目的是讓你去修行。爾後經過理解的階段，如實信，之後就如實去做。千萬不要懷疑，因爲你一懷疑了，就不能去做。

佛在這一段說，這是眞實的，不是假的，不是欺騙你們的。「如語」是順理的話，因爲這些話能夠顯眞實的理體，由這一段就證明了佛所說的法是眞實的，給大家說這是眞實的。

我喜歡看小說，我認爲小說的話，反映很眞實的，若是缺少佛教的教義，我就把它會歸佛教教義。我念一段話，「忘了憂，忘了愁，海闊天空任遨遊。」這個說的，彷彿是道教的話，他說你把憂愁都忘了，如果沒有憂也沒有愁，把它忘了。我的解釋是，忘了就是不執著。你若達到不執著的境界了，在一切人事關係上，在一切事物關係上，我跟你、他跟我、乃至我與他，一切的恩恩怨怨，一切事物的紛擾，你要有這種忘了憂忘了愁的這種境界，別把它當成眞實的，這叫解脫。這個人很灑脫，能夠海闊天空隨便的走了，任遨遊了，隨心所欲就是這樣子。

下句是「得放手，且放手，豈有美滿明月永當頭。」放下的時候，你放下吧！要對人家好，對自己也好。不要執著不捨，得放手時，且放手，沒有十五那天的月亮永遠照在你天上，永遠圓滿的，沒有這個事。

形容在我們這個社會，不要任自己的個性，也不要相信自己的妄想心，你想怎麼就怎麼？依自己去放蕩，該收的時候你收了。人生是無常的！

經文上告訴我們，不住法生心，不住聲香味觸法生心，就是這個意思。

在我們小說上，什麼吹捧的英雄豪傑，沒有這麼回事，那是影戲上電影編的、小說上寫的，他也寫恩恩怨怨，打打殺殺，富貴榮華都不是一生的，而是多生累劫的。

古來人常這樣說，「花開花謝」，花有時候開了，有時候謝了，「時去時來」，這人走運氣，失意了，運氣就沒有了，「福方慰眼，禍已成胎」，看見眼前幸福，那是騙你的！在最幸福的時候，禍根種下了，人往往不理解，任意妄爲！當環境好的時候，有財富、有勢力的時候，他忘了失掉勢力、失去財富的時候，他不肯這麼做。

因此一定要認得，富貴榮華是騙人的。「花開花謝」，花開的時候誰都愛，花謝的時候誰都不理它，看的是福，其實是禍。你要這樣來認識一切事物。得了，「得何足慕」；失了，「失何足哀」，得也不要歡喜，失掉也不要憂愁，「得此在彼，敬聽天裁」，得也好，失也好。

佛教說「天」字，是自然義。不是指天神，那個都是六道輪迴裡頭的。「天」是自然的意思。自己有時把它的話想一想，也有眞理的。就像你怎麼老的？我看我們這二十歲的人都很少了，像我快九十歲的人，也很少了。這就是「悠悠歲月催人老」，一天天的過，你不知道你已經老了。「一杯黃土付東流」，你看這句話，雄心壯志沒有了，古來還有一杯黃土，還埋個全屍，現在燒了，成了一杯土。用不著埋了，現在土地值錢，知道不？

這些只能幫助生滅法的一部份，不是佛教的眞理。連這個都不能悟解，怎麼放的下？我用這些形容詞，是讓你放的下，放不下，化成灰了還放不下，變了鬼神了，還留戀著過去，都戀著人生，還回憶，所以才流轉。爲什麼在六道永遠出不去？那個識神永遠留戀著這些，現在我們從另一方面看，這是消極的，讓你放下、看破。

還有一方積極的，發大悲心，就是發菩提心，行菩薩道，要利益一切眾生，還得鼓勵他發菩提心，勇猛精進，精進不懈。學《金剛經》得會學，看佛怎麼說的。

佛剛跟我們說寂靜離相，寂靜要離相。離相才能寂靜，一切都是空的，現在我講這些詩句都是空的。再翻過來說，他是不空的，爲什麼我們不能把它全面認識呢？讀古書的道友可能都知道，蘇東坡到廬山，看不見廬山全部的面貌，爲什麼？他在山裡頭怎麼能看呢？「橫看成嶺側成峰」，橫著看，很長的山嶺，若在側面看，是一座峰。遠看近看又不同了，「遠近高低各不同」，遠看又一樣，近看又一樣。

以前我在雁蕩山住，雁蕩山夜間一個樣，白天又是一個樣。東面看一個樣，西面看又是一個樣。前山一個樣，後山又是一個樣。為什麼？因為你在山裡頭。「橫看成嶺側成峰，遠近高低各不同；不識廬山真面目，只緣身在此山中。」現在坐飛機，從上面看就看清楚了，或是你站在高山頂上再看，全貌就看清楚了。

我們在煩惱裡頭，不認識煩惱。站在煩惱外頭再看煩惱，你認識煩惱了。有些世間的警策話，不論看書也好，做什麼事也好，我一天生活起居就是世間相。世間相就是真實的，佛所說教法真實的意義，就在世間相。離開生活起居，離開世間相，沒有佛法可言。佛是讓你在世間上理解超世間，你看佛說《金剛經》！一會有，一會馬上又說無。怕你執著無，馬上又說有，說你誦《金剛經》的功德有好大好大！

須菩提。若有善男子善女人。初日分以恆河沙等身布施。中日分復以

恆河沙等身布施。後日分亦以恆河沙等身布施。如是無量百千萬億劫。以身布施。若復有人。聞此經典信心不逆。其福勝彼。何況書寫受持讀誦。爲人解說。須菩提。以要言之。是經有不可思議。不可稱量。無邊功德。如來爲發大乘者說。爲發最上乘者說。若有人能受持讀誦。廣爲人說。如來悉知是人。悉見是人。皆得成就不可量。不可稱。無有邊。不可思議功德。如是人等。即爲荷擔如來阿耨多羅三藐三菩提。何以故。須菩提。若樂小法者。著我見人見衆生見壽者見。即於此經不能聽受讀誦。爲人解說。須菩提。在在處處。若有此經。一切世間。天。人。阿修羅。所應供養。當知此處。即爲是塔。皆應恭敬作禮圍繞。以諸華香而散其處。

「何以故？」什麼原因這樣說？若是再能夠「書寫、受持、讀誦、爲人解說。」那個福德就更大了。

大家從《金剛經》前面，一直看到這裡，佛讚歎誦《金剛經》福德，這是第四次。如果你把《金剛經》背得很熟的話，這是第四讚歎功德。《金剛經》是講空的，爲什麼這樣讚歎功德呢？他說一段空，怕你落入斷滅，馬上讚歎《金剛經》的功德，這是佛的大悲心。怕眾生落於斷見，落於斷見就苦了。落於常見也不對，斷常兩邊都不對。

講空義，爲什麼處處講功德呢？是貪功德嗎？一切眾生的執著心非常強。我們不是一聞到《金剛經》，或者一學到法，一聽到教誨，苦空無常，就能夠放的下，就能夠去進行。

聽空義，不願意學習，若聽到了功德這麼大，他就讀去了，《金剛經》消災免難，延壽的金剛，〈感應錄〉上都說延壽金剛，念《金剛經》壽命很長，閻王爺都不抓你，他就念了。我很窮，想發財，念《金剛經》吧！念《金剛經》就發財了。他就念了。念的目的是爲發財、爲長壽。

這是佛令他入佛道，「先以欲鉤牽」！功德大，福德不得了，你將來享受的，他就念了。這叫欲鉤牽，拿欲鉤你們。之後，說這福德沒有的，不要去執著，最後是沒有的。我剛才講，把你燒成灰，什麼都沒有，連肉體都沒有了。誰去得？誰去享受！就是這個涵義。

對眾生機，給他講福德，他高興了，講智慧，他摸索不著，你要他觀無我，他觀不進去！我們此土眾生，若說這個法是小乘的，他不願意學，說是大乘的、大大乘的、無上乘的，他就去學習了。

我們都知道蓋樓房，不論一百層、一千層、一萬層，你也得從打地基開始！沒個地基建到哪去啊！空中樓閣能建成嗎？一學《金剛經》，二乘法、小乘，哪個不是從無我開始的？前天我跟宏覺法師討論這個，阿羅漢的空跟菩薩的空、跟佛所證的空，是兩個是一個？空的深淺不同，就是一個空！空還有幾個嗎？它層次不同，看達到究竟沒達到究竟？

這些功德是不是佛說假的，是騙我們的？不是的。眞實的，你確實要享受，讀了《金剛經》確實能享受到這麼多功德，就從最初出家，信了佛法，之後又聽到佛法，又去行，一信佛，種子種下去了，不要懷疑，信了之後，一定能成佛的。精進！時間短一點，懈怠！時間長一點！

就像我們讀《彌陀經》，若讀了《彌陀經》，念了往生咒，極樂世界是絕對生的。六方佛，你不去也把你拉去，若是你讀了《彌陀經》，念了往生咒，你天天念，心裡發願想生，什麼時候生？問題就在這裡。你精進就生的快點，或者今生就可以生；你不精進，懈懈怠怠的！經過一生，二生、十生、百生、千生，生是決定生。因爲你不願意去，去者實不去。去者若願意去，你也願意生，那很快就生了。

佛說功德也好，說空也好，說空的時候，顯得功德更殊勝；說功德的時候，知道功德到最後是空的。有即是空，空即是有。功德就是妙有，妙有就是眞空。眞空不空，就是一切功德。功德就是妙有，因爲這個功德是誦《金剛經》的功德，不是平白無故來的功德。這個有、這個功德是建立在空義上的，那個空是建立在有上的。空即是有，有即是空。這樣來理解，漸漸的深入。

一有功德，苦難就消失了，因爲信佛的關係！說來生能作大官、能享受、能當百萬富翁，福報該得的，你有了是能享受；說福報沒得的，在你得的時候，不但沒得到，沒享受到，老命也出脫了。這是假念《金剛經》所得的。

有一個道友問我：「師父啊！你們和尙沒作功德嗎？」我說：「作！和尙都是在念經！」他說：「趕經懺的和尙，是不是念經？」我說：「念經！」他說：「有功德沒有？」我說：「有！怎麼沒有！」好多社會上人，對於我們作經懺、作佛事的師父，他們是輕視的。因爲他們是拿錢僱你來的。我記得小時候在北京剛出家的時候，那個時候看見和尚這個樣子，我都想不當和尚。那時候北京還是老式的，和尚也是穿大黃袍紅祖衣，跟著靈車後面走！那時候沒有汽車，是馬車拉著那個靈，另一部車就是他的家屬。親人坐著，也許三部車、四部車，看親屬多少。

前面是一幫子討口子小孩，十幾歲小孩，打個幡，一人頂多給你五個銅板，小孩在前面，靈車在後面。這家裡有錢，又請道士，也許請四眾弟子，和尚在人家車後面跟著跑，穿著大黃袍大祖衣，車子走的快，你也得跑得快一點，車子走得慢就慢一點。

我看這太恥辱了，和尚是幹什麼的？這是一個現象。北京，我住那個廟，緣化的不好，想法找錢，那時候施捨的人很少，廟裡古來祖師發願蓋好多間房子，只有三位和尚，和尚又打麻將，又抽鴉片，錢哪來呢？沒辦法，就租靈房。因爲北京作官的多，從滿清開始，就把這個房子租作靈房，人死就不回醫院，停到廟裡頭，一個月好多錢哪！有時候人沒死，棺材買了，廟的這個房子我訂了，等人死了就在這停著，等於買間房。

我看見廟裡是這個樣子。這是我最煩惱的事，印象最深的事。爲什麼有這些現象？他問我說：「爲什麼地獄門前僧道多？」這個人問我，可能是挖苦我，看我年齡也不大就當法師，很瞧不起我。我給他們講：「拿我們北京講，和尚多嗎？還是在家人多？」他說：「在家的人多！」我說：「在家人下地獄，提不提？」他說：「沒有說！」我說：「是你們比我們多嗎？還是我們比你們多？是我們和尚都下地獄嗎？」我說：「你不下地獄嗎？就你來說，地獄門前僧道多，你非下地獄不可。」他說：「爲什麼？」我說：「你對和尚、對三寶不恭敬。你挖苦三寶，等於謗毀三寶，謗毀三寶不下地獄，哪去啊？看你還大概學過幾天經吧！你看吧。」

他向我求懺悔。他是慧三老和尚歸依弟子，他跟慧三老和尚說：「你們這位夢參小和尚，在北海公園裡住的那一個，他說我非下地獄不可。因爲我問他，『地獄門前僧道多。』他就報復我吧！說我非下地獄不可。」他說：「對！因爲你謗毀三寶，當著和尚說禿子不好，你當著他說和尚得下地獄，他當然報復，倒是你下地獄？他下地獄？那比賽好了。」

我爲什麼說這個呢？下地獄跟修福德，平等平等。當享受福德的時候，可造了很多罪。佛說這麼多功德，不錯！功德是有盡的，不像成了佛，證了阿羅漢果，斷了三塗，它盡了！功德不是修行，功德是福報。這個專說功德，沒說智慧！你應該作如是理解。

你說念了《金剛經》，福報消失了，這僅僅說福的一面，還有空義的智慧一面？那就是成佛。看見和尚下地獄，也得看見和尚成佛！下地獄是過程！我經常對在家兩眾道友說：「一定要恭敬三寶，不說三寶過」，不是抬高我們自己！我也代表不了僧寶，我僅是一個假相，對三寶一定生恭敬心，生信仰心，不說三寶過，對你是有好處的。你說了三寶過，看三寶這也不是，那也不是，對你有什麼好處呢？只有罪過。那是維護你的話。哪個師父這樣維護你？不要謗毀三寶，涵義就在此。他從地獄出來，可以繼續修行成佛，三寶種子種下了，他到哪去，種子不會壞失的。

不管那個師父多壞，只要落過髮，披過袈裟當生，下地獄出來他再來生，還是當和尚，你看爲什麼那小孩要當和尚！他自己跑去當和尚，沒人給他剃頭，他自己剃！不許出家，他就是要出家。

宏覺法師他們三個，人家不准出家，他們自己剃自己出家，出了家之後再找師父，這類例子很多！在一九七幾年、八幾年，那時候大陸上不准出家，很多人都照樣出家，無所畏懼。出了家了再去找師父！我說這些做甚麼呢？讓你理解！以這身命的布施，所得的功德，那是不可思議的。當來之世，若有善男子善女人，對這部經受持讀誦，佛以他的智慧觀察到，知道這個人、見到這個人，能成就無量無邊的功德。

「若有善男子善女人，初日分以恆河沙等身布施」，這是我們做不到的，「中日分復以恆河沙等身布施；後日分亦以恆河沙等身布施」，在印度，一天分晝三時、夜三時，分六時，我們現在分二十四小時。初夜、中夜、後夜，日初、日中、日末，分成六時。在清晨起來，用他的身命來作布施，這得是菩薩！為什麼？就在一個早晨以恆河沙那麼多身布施，哪來那麼多身？死了生了、生了死了，那得一段時間！晝夜二十四小時，初日分只有四個小時，能以恆河沙那麼多布施，這是形容詞，不要在文字上執著。中日以身布施，後日又以身布施，不是一次兩次！恆河沙數那麼多身布施，如是無量億劫，還不是一天兩天，時間非常的長，都是這樣以身布施。身就是肉體，以他的肉體來布施。

這個功德能計算出來嗎？但是這個功德不大，「若復有人，聞此經典」，這形容讀《金剛經》，讀誦《金剛經》、聽了《金剛經》，「信心不逆」，逆是反的意思，逆是不順的意思，不順從這個義理。聞此經典，他讚歎、隨喜，不反對、不謗毀，他的福德不可計算，比那個一天三次都以恆河沙那麼多布施，以身命布施的，比那個功德還大。佛除了這種比喻再沒法比喻，這是世間相。若是書寫、受持、讀誦，還去給人家解說，功德是不可思議的。

佛教經常講不可思不可議，不可思是心裡想不到的，不可議是我們很多人討論研究也說不到。前面第一次說是用七寶；第二次說是講身命，這個是講身命，是初中後一天這樣布施，形容讀誦《金剛經》、受持《金剛經》、聽聞《金剛經》的功德。對這部經，若是誠誠懇懇、確確切切的，功德是很大的。但是這個裡頭是說受持、讀誦、解說，如不受持也沒讀誦，只是信《金剛經》，就以這個信心的功德，亦不可思議。讀誦、解說、信仰，跟這個是同等的。

這是說信《金剛經》的義理，現在沒做，將來生我會做，你現在生種了金剛種子，當來生就發現行，永遠不會消失的，這是值得我們現在與會大眾慶幸的。你聽到《金剛經》、見到《金剛經》，就有這麼大的功力，這是《金剛經》本身的加持力量。因爲他入到你的心！

我們說受了三歸的弟子，永遠不墮入三塗，跟這個涵義是一樣的意思。我信了三寶之後，又謗毀三寶，謗毀你要受罪的，罪歸罪，種子歸種子，罪受完了又恢復了。以三寶的功力又恢復了，受罪是過程，但你受那個信心、那個種子到一定時候會增長的，但是隔了多少年呢？不一定。一佛、二佛、三佛、五佛，不一定，無量千萬佛過去了，你那個善根發生了，這中間看你培育的！若再假你經常灌溉，種子種下去經常灌溉、經常讀誦，經常又增加歸依三寶，就快一點。說你荒疏了，受完了三歸就把它丟到一邊，擱了好多時，那時間就長一點，這是時間的長短。

大家可能都念過五十三佛，也拜過五十三佛，《地藏經》說上五十三佛，釋迦牟尼佛說：賢劫千佛、星宿劫千佛、莊嚴劫千佛，三千佛都是聞到這三劫的佛，連續挨著的，賢劫之後是星宿劫，星宿劫之後是莊嚴劫，三劫三千諸佛，都是聞到五十三佛名字種的善根，一位一位的都成佛了。

大家都拜過五十三佛，恐怕不只一次，可能前生也聞到《金剛經》、聽到《金剛經》、讀誦過《金剛經》，不然今生很難能再遇到《金剛經》。這樣的人，佛所說是眞正紹隆佛種的，將來能夠承當佛的家業。要這樣的來信，這樣的來理解。

復次。須菩提。若善男子善女人。受持讀誦此經。若爲人輕賤。是人先世罪業。應墮惡道。以今世人輕賤故。先世罪業。即爲消滅。當得阿耨多羅三藐三菩提。須菩提。我念過去無量阿僧祇劫。於然燈佛前。得值八百四千萬億那由他諸佛。悉皆供養承事。無空過者。若復有人。於後末世。能受持讀誦此經。所得功德。於我所供養諸佛功德。百分不及一。千萬億分。乃至算數譬諭所不能及。須菩提。若善男子善女人。於後末世。有受持讀誦此經。所得功德。我若具說者。或有人聞。心即狂亂。狐疑不信。須菩提。當知是經義不可思議。果報亦不可思議。

受持《金剛經》的人，念《金剛經》應該是受一切天人恭敬供養的，不但人，一切天人對於誦持《金剛經》的人，或者聞《金剛經》的人，都有護法尊敬供養，但是碰到不信佛的，乃至於他不學習，連佛法都不知道，他對你誦《金剛經》的人，並不因爲誦《金剛經》就尊敬你。他不尊敬你，因爲他不信佛。或者他信佛的，他學別的法，修唯識了，他不尊敬《金剛經》，這樣的人對你這誦《金剛經》的人，輕慢、看不起，或者污辱你，或者欺負你，或者輕你、賤你、毀謗你，誦經的人，不因爲別人輕慢、毀謗、不尊敬而退心，照樣的精進修行。

你過去所存在的、所作的錯事、造的惡業，人家輕賤你了，你歡歡喜喜領受，你說這是《金剛經》上說的。我這個罪業，叫人家一輕賤我，我就消了，增長福德了。本來該受報的，不受報了。爲什麼？你這一輕賤我，把我那個罪業給消失了。這是讓學習、聽聞、受持《金剛經》的人，作這樣的想法。

我記得我在紐約妙覺寺講《金剛經》，聽經的道友跟我說：「因爲我來聽《金剛經》，他們都瞧不起我，說我很迷信的。謗毀我，對我的工作還刁難我。」我說：「那好啊！你的罪業就消滅了。」他說：「能嘛？」我問：「你信不信《金剛經》？」他說：「我信！」我說：「你信，就如是想！忍耐。」忍耐會得好處的。在聽經的時候，他沒有綠卡，是打工的，不能見天日，得在地下室，不敢讓人看見，因此他跑這來聽經，講經的時候都是七八點，他才偷著來。

我說：「那人家輕賤你、瞧不起你，說不定你能得到意外的收穫。」我又問說：「你最希望什麼？」他答覆說：「最希望得到綠卡。」他是福州人，我說：「到福州會館！」他說：「我不敢去。」我問：「爲什麼？」他說：「怕有別人檢舉我。」我說：「你去跟洗塵法師說，他有幾個弟子，是福清幫的。」他請求我幫他說。我跟洗塵老法師說了，他那個聽《金剛經》聽的，人家輕慢他，你讓他有了綠卡，他就能夠帶很多人信《金剛經》。

洗塵法師眞的碰見福清幫很有權力的也來聽《金剛經》，洗塵法師當下就給他介紹說：「他是福州來的！」那個大老是泉州來的，他回答說：「不要緊，跟我做小兄弟，我給你辦。」他就拿到綠卡了。舉這個例子，是立竿見影。人家輕慢他的時候，因爲他向我這麼一說，人不輕慢他，這叫不可思議。

佛法有不可思議處，但是你必須得眞正需要，這是成就我們的信心，這是一種。另外我們一定要發願，發了心，眞正要發願，發了成佛願，一步一步加持你成就，一步一步明白佛教，明白就是證入。

開悟，像我們一切眾生，不是大徹大悟，你不明白，明白了。好像這事情有障礙，我們就叫它業障！它消失了，好比我們走路，走不通，他那天走得通了。像這類事，你發了願，得許願，許完了願，還得還願。

千萬莫發金錢的願，也莫發男女關係的願，因爲那個願你還不了。我若成功了，念一百部《金剛經》。若成功了，我念一百部《彌陀經》。發這個願，你可以不睡覺，晚上把它補上，這個願是越來越增上，懂得這個許願、還願吧！這個願還的時候，越增上了。那個願還了，這個願又來了。或者發禮拜的願，或者發拜懺的願，或者我發念一萬聲地藏聖號，念一萬聲阿彌陀佛，念一萬聲觀世音菩薩。發這個願，不但滿願，再增加你的功德、智慧、福德。

發願也得會發。發菩提心、發大悲願，我們發大悲願很困難，爲什麼？你沒有智慧，大悲得有智慧，沒有智慧的慈悲心，盡做錯事。爲什麼說慈悲生禍害？慈悲的時候往往引著禍，因爲沒智慧，你看你是慈悲，不知道前因後果，你對這個人很慈悲，他的因果、他所有的冤業，你幫助這個人幫助錯了，說我確實看他可憐，你叫他磕頭叫他拜懺，叫他求佛菩薩，讓他自己去求，這是眞正的慈悲。往佛法三寶的路上領，這時候你慈悲。

你看他很苦，掏出錢給他，解決不到問題！吸毒的，你給他錢，他又去吸毒了。做壞事的人，他照樣得更加做壞事。發心、發願、許願、還願。還了願了再發願，再許願再還願。就這麼循環轉著，使菩提心增長。你往菩提道走的更快一點，成就也快一點。

我今天看到報上，賭博的人很多，有的賭博或者求神加持他賺錢！我看有好多買彩票的，在神前不知道他念些什麼？反正就是讓買到了，這個願發了，靈的時候少，不能說絕對沒有。這個願不要發，這個願不要求，你求福德就好了，福德有了，這些事是小事。

「福德」兩個字怎麼解釋呢？我們說功德的「德」，怎麼解釋？這個德，有一種比較深入的解釋，你行的功德，有得於心，這心的功德發生了，我們講這個心，金剛心、般若心。說你這個有得於心，增長心的智慧。功德，就是你所作的功，有得於心。把你這個功，變成般若義。要這樣理解功德，不要拿世間相的福德智慧發財寶，說這個大樓都是你的，整個的台北市大樓都是你的，那又如何呢？晚上睡覺只住七呎！租出去也只能得錢，你還能得到什麼呢？功德不同，你得到智慧；那是福德、那是智慧，那是不可見相的。

凡是可見相，都會消失的，都會消滅的，都會殞落的。不可見相的無相，怎麼樣消滅？怎麼樣消失？非生滅法。不屬於生滅法，不會滅的，生滅法才會滅的，行道有得於心，永遠不消失的。還要把我們所學的般若智慧，運用到你的心情當中，當然我們現在沒有證得，實相沒顯現，眞心還沒顯現的時候，看社會上的一般事情，用你所學的般若道理，觀入到世間一切事物當中。

如果你依著般若的道理觀一切世間相，沒有愁沒有憂了，那就海闊天空了。你觀入的深，可以達到成佛；觀入的淺，漸漸走，或一步一步走，在我們學法的時候，往往落於對二乘的教義，或者對二乘的聖者，自己發大菩提心，認爲自己是大菩薩，這是絕對錯誤的。

因爲那個過程，必須得先了了人無我，才能進入法無我。爲什麼阿羅漢證得阿羅漢果，他不向前進？他感覺自己跟佛一樣的，佛在世證得的跟阿羅漢證得的是一樣的，一點都沒錯。在大悲心上，在利益眾生上，那是方便善巧，眞正的阿羅漢也確實證得了，他了了生死，沒有見思惑。

斷了見思惑的人修道是快一點？還是沒斷見思惑的修道快一點？我那一天跟你們講沙彌跟師父的故事，那只是說沙彌的思想在想，阿羅漢推崇大乘，嚮往大乘，他也要發心。他伏惑、但沒有斷！他斷了他就不來。但是他沒斷惑，潤惑受生，他在惑上不迷惑，無所畏懼。若行菩薩道，他怕度眾生度不成，把自己染去。其實斷了生死了，不會染進去了。

我心裡常這樣想，能讓我能夠證得寂滅道，這是出世間因果，修道證了寂滅的理，他了了生死，見思煩惱都沒有了，總比你有見思煩惱的高。

大凡勝小乘，那是佛推崇、讚揚發大菩提心，讓你羨慕大乘。你還得一步一步走！因為你有我執我見，見什麼都執著，發的起心，能去做去嗎？你是空發的，不去做，不去做等於沒有。我們說大話的多，做實事的少。自己認為是菩薩，我是大菩薩，了生死的事一步都還沒做。

這類事在我們四眾弟子看見的不少。說的天花亂墜，給他兩耳光，馬上就煩惱，那也不用說你給他兩耳光，你只要說：「法師，你說這個，我不愛聽。」他馬上就煩惱，你現在要考驗哪位大德，你跟他說：「法師，你說這什麼法？我不愛聽！你這知見不對！」他馬上就發火。

往往有些事，說是說，做起來很困難，不要說大話。我們學了《金剛經》，看一切眾生都是佛，一切眾生都具足般若眞義，本具足的，好好修自己。在人跟人之間，道友跟道友之間，師父跟徒弟之間，像我們在叢林，現在少的有四個人，要和合共處。

以前我碰過一次，念佛堂的老人爭座位，都想往前坐，人家有一定次序的，拉拉扯扯的，你是來學《金剛經》，還是來爭座位？坐前面就聽的到，坐後面好像就聽不到嗎？不是這麼回事吧！都有擴大器，平等平等。

爲什麼？他心裡還是一切世間相。我也不說我們這些道友都沒有世間相，要看破一點、放下一點，要投入一部份，都能看破，都能放下，那就更好了。

在人跟人之間，哪一個沒有個性！是讓我包容一切人，不是讓一切人來包容我；是我能原諒別人，千萬不要讓別人都來原諒我！先從做人起，之後再進入三寶弟子，現在我學的是經，《金剛般若波羅蜜經》，《金剛般若波羅蜜經》讓我怎麼做？就先初步練習。

凡所有相皆是虛妄，把一切相看成沒有一件眞實的，語言沒有眞實的；行動沒有眞實的，這個相不是眞實的，是假的。你先初步的這樣觀照，這樣子漸漸地才能進入。現在「般若道」已經講完了，以下是「方便道」。

在你學習的時候，要認識「方便道」，有方便才能成就「般若道」。剛才講願！因爲在這智慧裡頭開一個願，等你發了願，這個時候，有方便善巧才能成就，才能有力量，有智慧。有智慧的方便，都是善巧方便成佛的。沒有智慧的方便，那就亂了，不但解脫不了，方便愈多，束縛愈多。

有智慧的方便是解脫的；沒智慧的方便是給自己開方便，那是束縛的。莫要認爲自己了不起，千萬不要有「我」，「我」了不起，「我」怎麼樣怎麼樣。總把自己擺在第一位，要把這個「我」消失了。

學「般若道」的人，我執我見還沒放下，怎麼進入「般若道」？這是無我，是初步的。無我都還容易，這個見可不容易，你看問題的看法，我見很不容易。我的看法是對的，你們的看法都不對的！總是要突出我這個見解，總要人家都相信我這個知見，這是錯誤的。

我們在學習「方便道」的時候，要注重這麼一個問題。或者有一件事情束縛我們，我們想離開。例如我們工作，環境不好想離開，但是沒辦法離開，離開了找工作很困難的，就是離不開！像經上告訴我們怨憎會，越是冤家，離不開，越在那邊做。

怨憎會，怨家聚到一起，能不吵不鬧嗎？想離，離不開的，現在說能離開了，眞正冤家是離不開的。要鬧離婚把對方殺死了，自己也自殺，離的開嗎？願意同歸於盡，也不讓你離開，這是什麼原因？冤家，不是冤家不聚頭。既然是冤家了，要善了。怎麼了？多念點《金剛經》。你念一遍不行，念十遍；十遍不行，念一百遍。

菩薩管這個閒事嗎？絕對管，但是得自己先相信，一念《金剛經》我什麼問題都解決了，念一遍沒解決，那是我念的不夠，念十遍；十遍還沒解決，我念一百遍；一百遍不行，念一千遍；一千遍不行，念一萬遍。今天念不成，明天念，今年念不成，明年念，明年念不成，後年念，你看能念的成嗎？能念的成。只要你信的及，就靠得住。

信不及，靠不住。我信的及，還靠不住，那是你信的不夠誠，在這上找原因，信的不夠實在，你那信是表皮的，是現相，沒有達到本質。若信到本質上，自己都變了。你最初修的時候，可能有些障礙，但你眞正的修到一定程度了，障礙消失了。

任何人都如是，當你這段因緣盡了，你想再聚一塊堆，絕對辦不到。道友之間如是，人跟人之間都如是。我們最初在清泉會館講《占察善惡業報經》的那班道友，還有幾個？現在我們講《金剛經》，又是《金剛經》這些道友，一切是緣哪！

緣份緣份，大家知道，一切諸法是因緣生的，因緣生的因緣也會滅。緣生緣滅。那又成聚了，到什麼時候成聚？到你們哪位成佛，大家都跟你去當弟子，不曉得哪位先成佛？不是老師就該成，不一定的。誰在前，誰在後，這不是排位子的，而是誰先進入，誰行菩薩道行的勇猛，誰的罪業消失得快，他就先成了。

般若智慧是平等的，沒先後，沒次第。我經常跟宏覺法師開玩笑：「現在我是你的師父，前生你是我的師父。再轉一個面，你還沒有死，我先死了，我又來了。來了，你七八十歲，正好我又作你的徒弟。」

諸位道友都是這樣子。別看你現在還沒有出家，出家不出家都是一樣，四眾弟子都是一樣的。你們看大菩薩，除了地藏菩薩，剩下都是在家相。希望你們諸位菩薩早成佛！

祝大家吉祥！

金剛經第七堂課　竟

第八堂課

不要用輕心、慢心對待《金剛經》

前面幾段經文說的是受持、讀誦、見聞《金剛經》所得到的好處，以前是用世間相比喻，現在用佛自己在過去無量劫前供養諸佛的功德，來比喻現在受持《金剛經》的人、聞《金剛經》人的功德。這種比喻的目的是什麼呢？佛說這段法的時候，教我們對《金剛經》產生眞正的無量信心，不要用輕心、慢心，因爲這個功德跟世間其他的功德，不能相比的。

佛對須菩提說：「我又想起來了，在我過去的時候。」「阿僧衹」就翻「無央數」，那個時間沒法計算的。「在過去很長的時間，那個時候我遇到的古佛是然燈佛，在然燈佛前、在然燈佛住世以及最後滅度的時間，供養多少佛？八百四千萬億那由他！」「那由他」也是「無央數」，也是不可知數。這些數字都是約佛說的，按佛所知的都是知數，按眾生說的就無法計算，無數字的數字，而且時間很長，供養的佛又很多，在八百四千萬億那由他的這些佛，每一位佛都親承供養過，沒有空過的，這個功德就不可思議。

但是比起來，若是有眾生能夠讀誦受持《金剛般若波羅蜜經》，所得的功德跟我過去供佛的功德兩個相比較，供佛的功德一百分也不及誦經的功德一分，乃至用百千萬億的數字來計算，或者用其他的比喻都不能比，供佛的功德不能比誦經的功德。

這段文字說的這麼深，大家怎麼理解？這只是說供佛的功德大，一般來說，供佛的功德大，供那麼多佛，已經不可思議了！但不如後世的人誦《金剛經》的功德。因為供佛的功德是有相的，是事；誦持《金剛般若波羅蜜經》的功德，是無相的。有相跟無相不能做比例。你說再多「那由他」，無央數，還是有個數字！受《金剛經》的功德，用數字不能表現。

這是般若的「方便道」，不是根本智，我們前面講的是「般若道」，以下是「方便道」。因為「方便道」是行一切的功德，功德享受完了，還是沒有的。千百萬億總是有個數字吧！般若義，你聞到般若、受持般若，將來就證得般若空義了。這個空義能有個限量嗎？不是數字能跟它相比的。同時，佛把誦持《金剛經》、讀誦《金剛經》推到最高點，讓我們信仰，受持《金剛經》的殊勝心增加了。

以這個意思來比，說我們供佛、念佛，或者參加其他的法會，都不如你坐那裡靜心的念一部《金剛經》功德大！我跟宏覺法師在紐約的時候，我勸菩提基金會的弟子，不要到處跑！也不要天天往我這裡跑，你在家裡好好的誦一部《金剛經》，或是誦誦《大方廣佛華嚴經》〈普賢行願品〉，功德不可思議，你把心靜下來，這比你打義工好得多吧！

你誦部《金剛經》能佔的好多時間？二十多分鐘就行了吧！我這種話說了就犯錯誤，犯什麼錯誤呢？後來很多的精舍、道友就反應：「老法師！你這樣講，我們就得餓飯了。」我說：「為什麼？」「人家都不到我們這來了，在家裡誦《金剛經》。」人家誦《金剛經》也有你一份！三寶弟子以誦《金剛經》的福德，怎麼會愁沒飯吃！不要擔心！只要修道還怕餓肚皮嗎？

我這樣說是什麼意思？信不過。假使說，我們能親見阿彌陀佛，或是親見藥師佛，或是聞到藥師佛說法，或聞阿彌陀佛說法，我也不見藥師佛，也不見阿彌陀佛，就誦《金剛經》。我看大家怎麼想？恐怕你要見藥師佛，要見阿彌陀佛，不會在家誦《金剛經》。然而，這跟釋迦牟尼佛所說的不相應，釋迦牟尼佛說我親自在然燈佛前，供養八百四千萬億那由他無央數的諸佛，還不如末法的時候，有人誦一部《金剛經》的功德大。

這個意思是我們眞正信不信？信心很不容易，《金剛經》要你清淨信。清淨信是心裡頭什麼夾雜都沒有，既不求福報也不求智慧，無所求也無所得。能這樣來誦《金剛經》嗎？你誦就體會了，心就觀入了，還不說你證得了。

經文上面，佛說得很明顯，沒說你證入，也還沒說你怎麼樣其他的修持。你能受持、讀誦《金剛般若波羅蜜經》，這個都比佛供養八百四千萬億那由他諸佛的功德都大，佛在然燈佛前是親自供養的，我們現在拜八十八佛，我們只是照著經文聞名而已，不是親身供養，不是見到佛。

釋迦牟尼佛是親自見到的，八百四千萬億那由他那麼多諸佛，一尊佛一尊佛，不但供養還承事，給佛做些事情，都不如受持《金剛經》的功德大。一般的說，成佛得經過三大阿僧祇劫，這是佛在然燈佛那個時候，經過無量阿僧祇劫，不是三大阿僧祇劫。因爲這是在什麼時間說的什麼法，當時對著哪些眾，那個時間就不同。三大阿僧祇劫是說證得釋迦牟尼佛的化身，這個說的不是！經過無量億劫，是指佛的法身理體或者報身說的。這是大乘的教義。那是指一般的小乘教義，在這個地方，用大小乘的來分辨一下而已。

在《華嚴經》上，一講就講無量億數，沒有數字可說。《華嚴經》說釋迦牟尼佛修行的時間，太長了！我們先不說釋迦牟尼佛成佛，大家都讀過《地藏經》，《地藏經》說地藏菩薩成就的，簡直眞是沒數字的數字，把所有的三千大千世界，磨爲微塵，一微塵又變成一個世界，說這個世界草木叢林稻麻竹葦，一個作成一劫，一劫裡頭有無量的恆河沙數，那麼一沙一劫這麼來推算的。行菩薩道行的那麼長，說了半天，這個數字怎麼樣理解？一念之間，一念具三千，就這樣子。就我們現在一念心把它延伸開，無量無量的一劫，收攝來就是現前一念，這是華嚴境界。現在我們講般若，也是這個般若境界。我們現在講的這個境界，不要在時間上計較。

佛供養那麼多佛的功德，都不如受持讀誦《般若經》，意思是說你受持這部經，是離相的，這個是指離言離相。離言離相，你能把虛空計算出來大小嗎？般若性空的空理也如是，是因爲在這個意義上來說，數字是指有爲法，《般若波羅蜜經》是無爲法。前面講了很長，像是離言、離相，證得實相。你誦的是離言離相，說有言有相，這兩者不能比，這只是一種表達的方式。

我們經常說無量劫，是對著小劫說的。小劫怎麼計算呢？人的壽命，從一百歲，過一百年減一歲，過一百年減一歲，減到人的壽命十歲；從壽命十歲時候，再過一百年增一歲，再過一百年增一歲，增到八萬四千歲；從八萬四千歲過一百年減一歲，過一百年減一歲，減到人的壽命十歲，就這麼一增一減，這才一個小劫。

我們說受了劫難，怎麼解釋呢？「劫」是印度話，印度話叫「劫波」，華言就把「波」字略了，就叫「劫」。說遭劫了，就是受難了。劫，「劫波」就翻「時分」，說這個時候，經上都標「一時」，在這個時候，因緣契合了，你受難了，就是「劫波」這個時候。這個時候沒有一定體性的，按正常算法是這樣算，時沒有一定標準、沒有一定體性的。

以什麼立呢？依法上立。時無定法，依法上立。法是什麼呢？就是心。「山中方七日、世上已千年」，當你靜下來，很長的時間，一會兒感覺著一下子就過去了，這個大家可能體會不到。當你最高興的時候，我們看這年輕人跳舞！或打一場球兩三個鐘頭，累得要死，高興的時候，兩三個小時感覺非常快就過去了；若是坐這裡聽經，他又不大懂，若是盤上腿，腿又痛，又想方便，一個鐘頭像過一年一樣。時沒有一定的標準，你心裡高興了，這個時間，你幹的這個事，你很歡喜，把時間弄得很長的，不感覺長，你要這樣來理解時間。

我比大家歲數大一點，現在我回憶，從我六歲開始到現在，好像是眼前事。老年人越老，感覺這一年過得非常的快，小孩的時候一直盼過年，過去鄉下的時候又有壓歲錢，吃得又好又穿新衣，什麼也不幹，光是玩，過年了！那個時間過得非常的快！時無定體是依你的心上立的，這是一種。

另外，時間根據什麼算？都不一定。因此佛就標「一時」。哪個時候因緣契合了，就這樣。現在我們將近八點鐘，天黑了。但是大西洋的彼岸，在洛杉磯現在是什麼時候？澳洲是什麼時候？北極又是什麼時候？時沒有一定標準的。根據這個理，不要看到多少劫，一聽到很長，一念間！《華嚴經》就是這麼講。

一切物質，大千世界，乃至一個微塵就夠了，都在微塵裡頭的。你心裡住在哪一個法，哪個法就爲主，其他就爲伴。在《華嚴經》叫主伴圓融，伴也可以變成主，主也可變成伴，主伴圓融無障礙。

佛教經常講圓。你問祖師西來大意，有位祖師就畫個圓圈，從什麼地方找個頭！什麼時候迷的？你在這個圓的去找吧！什麼時候迷的？什麼時候醒悟的？你去找吧！醒悟的時候知道，迷的時候，不知道。不要去起執著！《華嚴經》是學解脫的，不要計較時間。

佛又繼續說，須菩提！若是善男子善女人，在後世。佛指後世說都是未來，佛在世時候的未來。如果有能受持、讀誦《般若經》所得的功德，不能再往下說，若再往下說，有人聽了他瘋狂，他狂亂了，乃至於他懷疑了；眞的可能嗎？

我也讀了好多部《金剛經》，在杭州講《金剛經》，有位道友問我：「老法師，你說那麼大功德，你讀了《金剛經》沒有？」我說：「我讀了。」他說：「你讀了，你好像也沒悟！怎麼好像跟《金剛經》說的不大相似！」我說：「你曉得我罪業有好大嗎？」他說：「不知道！」我說：「經上只說讀《金剛經》的功德，沒說過去積累的罪惡，因爲我的業障還沒消失！」答覆完了，他倒是信服了。我心裡想，有罪過嗎？罪業有嗎？若是有罪過的話，《金剛經》那意思就沒悟入，沒進入，罪業本無唯心造。這種答覆還是不正確的。

頂好是我們自己這樣來體會，佛的目的是什麼？勸我們讀誦、受持，因爲眾生的貪心非常大，就貪功德。佛說我供養那麼多佛的功德，都沒有讀讀《金剛經》的功德大，你讀吧！功德還是有限制的，還有盡的。

若你成了佛，了了一切、二死永亡的時候，究竟證得無上的智慧，那個情況就不同了。佛本來還可以說誦《金剛經》的功德，但是再說下去恐怕有人心都狂亂了，他就懷疑，反倒不信了。

須菩提！爲什麼我這樣說？說讀《金剛經》有這麼多功德呢？因爲這部經的義理是不可思議的。你能信，你能讀，這是因，你這個因將來所得的果，當然也不可思議的。

前面說，若有人能遇到《金剛經》，如果又肯受持的話，不是一佛二佛三四五佛所種的善根，我們往往所得到的，自己並不知道，或者是還有懷疑心，不信。這就是業障，障住你不能前進。佛一再的說讀經的好處、讀經的功德，目的是什麼呢？讓你受持。你光讀誦受持就能成道了嗎？它讓你依文思義，依著經的文，想著經的道理去起修，起修之後就證得。你證得般若義，也就成就了，目的就是在這裡。

我們現在能讀到《金剛經》，佛說《金剛經》般若義說的時間很長，但是在末法的時候消失的很快。《般若經》先沒有的，再遇不到了。到最後，《阿彌陀經》還住世一百年。曾經有個時期，在大陸上，一切經卷沒有了，我思想就起了問號，按佛所說的這個時候不會沒有經！怎麼在這個時候就斷了？什麼都沒有了，你想找部《四十二章經》也沒有，一部佛法經也沒有了。但這是短暫時期。

若真到滅的時候，那確實沒有了，你想看部經沒有了，現在也如是。過去的《大藏經》，好多祖師大德們講的經也多，誦的經也多，學的論也多，學戒律的也多，現在我們還有三藏法師嗎？經律論都通的法師現在有嗎？不論大乘小乘、相宗、空宗、四教五教，現在有的法師，「我是四教，或是我是學五教」，我感覺都不存在了，說三藏法師，一藏也都不通了。

我們說學戒，戒律的開遮持犯，就連開緣的都學不好，哪個該開？哪個該不開？現在我們還作羯磨法嗎？我們學戒的人，這個是學戒的，標榜學戒的，在那學戒。我在五台山，普壽寺那幫道友都是學戒的。我沒看見來件衣服的時候說個「欲」，買雙襪子、買雙鞋子，你說「欲」了嗎？過去寺廟裡天天要作羯磨法，日常的衣食住行都要依著羯磨辦事，羯磨法就是辦事，辦什麼事呢？就是一天辦這個事！哪個犯了錯誤，懺悔；哪個又買了新衣服了，說「欲」。現在做嗎？

現在道友們講經就是《金剛經》、《彌陀經》這幾部經，《大藏經》裡頭經典很多，對我們非常有好處的，但沒人說，沒人說那部經就斷了，沒人說不就失傳了嗎？誰知道啊？《大藏經》好多名字你連聽都沒聽到過，看看《大藏經》目錄的名字，法沒什麼末，沒什麼正，也沒什麼像，是自己的不學，就叫作末！不管佛怎麼推崇，說這部經怎麼不得了，不學的還是不學。他沒有感覺這麼殊勝，這只是勸學而已。

我認為這是釋迦牟尼佛大慈大悲，勸我們學，學了你才有智慧，有智慧，你處理日常生活問題才會處理好，我們對我們的衣食住行、我們的家庭，乃至周圍的朋友，我們這個社會，為什麼處理不恰當？沒學好，不知道用什麼方法能處理好。

人家說佛教是宗教，我的幾個老師沒有一個承認，特別是弘一法師，經常跟他那些過去的學生講，他說：「千萬別認爲佛教是宗教，佛教不是宗教。」佛說法，要求我們的是什麼呢？就是解脫！你沒煩惱，佛法也沒得用處。

第一天我就跟大家講，佛是覺，他是覺悟了。覺，就是覺悟的方法。這個方法讓你覺悟就對了的，誰覺悟，誰就是佛，就是一個明白的方法。佛告訴我們《金剛經》，他要我們用到日常生活當中，用到生活有什麼好處呢？對什麼都有智慧，處理得非常恰當，也不起執著。

什麼都沒有，以後是什麼都有。這個有，非常自在、非常解脫。現在我們是什麼都有，結果是什麼都沒有，你求不得！八苦永斷，沒有求不得可言。生老病死、愛別離、怨憎會、五蘊熾盛、求不得，全部沒有，八苦都沒有，能得般若義就是這樣。

況且你得到般若義的根本義，那是開了悟，或者修行。但是讓你去幫助別人，那得有「方便道」！有智慧的，做一切事，會有方便善巧，那是解脫。如果沒有智慧，就變了，那就是束縛。按佛指示照戒律去做，你不能貪愛、不能發脾氣，一定要有智慧，不要產生邪知邪見，這就沒有愚癡。起心動念都合乎覺悟的方法，不合乎迷失的方法。

我們學明白方法的人，就把這個方法學好、學透徹；學透徹你遇事不糊塗，因爲你明了理。我們經常說講道理，我們佛弟子是最講道理的，但是我們講的道理跟社會上所說的道理不一樣的。我們講的是覺悟的道，是菩提道；理就是我們性體，性體的理，圓融的、無障礙的，也就是心、實相，大乘經典說的名字不同。我們講的理，跟佛所悟得的理是一樣的！我們本具的道理，我們明白這個道理的心，把明白的這個心，讓一切人都發菩提心，走菩提道。

你把《金剛經》學到了，不要從文字上說。佛的目的是讓你信《金剛經》，讓你讀誦、讓你理解，顯示這部經的好處。因爲佛知道我們不信，知道我們信的不懇切，也有人跟我這樣說過，「老法師，你講《金剛經》那麼多，還不如幫助我一千塊錢，好多問題馬上就解決。我現在很困難，你說那麼多，沒用處啊！」他把一千塊錢看的很重，把《金剛經》看得很輕。

在我們學者，眞正懂得這個道理，那個很輕！拿了一會兒就沒有了。《金剛經》這個道理懂了，我今生來生，一萬億生、千萬億生、萬萬億生，一下子成就了，永遠不會喪失。現在我們本身也是眾生，但是我們看自己，當坐那裡靜思一件事情，當你明白了，自己會感覺很好笑，看見自己很愚癡。不要聽到「愚癡」感覺不好，自己反想一下，這個事你明白，那個事你又糊塗；這事你好像看開、解脫，到那個事你又糊塗，這是我很好的朋友、很好的道友或者我的師父師長，你看他什麼都好；那個是你的冤家，什麼都不好，我們的用心是這樣。

以這個心情來學，你能夠進入甚深的意思。你想不通了，不要鑽甚深的意思，你在最淺處時去下手。就在你穿衣服、吃飯，想去吧！聽這好像很粗俗的！實際上非常切合實際，能夠解脫。

一個總的原則，學佛法是爲了解脫，不讓我再生煩惱，好多學佛學的生煩惱，像我們出家兩眾，佛的戒律規定得很嚴的，再懈怠的和尚也比在家的守規矩的人好的多！因此佛說覺悟的方法，你好好思惟，爲什麼？因爲佛說這段話，在末法的時候，這麼困難，災害這麼多，他還能受持《金剛經》，很不可思議。他能把這個當成比生命還重要。

如果每個道友都能誦《金剛經》，再往寬一點說，學佛法比我生存還重要，生存的目的就是要明白佛所教授的方法。若是這個心，我看十個八個都能解脫，你要生極樂世界，沒問題。不但生極樂世界，現生不開悟也解脫了。你會把生死看得很淡的，如果生死都看得很淡的，在活著的時候，一件衣服兩件衣服，吃點什麼東西，穿點什麼的，住的什麼，有什麼關係！

爾時。須菩提白佛言。世尊。善男子善女人。發阿耨多羅三藐三菩提心。云何應住。云何降伏其心。佛告須菩提。善男子善女人。發阿耨多羅三藐三菩提心者。當生如是心。我應滅度一切眾生。滅度一切眾生已。而無有一眾生實滅度者。何以故。須菩提。若菩薩有我相人相眾生相壽者相。即非菩薩。所以者何。須菩提。實無有法。發阿耨多羅三藐三菩提心者。須菩提。於意云何。如來於然燈佛所。有法得阿耨多羅三藐三菩提不。不也。世尊。如我解佛所說義。佛於然燈佛所。無有法得阿耨多羅三藐三菩提。佛言。如是如是。須菩提。實無有法。如來得阿耨多羅三藐三菩提。須菩提。若有法。如來得阿耨多羅三藐三菩提者。然燈佛即不

與我授記。汝於來世。當得作佛。號釋迦牟尼。以實無有法。得阿耨多羅三藐三菩提。是故然燈佛與我授記。作是言。汝於來世。當得作佛。號釋迦牟尼。何以故。如來者。即諸法如義。若有人言。如來得阿耨多羅三藐三菩提。須菩提。實無有法。佛得阿耨多羅三藐三菩提。須菩提。如來所得阿耨多羅三藐三菩提。於是中無實無虛。是故如來說一切法。皆是佛法。須菩提。所言一切法者。即非一切法。是故名一切法。須菩提。譬如人身長大。須菩提言。世尊。如來說人身長大。即爲非大身。是名大身。須菩提。菩薩亦如是。若作是言。我當滅度無量衆生。即不名菩薩。何以故。須菩提。實無有法。名爲菩薩。是故佛說一切法。無我無人無衆生無壽者。須菩提。若菩薩作是言。我當莊嚴佛土。是不名菩薩。何以故。如來說莊嚴佛土者。即非莊嚴。是名莊嚴。須菩提。若菩薩通達無我法者。如來說名眞是菩薩。

須菩提聽到佛說誦《金剛經》的功德這樣大、那麼好，他又提個問題。前面問的是「般若道」，現在是「方便道」。在方便利益眾生的時候，怎麼樣住心？怎麼樣降伏其心？看著好像跟前面說的是一樣，前面的發心，是剛發菩提心，那叫「發心菩提」。現在這個不同了，「明心」，這叫「明心菩提」。眞正發了心，而且還眞正明白。怎麼樣？要成正等正覺、要成佛，這個心怎麼樣住？云何應住？云何降伏其心？怎麼樣降伏呢？善巧方便慧！可不容易了。那些菩薩道，阿羅漢不是不發心，他就爲難，感覺眾生難。

過去有大德這樣說，「畜生好度，人難度；寧度畜生，不度人。」我跟這位大德說：「那你去度畜生吧！」因爲你是在人道，人還懂得你的話。我跟他持的相反，我是先度人才度畜生。我是人，連人都度不了，我去度畜生？他也沒看見畜生難度的地方。你去度老虎，老虎要吃你，有那個膽子去度老虎，跟老虎說法嗎？有的大德能降伏，我們看見阿羅漢能降龍伏虎。我沒看到，我是看能海老法師，野豹在跟前，好多的猛獸不傷害在山裡頭的修行人，確實是有。

遇到危難的境界，你可以能度，但是順來的境界，不好度，自己就很困難。我感覺在監獄的時候，還很好的，自己還有個覺悟的心、覺醒的心，曉得這個在受苦，是應該的。但是一出來，又當法師了、一講經、一接紅包，就忘了。不要笑了，這是眞的。

逆境的時候，覺悟心還常時保持著，感到一順境界，不行了。所聽的風，都是恭敬、讚維、人家磕頭禮拜，警惕心會喪失的。但是在那個時候，不齒於人類狗屎堆，或者挨打、綑綁吊打，你得小心兢兢翼翼的保持警覺心。感一到順境，就糊塗了。

在禪宗大德說是當頭棒，看的見，我可以躲，我不讓你打到我！腦後針就不容易了，在後面給你腦殼上給你插一針，你不知道。逆境界來，我們能克服，苦難能克服！若讓我們受窮，窮日子還過的很舒服，可是一有錢了，他不是他，窮人富不得，富了要不得。當我們在逆境的時候，道心很堅定、很確切，但順境的時候，可不行了，不知不覺就墮落，不管順境、逆境，我怎麼樣住心、怎麼樣降伏我的心？

有人這樣問過我；他說般若之後，有的是善巧慧，有的慧很拙劣，不大什麼善巧，怎麼解釋？我答覆他：「什麼叫巧慧？什麼叫拙慧？」大家想過這問題沒有，什麼叫巧、什麼叫拙？巧有巧的個標準，拙劣的、笨拙的也得有拙的標準！如果沒有標準的，什麼叫拙？什麼叫劣？

我們經常說：這個人很聰明，辦傻事。我們看強盜，搶人的，今天在電視機看，兩個人搶銀行，搶了一千多萬，他們一搶到就有錢用，現在又被抓住，起碼關監獄，最後也許要槍斃，看你傷人沒傷人？你說這個想法不是拙嗎？打工去，憑本事掙，這就是巧。人家是科技，一發財很快就發了，你學土木，你砌牆去吧！你再砌多少年還是在砌牆。

那時候他問我的意思是：「若專門去求悟根本義，那是很拙劣的。坐了一天禪，哪能開慧那就是拙。若學學教義，給人家解說，這叫巧。」

這都錯了。不是這樣意思！這兩者，你自己考慮。開悟之後，要不要修呢？我們聽了《金剛經》，就成道了嗎？聽到《金剛經》，《金剛經》上說，佛教我們怎麼做的？怎麼樣住心？怎麼樣降伏其心？想想吧！簡單說，住是無住，住無所住。怎樣降伏呢？觀一切法無我！這樣來降伏。這裡只能說根本跟方便，不能用一個巧一個拙。

這個分不清楚，說不清楚，就看你怎麼樣的運用、怎麼樣的理解？我這解釋不一定對的！我的缺點是不論誰問我什麼，絕不會不答覆你的。人家跟我說辯才無礙，我說胡說八道！你跟我說，反正我不能讓你給我問住，我總要說，是不是解釋恰當？這成了問題。像古來大德，人家來參學他，他也是這麼，張三來也是這樣子解釋，一指禪師就是這樣子，是不是眞正都開悟？

我跟一個老禪師抬槓，這是無上道，我說釋迦牟尼佛說了四十九年，他並沒有對誰都是拈花微笑，那是碰到迦葉，他微笑，別人不會微笑的。你就一天拈著花吧，佛沒這樣做。

我那時候藉著這個法會向他懺悔，我對我們哪一個老法師都認爲我大概是忤逆，愛抬槓，像這類問題我是常提的，人家提我，我也都答覆。看著憑我的力量，能知道好多，就解釋到哪，但不一定都是對的。

佛說的法都是對的，法無定法，沒有一定我要跟你說個什麼？你問什麼我說什麼，你不問我不會跟你說。佛有大智慧，你問他的時候，他就知道你這個機緣是什麼樣子，一說就對了，我們現在不對。

我聽到這麼一個故事，有一個弟子認爲他師父是開悟了，他問什麼，他師父答覆的，他都很高興，他認爲他師父有神通，實際上沒有，但是他是證得的。一個是從理上答，一個是從事上問，理能成事，就是這個道理。我們答事都從理上答的，在理事上是圓的。佛說的法，把道理拿來運用到生活當中上，當然是圓的，沒有不通的。

曾經有位弟子，他認為他師父的智慧很大，今天特意從家裡上山去問他師父。他一出門，看見放馬的人，釘個木樁子，把馬栓在木樁子上，馬就圍著轉圈這麼轉，他說：「這個師父沒看見！」又往前走，快到山上了，那一座橋上搭一個木頭，木頭偏了半邊，假如小心人勉強能過得去。

到山上，給他師父頂完禮，他問說：「師父！如何是團團轉呢？」他師父就答：「只因繩不斷！」他一想，對啊！繩子一斷，馬不就跑了嗎？他師父對了，他認為他師父有天眼通看見。

他又說：「師父！如何度人不度馬？」這個地方光度人，馬不行，他師父就答覆說：「只因橋半邊」，是因為半邊橋。他高興了，他跟他侍者說：「我們師父有神通！」他說：「你問的是什麼？」他說：「我看見馬在那拴著，師父沒看見，他在屋裡坐著。我路上看見那馬釘在樁子上，馬圍著那轉圈吃草，師父說：『只因繩不斷。』對了，繩子一斷，馬不就跑了。答覆的對。我又問他：『如何度人不度馬？』他說：『只因橋半邊。』我過的是半邊橋，我才如此問的。」

這個弟子就下山了。到了晚上，小侍者就問：「師父！今天來的居士問你，問的是什麼呢？你是怎麼答覆的？」師父說：「他問我：『爲何在六道輪迴出不去？團團轉。』我答覆他說：業繩所繫！造業，業繩所繫。如業沒有了，業繩一斷，那不就沒有了嗎？」這個小侍者一聽，根本是兩回事！所答的跟所問的，完全不同。

第二個問題，他說：「爲什麼二乘人不行菩薩道？」大乘菩薩行菩薩道，他都可以度的。他說：「二乘人不行菩薩道，因爲他那個力量不夠，就像橋是半邊橋。只能度人，不能度馬。」他拿這個來答，所以答只因橋半邊哪，是以大小乘來答，拿羅漢跟菩薩來比的。那個人說度人度馬，那個橋是他看見的！侍者一聽，又是兩回事。他說：「師父！你們倆說的是兩回事。」老和尚說：「我是按道理給他答覆。」

我們聽到這個問題，怎麼理解？就像我們說，云何住心？云何降伏其心？這不是在理上降伏，事相也得降伏。云何住？不能光住在理上，也得住在事上！所以佛是一切智人。

理雖然是明白了，從佛的教導上面明白的，但是事上不行，你必須得親證證之！這水是涼的是熱的？自己喝一喝，才知道究竟是涼的熱的。怎麼樣叫般若慧？怎麼樣叫方便慧？佛說的《金剛經》是什麼慧？大家怎麼理解的？凡是有言說的、凡是有形相的，都是方便。如何是般若眞慧？眞慧！眞慧不說。離相眞如，我們前一段講的，離一切相，離言說。

達摩祖師面壁，才是眞正的金剛般若。後來形諸語錄，都是方便善巧，方便般若。把這個道理明白了，釋迦牟尼佛說的《金剛經》都是善巧方便，同叫方便慧。

什麼是根本的般若智慧？只能契入，不可以言傳，自己去悟。一說出來，你跟語言攀緣，已經入了第二性。就像參禪的說，參話頭，很簡單！參話頭，你光去參就好了，不要東問西問的，問不到的。話頭，沒說話的前面是什麼？是參那一個。你等他一開示，乃至包括舉手也好，做個什麼，都不是，落第二性了，第一性什麼都沒有。只能去參，只能意會。《金剛經》說的其實都是方便善巧。從方便善巧，你可以得到那個就是眞實的智慧，那就

「般若道」。

佛爲什麼對在家兩眾，優婆塞優婆夷，說個三歸，制個五戒就好了，如再想深入，加一個八關齋戒。因爲你必先在社會工作！你要有生活，要有家庭，成的一個社會。出家二眾就不同，要求的就不同。

對什麼機，說什麼法。佛也有不說的時候，像拈花的時候沒有說！就像那一天我跟大家說，文殊師利菩薩一唱完陞座的偈子，佛就下座了。那是顯示「般若道」，但是也不要裝！我們上來時候，我也學那個，你不要上了，上了我下去了，什麼也沒有。你也沒有，我也沒有，大家相互欺騙，不是這麼回事。要眞正的契入，得有那個機。

我們講住心，怎樣降伏呢？我最近才這樣用我的心，自己觀照自己，就把自己這個念頭看好，看好有什麼好處呢？能使自己沒有煩惱，眞正的煩惱輕。或者這事不順自己意，剛想發脾氣，一想到，不能夠發！若一發了，就墮落了，因此不發。乃至久了，你連這個念頭起都不起了，看見並不是沒看見，看見了你的意念不動了，這樣是不是就有智慧？不是，而是從這個修行，漸漸的鍛鍊，明知道這個事不對，不能成，還要裝糊塗，這叫隨緣。

我認爲佛、大菩薩，好多是裝糊塗，裝糊塗是說隨緣，知道你現在也成不了，隨緣吧！你種個善根就行了。受個三歸五戒！培培福！我們念《金剛經》，不錯，跟前面那個所念的、持誦的，會念《金剛經》的，跟不會念《金剛經》的，我們是依著文字念，很少悟得它的理。

好多念經的道友光念經，照著文字念，第二個就深入一點，究竟叫我們做什麼？受持讀誦是初步。受持讀誦完了，想想經裡頭說的什麼話？叫你去做的！不是讀讀就完事了。你讀了，這個事是讓我這麼做，這就開悟了。

不要認爲事事都是大徹大悟，我理解的是你隨時念經，這個我不懂的，現在沒經過誰，自己明白，這就開悟。左一個小悟，右一個小悟，積累小悟多了，就變成大悟。最初你看見的是下毛毛雨，毛毛雨也會有大雨，也會下的下晴了，開悟了。

好多問題，就是我們自己善用其心。「方便道」，一定不離開「眞實道」。離開「眞實道」的方便是什麼方便？那就不是方便。般若的「方便道」是指所證般若的理，依著理體所起的方便，這樣起的方便慧，才能夠從智上起慧方願力智，發願要使自己的慧力有了力量。

我們現在的方便是爲了滿足自己的五欲，「方便出下流」，就是懈怠的表現。以根本智般若義而起的方便，那是度生的善巧。我們知道了、證得了眞空理，而後從理上所起的用，這叫「方便道」。《華嚴經》專講「大方廣」三個字，就是體相用。體是體，相是相，用是用。但是沒有體，那個相、用是妄的。證得體了，用也是體，相也體，一切皆是體。般若涵義也如是，「方便道」，一切都是智慧。看文殊師利菩薩的十大願，文殊菩薩所有一切善巧，就是體會「方便道」跟「般若道」。

須菩提這樣來請示說佛，佛又給他說，沒有個什麼法叫阿耨多羅三藐三菩提，連個阿耨多羅三藐三菩提的法尚且沒有，還有什麼發跟不發。前面講不住色生心，不住聲香味觸法生心，應無所住，那就是無住生心，怎麼樣住心？是這樣住。

在住心的時候，沒有個能住的心，也沒有所住的處所。這就是無我相無人相無眾生相無壽者相，你要降伏你的心？在任何的事物上，整天的吃飯，沒有吃到一粒米，古來祖師這樣說！成天看見你行住坐臥，沒有。佛說四十九年法，是在《楞伽經》上，佛常在定中，無法可說。這樣降伏他的心，我們經常愛說融通話，作即無作，作了，沒有作！但我們平常又好像玩笑話的，不是的。佛是終日說法，無法可說。佛也沒有說法，他這個就這樣住，這樣降伏。

當你在生活當中所遇見的一件事，若能這樣來觀照的話，也沒一個什麼是解脫，也沒一個什麼是束縛！二心不生，這就是般若的境界。我們在初步學習的時候，學什麼法，就住到什麼法上。不是無住嗎？住即無住。當你住在一個法上，其他的法都沒有了，都無住了。最後連這個住也放下了。集中一點，連這一點也要放下。

例如我們作一件事，思想高度集中，就住在這上面，這個事情能幹好。這也就是住即無住。住在這個上面，其他都不住，最後連這個住也沒有，無住。這個得必須自己經常去體會，如果心裡紛繁雜亂，不能高度集中，高度集中了之後，而後你集中也沒有了，專破這一點，很容易。若是隨著這些妄想紛飛，降伏不了他，住不了他。

這功夫我在用，沒成功，還在用！可以鍛鍊你沒煩惱，不論吃飯、穿衣都如是做，不要給自己找煩惱。你說吃飯穿衣是不是找煩惱？就是找煩惱。在穿、吃、睡眠上，自己會生很多煩惱，這就是住心、降伏其心，自己去體會。

佛教授我們的是不要執著、看破、放下。你說閻王爺那地方，陰曹地府該平等吧！不平等，地獄還不平等？地獄很不平等，什麼平等？業報上平等。自己作的業自己受，平等平等。這是我講的平等。貧富壽夭，自己做自己受，有什麼不平等？在這個上面絕對平等。不論任何人、任何事、任何處，乃至山河大地，一切國土成就都如是。有情的、無情的都如是，這叫是法住法位，哪一法就住他的本位上。他的本位自然有一個生長的期間、住的期間、變異的期間、消滅的期間，非常平等。有沒有差錯呢？因果錯綜複雜。

在《藥師經》上說，有九種橫死，不該死的死了，那就是緣成熟，諸法因緣生！這個緣成熟了，來生再來補。緣生沒自性，沒有體的。

當初在美國正覺寺，我也是這樣解釋，九種橫死，看來是橫死的，沒有無因無緣橫死的，因緣和合，遇緣，你躲不脫的。這就是業。躲脫了，用你的心力轉化，你的心力，求佛菩薩，說你的心力感應了，跟佛結爲一體，我們說是外來的力量，佛菩薩的加持力，實際上是自心的力量。如果自心沒有這個力量，外頭的力量來不到的，一切都是求自心，這樣的理解，這叫心要法門。

我們現在講的這段經文也如是，這是佛度眾生的方便善巧，要發菩提心，成就阿羅漢果，這也算是方便善巧，究竟達到成佛果位。但有言說，講離相眞如、離言說、離一切相，圓教也是這樣講。但我們證不到這種義理，不是我們證不到，而是時候沒到、功力沒到，現在證不到。等功力到了，什麼時候呢？你證得的那個時候。沒證得的時候，沒到。功力夠不夠？自己都很清楚的。若是學教理的，自己到了什麼位置，拿佛經一對照就知道，你心裡想著什麼，你也知道了，不會認爲我是超等的。

不是頓超直入，立證菩提嗎？你證的那個菩提跟佛證的那個菩提，不一樣的。你悟得那個理是一樣的，但理上還有很多事。這個事你還沒做！理是一樣，現在我們講般若，空理。空都是一樣的，說拿個圓形的東西，這就是圓空。拿個方的，這就是方空。方的也好，圓的也好，是空的，器皿空。

我們這個房子空，是這個房子，如果一間圓形的房子裡頭空，是那個空。二乘的空也好，菩薩的空也好，佛的空也好，空是一樣的。你怎麼利用這個空間，那就不同了。還有你在這個空間怎麼裝修，設備怎麼莊嚴，那就得靠你的功力。這裡頭有分別了！眞正的說，這個房子是沒什麼差別的。

我自己是這麼理解的，若是錯誤的，我懺悔。二乘所證的空性，菩薩所證的空性，諸佛所證的空性，我感覺沒什麼差別，空就是空。當你證得理，理的大小、寬窄、男女運用上，那可不空！從不空的眞如顯空眞如，從空眞如成就不空的眞如。這是〈大乘起信論〉上說的一心、二門、三大，其實是一個。但是這個過程當中，不一樣。

現在我們這裡有一百多人，都是人！人是一樣的，男人、女人、老人不一樣。在個人的福報更不一樣，生活習慣更不一樣。但是人都是人，不管多富貴，你是總統或是老百姓，乃至我是叫化討口子，也是個人。這不平等嗎？但是運用上、作用上不一樣，業不由己。

金剛經第八堂課　竟

第九堂課
沒有什麼叫菩提心

「佛告須菩提：善男子、善女人，發阿耨多羅三藐三菩提心者，當生如是心：我應滅度一切眾生；滅度一切眾生已，而無有一眾生實滅度者，何以故？須菩提，若菩薩有我相、人相、眾生相、壽者相，即非菩薩。所以者何？須菩提！實無有法，發阿耨多羅三藐三菩提心者。」我們前面講「不住色生心，不住聲香味觸法生心」，這段講的不但生心不可得，就是你所發的菩提心，實實在在的也沒有一個什麼叫菩提心，這是假名，沒有什麼阿耨多羅三藐三菩提心可證得。

發心跟究竟心，最初發心是發菩提心，最終是成就究竟菩提心。這些是從理法界上講的。因爲在理上說，我要度一切眾生，讓一切眾生都成佛，度眾生的時候，把眾生都度究竟了。究竟有眾生可度、沒有眾生可度？

佛跟須菩提說，最初發菩提心的時候，發心的目的是要救度一切眾生，不但救度而且讓他們都能夠成佛，但是度他成佛，是著眾生相，不著眾生相？能度者是指菩薩說的。

《般若經》上的般若義，是畢竟空。畢竟空裡生起無緣的大悲心，我們經常說佛度有緣人，得有緣才能度，無緣不能度。從般若義上說，無緣也能度，為什麼？一切眾生跟諸佛的心，同是一個心。在同一個心故，就是有緣了。這個緣是緣起的意思，是從體上講的。就本體來說，在畢竟空中發的心，無緣大慈，同體大悲。同體，是大家同一體、同此心，以這種大悲來度，如來是這樣度眾生的。這個地方又說，佛是無生可度的。

究竟是度眾生，還是不度眾生？明白這個意思是讓你不要在有相上去執著。初發意菩薩度眾生，他是有相的。現在我們這個心發還發不起來，若現在給他說沒有了，更糟糕了。到某一層次，到什麼時候說什麼話。

現在大家都平平安安在這裡學習，在學習的這一段時間，我們是清淨的，一切災害都沒有的，過了這一段時間，是不是這樣子？不一定。到那個時候我們要怎麼看？怎麼對待？現在我們清淨這一段時間，心裡怎麼對待？現在我們發心幫助別人，有相沒相？當然有相了，他苦了，我才幫助他！還得有緣的！我心裡還要估量他是好人壞人？這是初發意的時候。

眞正行菩薩道的時候，如果有這些心的話，菩薩道沒法行了，因爲有分別心，有分別心要看我們關係好壞！這個人大概是壞人，我們經常有這話，他雖然要飯，他是騙人的。

那時候我到北京總站，裡頭人滿的很，有一些要錢的，所謂窮人要錢，旁邊就有人給破壞，說不要給他，他是以這個爲職業的。然後他就講故事，說專門到這個地方僱幾個小孩，見到你抱你的腿，說他沒飯吃了。其實他住在旅館要飯。行菩薩道、發慈悲心的人，你不要聽別人說，你行你的大悲心就好了。

文殊師利菩薩就是這樣發的十大願，不管怎麼樣你跟我結個緣就好了，你別作騙我想，你作我行菩薩道想。我的親友送我到火車站，我給那窮人幾個錢，他們跟我說這個。我說，菩薩不是這樣看法的；出家人不是這樣看法的，我們行我們的菩薩道。行菩薩道不要再分別眾生好壞，好的眾生還要你度嗎？他是菩薩還要你來度？菩薩度菩薩，你還得菩薩來度你呢？不要生起這種心，反正當時你看到，感覺發起心來了就布施，別作第二念想。我們修行的時候應當這樣理解，若證得般若義，學《般若經》的人，證得空義，從這個空義當中，所生出的有是妙有。

這個妙有是一點執著都沒有。我們常說的清淨心，清淨心裡一點分別的意念都沒有，有意念就不叫作清淨心。學要善學，要多思惟。這是菩薩的「方便道」。

如果拿「般若道」來說，行六度萬行，當然是無我相，無人相，無眾生相，無壽者相了。這個時候叫我們學菩薩行菩薩道，不要生起任何的分別心，要把四相的分別心都停下來。佛告訴須菩提說，若是善男子、善女人發無上正等正覺的菩提心，度的過程當中發菩提心，發即無發。

這段經文就深了，你在行「方便道」時，在事上一定會歸於理，你所行的一定會歸於自己的心體，一切萬法唯心，從來沒有離開你的心。當菩薩行菩薩道的時候，發起無上正等正覺的心，我要成佛。成佛有個過程的，要怎麼成呢？發菩提心，前面說無生，這個無生的心怎麼生？當生起什麼的心？發即無發，沒有發菩提心者，也沒有菩提心的法，乃至最後於究竟成佛、成阿耨多羅三藐三菩提都是沒有的。爲什麼這樣說？實實在在的沒有什麼法叫無上正等正覺，也沒有一個什麼法叫作菩提心。發到成就，這二個心都達到眞空般若義的時候，或者修得眞空般若觀的時候，中間的過程是空？是有？二者都不可以要有，有是執著、空是斷滅。

般若義是什麼涵義？眞空，眞空是不空。我所行的菩薩道是妙有，一點都不執著。沒有能發心的我，也沒有所發心的法門，沒有依著的法門去做，也沒有個究竟成道的佛果。但是要達到這個過程，中間你得要經歷，經歷初發意到究竟成佛，得從妙有法門入手。

看一切諸法的時候是妙有，這就是法即非法，一切方法都不存在。其實《金剛經》主要目的是要你達到法無我，也講我相、人相、眾生相、壽者相，也說無我。實際上是對須菩提、千二百五十當機眾說的無我。這個無我，與會的大眾都證得，但是給他說的是法無我，著重在法上。發菩提心也好、成就佛果也好，都是法，這些法一律都不存在。

你先是降伏，降伏之後趣向達到於證得，證得無爲、無作、無生、無滅。前面是一切諸相，如果有發心者執著於發心相，有阿耨多羅三藐三菩提可證，這是指法無我所說的。這個法是我，發心的時候，發菩提心是我，這個法不存在，法無我，我沒有。主要是遣法執，要自己去默契。

我相、人相、眾生相、壽者相，若菩薩有我相這個法，著重說法，有我相。有我執就有他，相對法；有我執就有人，人是相對的。眾生相是一切諸法合成的，一切眾生除了我、他之外，包括畜生都在內，蚊子乃至於螞蟻，都是眾生相。再說廣闊，拿《華嚴經》說一切諸法都是眾生相，都是眾法合成的，桌、椅子、板凳都是。《華嚴經》說有情、無情同圓種智，它把無情作有情這樣維護。這一切相、眾生相就包括太多了，胎卵濕化，特別是化生的眾生，眞的不可思議，數字多到無量的。

有人這樣想，佛說法的時候眾生那麼多，那時候世界是多少人口？現在也才六十億，那個是眾生相從執著相來取捨的，它用這個來定的。佛經所說的那個相，包括一切眾生，這個地球上有好多螞蟻你知道嗎？海裡的小魚你看到有好多呢？魚鱉蝦蟹等眾生你知道有好多呢？濕生、化生你知道有好多呢？

我以前蹲勞改犯的時候，專門管種地種菜。我就觀察包蔔白上有小綠蟲子，毛毛蟲趴在包蔔白上。其他犯人要我逮，我讓牠自生自滅，牠會飛走的。他們說胡說八道，毛毛蟲會飛起來？我說過三天再來牠會飛走的。根據什麼呢？根據毛毛蟲趴累了，牠思想想飛，隔個二、三天牠光剩個毛毛蟲殼了，菜地裡全是蝴蝶，各種顏色的蝴蝶，牠就是化，這叫冥想。

我們以爲蟲子沒有什麼知識，牠的定功比我們好。牠可以三天一動不動的，我觀察毛毛蟲，一動不動，第三天牠光剩個殼，牠飛了。可思議嗎？究竟牠是個什麼相？毛毛蟲趴在菜上，牠哪兒都動不了。牠飛了也是眾生飛出去，你說牠是飛蟲嗎？像蝙蝠，有時牠走路，有時牠是飛禽。你說牠是飛禽還是走獸？這是變化，是不定的。

拿人來說，佛說那些聞法的大眾，起碼鬼神我們無法知道數字。大家看《地藏經》，不是在人間說的，而是在天上說的，是天人，不是人間的人，你看全是鬼神。有些人害怕念《地藏經》，因爲全是鬼神，鬼能上到玉皇大帝那裡去？因此對眾生相，胎、卵、濕、化四生，這四生，胎生我們知道，化生的眾生太多了，都是眾生。

「壽者」？我、人、眾都是壽者，壽者是總說的。另一解釋壽者是相續，一段時期的壽命，我們叫分段身，這一段的壽命都不一樣的。有一種水上的蟲子，朝生暮死，叫蜉蝣，我是從讀詩上了解到的。浮生如夢，人生一百年就蜉蝣一天一樣的，蜉蝣只是一天的壽命。說人跟蜉蝣是一樣的，牠過一天好像我們過一百年一樣的。在牠思想當中也是這樣，對眾生相，略微說這麼一下。

這些都是名詞上的不同，實際上就是一個眾生，名字不同變化就不同，就是眾生相。我們經常說一切眾生相就可以了。我、他都是眾生，眾生本身也是眾生，我們人也是眾生，這是分析開來說。佛有時在經上說我、人、眾生，其他經就是眾生相。

如果著這些相，分別就大了。哪一類可度？哪一類不可度？我聽人家說：人最壞了，畜生好。「畜生好度人難度，寧度畜生不度人。」我說你來生非變畜生不可！他說：「爲什麼？」我說：「你要度畜生就到牠那一類度去吧！」因爲你是人，今天你變成人，就比畜生高，有福德就能變個人。佛經說畜生算三塗，墮到三塗，還得經過一千年修行之後才能變個人。變人，還是六根不全，瞎子、殘廢，變成這樣一個人。如果再造業又回到畜生道。如果不造業，漸漸變個好人，這好人不是做好事的好人，而是六根全了。

這裡過程非常複雜，學學《雜阿含》，這是消滅執著，先懂得義理，懂得道理分析清楚，你就知道凡是墮到三塗的，那眞叫業障重。你只要是墮了人，就比三塗的眾生、比地獄餓鬼畜生要輕得多了。

我們說般若義，不只《金剛般若波羅蜜》，六百卷《大般若經》都是這樣說。在《大般若經》，「眾生」有十六種翻譯，十六種不同涵義，無我義、無人義、無眾生義、無壽者義四相，這類的眾生都沒有，只有一個般若義，這些都是空的，空的不是斷滅。

我們一說空，以爲沒有才是空，不是那個意思；在有的時候認識它的空，這個空才是眞空。它現在是存在的，但是它的體上是沒有的，體無諸相，返回本體的時候就沒有，就不是了。佛在解釋這些問題，阿含說了十二年，方等部經說了八年，般若義說了二十二年，因爲這個非常的深入，非常的難解，是這樣的嗎？佛說法不是這樣的，佛說阿含時，說了般若義了沒有？說了方等義沒有？都說了。也說了華嚴義。「佛以一音演說法，眾生隨類各得解」，解釋什麼就是什麼，是這樣一個涵義。

爲什麼歷代祖師這樣分？實際上說《般若經》的時候也說法華，也說華嚴。般若就是華嚴；再翻過來，說雜阿含也好、說方等也好、說法華、涅槃也好、說華嚴也好，全部都是般若義。

大家不要聽到人家說，就虛妄分別，沒有智慧，不要去分別也不要在法上諍這個諍那個，我們法執本來就很重，因爲我們人、我還沒破，談不到法我執。再簡單說，我的智慧只能達到這樣，我們對於法執著，見人就辯論，就是一個知見的見，不論出世間法，世間法也如是。爲什麼諍呢？根本不知道什麼叫道。我們所說的道是究竟道？是菩提道？是佛道？走菩提道就是佛道，就是覺道。歷代祖師爲了學習的方便，他這樣跟你區分一下，不要在上面起執著，本來我們執著就很多了，不要再頭上安頭。

我們學般若的不去這樣執著，在這裡再加一個解釋：遣一切相，讓你無住生心，達到無生，無生故才無滅。我們進入寺廟，都知道是進三門，有時把「三門」寫成「山門」，不是的，是「三門」。爲什麼叫「三門」？中間是畢竟空的門，是解脫門，從這個門走進解脫。還有一個是方便門，證得解脫、證得般若。有時這樣說，空門、無相、無願。我的解釋是中間是般若門，進入「般若道」，得有善巧，無我、無人，善巧方便就進方便門，才能入眞實道。

這本來是《般若經》解釋的，因爲深入經的教義，依著經上來顯義，這樣不能進入，話說多一點，離開世間相，什麼法都沒有，佛的目的是讓我們對世間一切都不執著。般若義也好、華嚴義也好、法華義也好，都用到生活當中去，哪一個跟你熟悉就用哪一個。

離開一切法，離相、寂滅，那是眞實的。一切的事情都在相上執著，在語言上執著，那就不叫菩薩，菩薩對一切都不執著。發大心的菩薩，終日利眾生不見眾生相。我們不行，不但見眾生還分別這是好人、壞人，見這眾生做壞事，說這是壞眾生、業障深重，見那個人作好事說這是好人，他會變化的。這個時候他好，再一個時候又變壞。不然爲什麼經過那麼長時間才成佛，不是一說而成就的，眾生心無常。想想我們各人的念頭，想過來想過去。事情過去很久了還想，某年某月某日做錯了，還在想、還在後悔，我那個時候沒搞對，如果那個時候我投那個機就發大財了，但是沒想也許發了財，老命早死了。

我有同學遇見我說：「你出家了，如果你沒出家跟我一樣。」我說：「沒出家，我早死了。」如果我沒出家，當大官造好多業。各人的看法各人的業，各人走的道路不同，凡事都是假的，管你走什麼道都是假的，沒有一樣是眞的。所以發大心的菩薩終日利眾生，不見眾生相。眞正發菩提心不在眾生相上去分別，在眾生的體性讓眾生明白自己的體性，不起分別心，不起分別就沒有執著。我們學《般若經》特別不夠資格的，爲什麼？因爲我執還沒有除掉，見什麼都煩惱，見什麼都貪，見什麼都發脾氣，這樣怎麼學《般若經》呢？

我們是種個種子，我們現在發心，能夠「諸惡莫作，眾善奉行」，就是發個菩提心；我們現在善惡觀念還是非常嚴重，要說善是假的、惡也是假的，根本就沒有，那早就造罪去了。其實造罪也沒有，但是受罪時能體會到，我根本就沒有，誰來受呢？提婆達多下到地獄的時候，阿難問他，他說：「我這兒比梵天還好！」到那個境界的時候，「住即無住」，沒有那個相，住無住相。

沒有能發心的人，也沒有所發心的法，再說連發心的菩薩也沒有，這就是空到究竟，這是空義。再回來，終日度眾生不見眾生相，而且終生還要度眾生。因爲認得是空的，他才度得更起勁，那眞是菩薩。空的，度他更好。

空之後的有，那就是妙有，在有上能空是眞空，那是究竟空。乃至成了佛，也沒有阿耨多羅三藐三菩提。須菩提都懂，不論是阿那含、斯陀含、阿羅漢都證無所證，得無所得，菩薩也是一樣的。阿羅漢，我是沒有了，但是法是眞的，一切世間法、出世間法都是眞的。其實法也沒有，達到這個目的、這樣的來發菩提心，這樣來行菩薩道。這段經義，總的說是這麼個意思。說完了，佛跟須菩提說「須菩提！於意云何？」佛要舉例證，像現在法律都要找證據、人證、物證。

佛說這段法是發心，沒有能發也沒有所發、也沒有個菩提心發。佛就舉自己來作證。「須菩提！於意云何？如來於然燈佛所，有法得阿耨多羅三藐三菩提不？」「不也，世尊！如我解佛所說義，佛於然燈佛所，無有法得阿耨多羅三藐三菩提。」佛言：如是！如是！須菩提！實無有法如來得阿耨多羅三藐三菩提。須菩提！若有法，如來得阿耨多羅三藐三菩提者，然燈佛即不與我授記：「汝於來世當得作佛，號釋迦牟尼。」

這個話是然（燃）燈古佛說的，說釋迦牟尼佛你未來當得成佛，佛號釋迦牟尼、能仁寂默。「以實無有法，得阿耨多羅三藐三菩提，是故然燈佛與我授記。」實在沒有法可得，也沒有我能得的，乃至於也沒有授記者。「作是言：汝於來世當得作佛，號釋迦牟尼。」因爲我有這樣的體會、有這樣的證得，然燈古佛才給我授記。

「何以故？」爲什麼這樣說？什麼叫如來？「如來者，即諸法如義。若有人言：如來得阿耨多羅三藐三菩提，須菩提！實無有法，佛得阿耨多羅三藐三菩提。須菩提！如來所得阿耨多羅三藐三菩提，於是中無實無虛，是故如來說一切法，皆是佛法。須菩提！所言一切法者，即非一切法，是故名一切法。」這是佛作證。前面是拿初果、二果、三果、四果來作證，中間是拿菩薩來作證，現在佛說的就是我所有的佛果也如是。舉例，在我過去行菩薩道的時候，然燈佛就給我授記了。

最初學法的時候想當法師，「法師」是什麼涵義？就是「以法爲師」，不是給人家說去當法師，是我自己以佛的教法爲師。我是可以消除的，法不能沒有。這部經專門遣法執的。先破我執，破完我執了再破法執，這樣來學的。但是《金剛經》不是這樣的，先破法執。有人問我爲什麼？我說這很簡單，因爲佛說法是須菩提請法的，千二百五十人，佛說法中間也沒一個走的，也沒有中間來的，大家都是乞完食了圍著一坐千二百五十俱聞法眾，這些人都證得阿羅漢果了，我執都沒有了，佛還需要說破我執？所以破的是法執。意思是你們都我執破了，但是還執著於法，成不了佛，所以把這個也破掉。法執一破了什麼都沒有，沒有執著了。

分大、小乘，其實就是學習證得的過程，有什麼大有什麼小？有時候有人舉個手指頭就證得開悟了，證得究竟了，法還有大小嗎？聞《阿含經》有沒有證佛果的？有沒有發大心的？照樣有，這個意思就是這樣，哪個時期說法，偏重於哪邊就是這樣說的。那時候小乘只能破我執，大乘才能破法。有沒有一聞法一切都破了？我、法都破了，這是特殊的人。

有人說《金剛經》跟別的經有矛盾的地方，因爲《金剛經》從始至終都是明一切法空，沒有夾雜的，一切法都是空的。佛跟眾生說法，說空、無我；就是法無我的意思，那個無我是空無我、是法無我，這是一切勝智的智慧。這部經也說無我，破無我這個法。破無我這個法，這個法是空的。這個空是以你智慧證得的方便善巧，這是這部經的涵義，這點特別重要的。

所有開示的法，在一切法上不許執著，大小、長短，法深、法淺，那是法執。永遠執著這個法，這是不對的。但是不要理解錯了。佛說法的時候，他能照顧眾生不犯錯誤。像我這樣的蹩腳法師說法，不是犯這個錯誤就是犯那個錯誤，說空的時候多了，就犯斷滅的錯誤。說的時候別把說的錯誤給堵塞，往往諍論哪部經好、哪部經不好。經沒有不好的，諍都是錯誤的。

佛就拿自己來作證，佛過去行菩薩道的時候，然燈佛給他授記，你對這個問題你怎麼認識的？就問他：有個阿耨多羅三藐三菩提可證嗎？實際上是沒有的。如果能夠認爲沒有個阿耨多羅三藐三菩提的法，也沒有個我能證入者，這樣才能進入般若義。

須菩提每次回答佛問話的時候，非常的正確，因爲須菩提我、法二執都破了。「不也，世尊！」不是這樣的，我不是這樣看法。他的看法是：實在沒有個阿耨多羅三藐三菩提可證，也沒有什麼法叫阿耨多羅三藐三菩提。

我們說個法有個形相，阿耨多羅三藐三菩提是什麼樣子？所以他答覆的很對，「如我解佛所說義」，我現在是完全明白了，佛在然燈佛所的時候，無有法得無上正等正覺，沒有能得也沒有所得之法。他這樣答覆是對的，佛認可：「如是！如是！」你說的很對。佛也從實說一遍，「須菩提！實無有法，佛得阿耨多羅三藐三菩提」，不錯就是這個樣子，實在的說什麼也沒得到，什麼也沒有。無上、正偏知、明行足、無上士、世間解、佛、世尊，這些都是名詞。

假使說，須菩提！如來有法得阿耨多羅三藐三菩提，我要有個什麼得？什麼叫阿耨多羅三藐三菩提？我若有這種種想法，然燈佛不會給我授記。正因爲我無法可得、也無法叫阿耨多羅三藐三菩提，因此我相、人相、所有一切法相都不存在，因此然燈佛才跟我授記。因爲我證得眞空、證得眞正的般若義，佛才跟我授記，跟我說「汝於來世當得作佛，號釋迦牟尼，」在未來，一定能成佛，號釋迦牟尼，這段經文就是這個意思。

同時我們在觀想的時候，離開文字，看看古來祖師禪宗的意思，在文字上轉來轉去繞了很多，簡單說自己直心觀自性的本性，直心正念眞如，念得如來本性。如來本性什麼都沒有，因爲什麼都沒有故才能偏一切處。《華嚴經》的解釋重複又重複，這善知識跟你說、那善知識跟你說，爲什麼重複？這個意思非常深、非常不容易明白。

說沒有了很好懂，越是沒有越不好懂，怎麼沒有的？眞正達到沒有也不是什麼都沒有，什麼都有。這個意思來回反覆，不容易。這個我修過，沒成。在監獄我這樣想：有監獄嗎？一切法沒有，監獄沒有；有我這個人嗎？那時我叫「三四八」，根本沒有「三四八」，「三四八」是個符號。有嗎？都沒有，誰在受呢？我們感覺苦，感覺不舒服，這從哪來的？感覺不舒服、煩惱從哪來的？

今天還有位道友問我：「我煩惱很多。」我說：「妳找找煩惱哪來的？什麼叫煩惱？」煩惱是個名詞，它代表什麼？自己全身上下找找哪個地方叫煩惱？妳找不出妳的煩惱，當妳正找的時候，不煩惱了。或者妳小孩鬧、先生跟妳吵嘴，感覺煩惱，若這些相都沒有了，那煩惱又到哪去了呢？我們好多的事情，腦筋用錯了，用到貪瞋癡，那當然是煩惱。用到《金剛經》，這些說過來說過去好像轉了，因爲佛法是圓的，理不清楚的，你當下都給它斷了就清楚，你要去理是理不清楚的。無始終、無內外，你說找個頭，圓圈你說哪個是頭？

在日常當中這樣來理解，你斷煩惱也得學著這樣斷。不要去想，越想越煩惱，你想把事情想清楚、把煩惱斷了，想不清楚的；不但想不清楚，越想越多。如果你晚上上床想這些，非失眠不可。所謂解脫，就是你都放下了，你放下不就空了嗎？大空你空不掉，你空小空。你空肚子對著空碗，你怎麼理解？當你沒飯吃的時候，肚子很餓肚子也空、碗也空，這個都是我們用功的地方。

「是故如來說一切法」，任何一切法，這是覺悟、不覺悟，覺悟了一切法不存在。不覺悟，一切法宛然，覺悟了一切法不存在是什麼呢？並不是一切法壞了沒了消失了，不是的。是你沒有了！你覺悟了，一切法就沒有了。

我們大覺悟沒有，我們剃了髮出家到了廟裡，住到山裡一個洞，反正也沒有家當，住到洞裡去，幾件要穿的衣服，什麼也沒有，煩惱特別少。在洞裡找個毛巾洗洗臉什麼都沒有，到水邊洗臉，等它自己乾算了。沒辦法，往哪邊去都要上百哩路。在山裡住久了，連錢是什麼東西都不知道，現在外頭紙幣變化什麼也不知道。

我記得上房山有位老和尚在山裡住很久了，他出山了就拿十五個銅錢花，被笑了說不用這個了。「啊！什麼時候不用的？」「好多年前就不用了。」後來人家看這是山裡老修行人，給他二個餅子，不要他的錢，他在山裡住什麼都不知道，連花錢都不知道。

古人說，「知事少時煩惱少」，說你事情知道越少煩惱越少；「識人多處是非多」，誰也不認識，誰也牽不上邊。搶你的人也不會搶你，冤家也找不到你，因爲你跟誰都不沾邊。你越認識的人多，是非就多。這是般若義嗎？不是的，舉這個例子，當你眞正能悟得能覺悟，莫惹是生非，每個道友靜下來想，是非是自己惹起的、煩惱是自己找的，信也好不信也好，照這樣做。你不去找煩惱，煩惱會找上你；你不去惹是非，是非也會找上你。但是找上你沒有用處，因爲你不惹是非，沒有是非觀點，是非找上你也無所謂。不管是非、不去辯，是非不辯爲解脫，管你對不對跟我沒關係，那就解脫了。你不要解說，人家說越描越粗，描到最後連那張紙都不要了。

懂得這個道理，依自己所學的經，現在所認識的程度，不要一時衝動，別超等。老師父一講，我回家什麼都不要了，不行的。有個道友一回家什麼都不要了，過三天煩惱的不得了，到山裡住不了，跑到北京住，什麼都丟了，如果丟完就解脫就好了。今天是情人節，跟情人好的時候沒事，情有盡不是永遠的，情還有變，情轉移跟別人好，你受不了！一個煩惱引出好多煩惱，煩惱是人自找的，本來沒煩惱是自己要找煩惱。所言一切法，非一切法，這樣漸漸入般若義。

我們得把眞諦跟俗諦分開，眞諦是一切法是空的，沒有；俗諦一切法是有的，隨著世間相。但是俗，有；諦，沒有。這個眞也不是眞正的眞，而是諦眞！都是在理上說。諦是諦實的境界相，諦實的境界相是沒有境界的境界相，也就是無我，證得了。

昨天我就想，到這裡說就說得出來，回去我再想說就說不出來，都忘了。有好多事情忘了，到這裡說出來，等我回去，別人問我又描述不出來，很怪。好些故事到這講起來就說出來。

大家都知道唐宋八大家劉禹錫，詩做得非常好，在朝中作大官把宰相得罪了，被貶到蘇州，那個地方有位退休的老司空，老司空是地方官，陪新來的請他吃飯，古來請吃飯都有歌女陪著作樂。歌女唱這歌，讓劉禹錫感動得不得了，看看老司空，老司空睡著了聽都沒聽，他作了四句「高髻雲鬟新樣妝，春風一曲杜韋娘，司空見慣渾閑事，斷盡蘇州刺史腸」。他聽了歌把腸都痛斷了，但是司空沒事，他因爲這樣把杜韋娘要去了，正式跟她結婚。但是杜韋娘命苦，等劉禹錫官復原職回京，不能帶著歌女，就臨時把她擱在蘇州。等處理好事情來接她，她病死了，劉禹錫從此一生不娶。這樣的情人現在有嗎？

拿般若義講，這些事情根本都沒有的。佛所說的法，有情無情，大家學《金剛經》知道任何東西都沒有的。很多人相愛的時候，發願變鴛鴦都好，鴛鴦是飛禽。一個人不想作想去變畜生，你說是不是迷糊？除了這個迷糊本身，事情上也是迷糊。我們佛弟子共同修道、共同伴侶叫同修，往哪修？修什麼？我們想想般若義，般若義就是智慧。爲什麼不翻？因爲含的意思太多，不止智慧，還有福德。《金剛經》講福德，講無量福德，因此在學法的時候不要離開生活。現在我們學的《般若經》不要離開日常生活，把它運用到日常生活，我們收穫就很大了。我們認識的道友大概把情人的關都過去了，不僅出家眾，在家兩眾也是這樣的。

「須菩提！菩薩亦如是。若作是言：我當滅度無量眾生。即不名菩薩。何以故？須菩提！實無有法，名爲菩薩。」佛所證得的佛果就是佛沒有，菩薩也沒有。「是故佛說一切法，無我、無人、無眾生、無壽者。」一切法都如是，無我、無人、無壽者。

「須菩提！若菩薩作是言。」正報說完了，說依報。「我當莊嚴佛土。」要這樣說這樣想。「是不名菩薩。」不但正報沒有，依報也沒有。「何以故？如來說莊嚴佛土者，即非莊嚴，是名莊嚴。」前面說的莊嚴佛土是隨世俗諦的，即非莊嚴是眞諦；既不落俗也不落眞，是名莊嚴佛土。一個是遣，遣是遣俗諦，立眞諦。俗諦也要，最後說是名莊嚴。眞諦不偏於有也不偏於無，不落二邊，這才是般若義。正報如是，依報也如是。

「若菩薩通達無我法者，如來說名眞是菩薩。」無我的法是講法執的，不是解釋無我的。無我的法這個法要遣掉，因為這個當機眾都無我了，法還要執著嗎？他還沒有解脫。

「如來說莊嚴佛土者，即非莊嚴，是名莊嚴。」菩薩所居的淨土、佛所居的淨土，一切佛國土的莊嚴佛土，即非莊嚴，這才是眞莊嚴。眞莊嚴是隨順而建立的。我經常說別著相，一著相就落了就不是菩薩了，著了相就煩惱了。聽著好長一句話，非常的深，我們這一輩子、十輩子、一千輩子、一萬輩子，若能達到這個境界已經就成了。大家經常這樣思索一下，任何事物都得把

「我」摻進去，這些事物、這些法都是虛妄的。平常觀想的時候，把這些事物觀想得眞正不存在。這存在不好觀想，佛在《金剛經》說「如夢幻泡影」，或是像我作夢時候醒來什麼也沒有。但是有，有是過去的影子，還是沒有。

每逢有個夢，它是反映你的過去，它是塵影。這個夢突然間來，今生沒有前生有，前生我在這個夢是假的，但是影子還留到現在，爲什麼？因爲你執著它，還沒放下，你放下了，那個境界就沒有了。所以還留在現在，過了好久它還現，因爲你還沒放下！你放下了，那個夢、那個境界就沒有了，因爲你沒放下沒看破，你自在不了，法影還不能空。現前不執著容易，過去很多劫的事現前了，你不容易空，把過去全部空掉，那才是眞功夫。

我常這樣想：我是作夢才發心出家，出了家作夢才朝了九華山，又作夢到了鼓山，好像都是眞的，實際上是假的。如果把這個當成我還是善根很大，那就麻煩了。我一步一步都是作夢，把做夢當成眞的，就像一個人做夢發了財，醒來我這個夢是發財是富有者，能行嗎？不行的，不是現實。即使是現實，現實也是假的。肉體沒有了，所有的現實都隨著你沒有了。有的時候就把它認爲解決了，什麼煩惱都沒有。

現在我們學般若義，主要的是別煩惱，要忍受，千萬莫發脾氣，一發脾氣把你所積的福德，一下都燒毀沒有了。你發脾氣就是瞋恨，「一念瞋心起，百萬障門開」，所有的障礙都來了。所以你要忍，忍就都成就了。忍受的忍是忍可、承認，我忍了不跟它煩惱，這好像是忍受。受，受的方式很多。我欠他一巴掌打完就還去了，這可不是阿Q正傳，兒子打老子，那是虛假的。你這個是眞實的，還給他什麼都沒有了。什麼因什麼緣？無緣無故打我，一定是我惹了他。我什麼也沒惹他，現在沒惹，過去惹過他，所以他今天碰到，這麼一講，從法上就化解了。從般若義，他也沒有、我也沒有，根本就沒有打，哪來的還有個打呢？如果這樣想，那就更高了，那就是眞正般若義。

金剛經第九堂課　竟

第十堂課

以金剛心念阿彌陀佛

須菩提。於意云何。如來有肉眼不。如是。世尊。如來有肉眼。須菩提。於意云何。如來有天眼不。如是。世尊。如來有天眼。須菩提。於意云何。如來有慧眼不。如是。世尊。如來有慧眼。須菩提。於意云何。如來有法眼不。如是。世尊。如來有法眼。須菩提。於意云何。如來有佛眼不。如是。世尊。如來有佛眼。須菩提。於意云何。如恆河中所有沙。佛說是沙不。如是。世尊。如來說是沙。須菩提。於意云何。如一恆河中所有沙。有如是沙等恆河。是諸恆河所有沙數佛世界。如是。寧爲多不。甚多。世尊。佛告須菩提。爾所國土中。所有衆生。若干種心。如來悉知。何以故。如來說諸心。皆爲非心。是名爲心。所以者何。須菩提。過去心不可得。現在心不可得。未來心不可得。

這是講五眼圓明與三心了不可得。今天有人提出一個問題，我先答覆。

「爾時，世尊而說偈言：若以色見我，以音聲求我，是人行邪道，不能見如來。」這是《金剛經》說的話。他又引證《楞嚴經》〈大勢至菩薩念佛圓通章〉，「若眾生心，憶佛念佛，現前當來，必定見佛。去佛不遠，不假方便，自得心開。」

這位道友問，《金剛經》說的話跟念佛求生極樂世界是否相違？

我們講《金剛經》講的差不多，主要的般若義講完了。你一定理解「若以色見我，以音聲求我，是人行邪道，不能見如來。」我們是講空義、般若義。講般若義，講色相見，色不是佛。色、音聲都如是，這就是境界相。以色相見我，以音聲求我，這是心外求法。

我們現在講的是心法。須菩提一開始問的是無我，因爲他已經證得無我，怎麼樣住心？怎麼樣降伏其心？不住色生心，不住聲、香、味、觸、法生心，《金剛經》是這個意思，這樣子見不得如來。

這跟憶佛、念佛兩者不相違背。什麼叫佛？整本《金剛經》講什麼是佛？不是形象。這個要見的佛不是我們所想像的念的佛。你生到極樂世界去見到阿彌陀佛，那是一個示現，隨緣的，那是「方便道」。你生去見的佛是化身佛，阿彌陀佛是化身，極樂世界是化土，是莊嚴國土的化土。如果你是菩薩，見的是實報莊嚴土，不是經上所說的西方極樂世界。你是法身，阿彌陀佛就是釋迦牟尼佛，釋迦牟尼佛就是阿彌陀佛，你也是釋迦牟尼、你也是阿彌陀佛，法身平等。

憶佛、念佛也這樣來念。佛是什麼？智慧，光明的覺相，佛者覺也。求、念、憶，依著般若義，你能這樣理解，不錯了；見色相也如是。

我們現在開始講五眼，我們都是肉眼，是障礙的，「肉眼礙非通，天眼通非礙，法眼唯觀俗，慧眼了眞空，佛眼如千日，照異體還同。」你現在問這兩個都是究竟義，兩部經上說的都是究竟義，佛眼觀一切，法眼（或作「慧眼」）了眞空，一切都是空的，一切諸佛色相不論淨法、善法、染法都是沒有的。眾生解脫不了，佛就根據眾生需求的說一切法，這一切法是對治性的，對著你存在的，完了這個法也不存在。「知我說法，如筏諭者，法尚應捨，何況非法。」就是這個意思，兩者不相矛盾。

如果你以《金剛經》的知見去見佛，以這個聲音去求佛，那你見的是報身佛，乃至於法身佛，不相違背的。相違背的是你的心，現在你是妄心，妄心看的是妄境，那矛盾就來了。

因爲你這樣來學般若，般若入不了，如果有知見、有色相入不了般若。憶佛、念佛，心心相應，如母與子，兩個心相通。我們念佛、見佛也告訴你，《阿彌陀經》說的很清楚，若一日、若二日、若三日、若四日、若五日、若六日、若七日，乃至一心不亂，亂了你生不了。一心是什麼？你要達到所有初步的觀想，那個是仗佛力。《金剛經》得自己修，靠你的智力。智力上你聞法的功德，像我們講《金剛經》，聽到《金剛經》跟你說好多好多功德，你把這功德看成功德性，不看功德相，不要相的功德，要性的功德，那跟佛合爲一體了，這是用心的方法。

這麼解釋了之後，你若以金剛心的般若義來念阿彌陀佛，念得句句懇切絕對能生。那一佛念的是法身佛，那你的品位很高了，二者不相違背。我們眾生有種種執著，就相違背了。

根門是眼、耳、鼻、舌、身、意，這只是個眼。眼如是、耳如是，鼻、舌、身也如是、乃至意念也如是。怎麼如是呢？五眼圓明，五耳、五通、五鼻都如是，五根都如是。這只是眼見。

但是這個見是正知正見？還是邪覺觀？你用什麼見？這個說的是用眼見。見是不是用眼？這個沒跟你分別。眼，就是肉眼的根。眼根對著塵的時候有作用嗎？眼根對著塵沒作用，中間必須有個眼識。如果沒眼識，根對著塵的時候不起作用。瞎子有眼根沒有？這根壞了，瞎子沒眼根。識壞了沒有？識沒壞。你問瞎子看得見沒有？他還是看見了，看見什麼？看見黑暗，他的識沒壞。問一個瞎子，他會把眼識的那個識，轉到耳識的那個識，瞎子耳根最靈了，他聽到誰走的腳步聲，馬上辨別出來。我們說專注一境，無事不辦，你住境是專注一境，不要其他分別。根壞識並沒有壞，要懂得這個意思。

剛才我們說肉眼障礙，所謂障礙者，隔著一張紙，紙外頭什麼都看不見，這就是凡夫，一切眾生。眾生有分別，天人也是眾生，天人報得的天眼通非礙，一切都能看見，他能看見我們人間，但是我們人間看不到天上。鬼有鬼通，鬼能看見我們，我們看不見鬼。鬼是見人就跑的，我們人是怕鬼的，鬼是怕人的。人的火力很強盛，鬼看到人是光明的。我們自己不感覺自己的火力很重的，鬼是陰氣很重的。沒有特殊因緣、沒有冤親關係，他進不到你身旁的。不只人，乃至狐狸，我們講五種仙，黃、狐、白、柳、灰（豆）。並不是所有狐狸都是狐仙，狐有一種就像人間的地仙，他也是人，但是跟人不同，他能見到一切事物，我們見不到他，我們沒有這個通。我們這個肉眼是有障礙的，天人眼是通的，能通到哪裡？只能通到六道之內，六道之外是通不到，是有侷限性的。

法眼照俗諦，叫方便善巧。俗諦不是一切世間相，看一切世間相的理，他從相上看見理。他也能觀一切，是觀有中的法門。爲什麼從智裡開一個慧，慧眼直接觀眞諦的，《金剛經》所講的佛眼是圓明照一切，佛是五眼都具足的，隨眾生緣。佛拿沙子來做比喻，你看見恆河所有沙子，佛說法，常用印度的恆河作比喻，恆河跟中國長江一樣非常的長，經過印度的中心地帶，經過好多省份。所以佛說法，常拿恆河來比。恆河的沙子非常的細，比長江的還細。你看恆河所有沙數，一粒沙就作一個世界。

「如一恆河中所有沙」，恆河有好多沙子？把一粒沙變成一個恆河，這個恆河有好多？這是不可知數。「是諸恆河所有沙數佛世界」，再把恆河的沙，一沙變成一世界，這些沙的佛世界，一佛一個世界，一個佛土，三千大千世界。「如是，寧爲多不？」這麼多的世界，佛世界不是我們這個世界。我們現在這個是小世界，四大部洲的。把這個小世界數成一千個成中千世界，中千世界再數成一千個叫大千世界，三千大千世界，小、中、大叫三千大千世界。

這一世界每個世界所有的國土，多不多呢？一個世界就甚多了，還不包括世界所有的國土。我們一個小洲、一個小世界，有好多國家呢？我們所知道的只是大的國家，還有好多小的國家，大家沒到過。

我們這一個小世界裡有好多的種族，在這一個國土中有好多種語言，到浙江寧波有寧波話，到杭州有杭州話，到溫州有溫州話，到了福建，福建話又非常的多，泉州、福州之間有四種語言。惠安是一種語言，福清又是一種語言，仙游又是一種語言。多種語言就表示風俗習慣，大的是同，小的是不同。臺灣也有好多的民族，一個民族有一個歷史上的生活習慣，種種習氣，「如來悉知」，如來全知道他心裡想什麼。

說了眼又說心，眼睛不能見，是心見，眼睛跟塵得依心來作主持，後面就說心。看見沒有？看是眼，見是心。你分別是心。這些國土裡頭、這些民族、這些地區，每一個人都有好多想法。現在我們這一百四、五十人，一個人就有好多想法，這一百四、五十人好多個想法呢？甚至連自己早上想什麼，晚上想什麼都記不清楚，一天起有好多的妄念。不管好壞，一念都沒停過，不是想這個、就是想那個，這是好多種心。如來都知道，怎麼知道的？

「何以故？如來說諸心，皆爲非心。」爲什麼如來皆知？心不是心，是妄念，妄想雜念。如來知道諸心皆爲非心，他有個眞心，那個心才是眞的，那個心才是心，那個心跟佛無二無別，是心眞如。《華嚴經》叫心眞如、眞如心。最後佛來結論，爲什麼這樣說：「過去心不可得，現在心不可得，未來心不可得。」三心了不可得。

三心不可得的故事很多，德山禪師給《金剛經》作註解叫〈青龍疏鈔〉，挑了自己寫的稿，還沒出書，經過黃龍禪寺的地界，遇見一位賣燒餅的老婆婆，她是黃龍禪寺的歸依弟子。他很餓，想休息一下把擔子放下，請問賣餅的老婆婆，買個點心吧。老婆婆就跟他聊說：「師父，你挑什麼東西？」禪師說：「這是《金剛經》的註解，〈青龍疏鈔〉。」老婆婆就問他：「《金剛經》我不大懂，但是有一句話我記得，『過去心不可得，現在心不可得，未來心不可得』，請問大德你點哪個心呢？」他答不出來，一賭氣把〈青龍疏鈔〉燒了，因爲沒用處。這是三心不可得的故事。

一切法是唯心造的，我們說智慧，剛才問我邪知邪見，什麼叫邪知邪見呢？好多在世間上看，這人眞有智慧，眞了不得，因爲他是邪知邪見、不入理的思惟，相信嗎？我舉個邪知邪見的例子。

以前我在北京有個親戚小孩二十四歲，當時胡同裡有位小姐，他說，有誰能夠用一個字讓她笑，笑完了再用一個字讓她罵你，只許說一個字，這個題目很刁難。

他問我：「老爺子，你天天講經，沒有我大智慧，我一個字讓她笑，再一個字讓她罵我，你有這個本事嗎？」

過一會他說：「我們四人打賭，誰做得到，另外三人就請他說。」

他機靈一動，看那女人帶著一條狗，就過去對狗磕個頭叫：「爸！」大家都笑了，小姐也就笑了。馬上又給那女孩叫「媽！」那女孩氣得要死，就二個字。他說：「我比你講的智慧還要大。」我說：「你這是邪知邪見，不是智慧，是騙吃騙喝的。」

我說換我給你說個字：「佛！」他說：「沒聽說過。」

我說：「佛，明白。」他說：「明白什麼？」

「明白狗就是人，人就是狗。小姐就是狗，狗就是小姐。你懂嗎？」性是一個，心是變化無常的，邪覺觀是世智辯聰。看著很聰明，但是毛病很多，這叫做邪知邪見，社會上邪知邪見的太多了。

在四川，有一位文人劉師亮(1876-1939)，他什麼都不怕，拿生命開玩笑。四川的軍閥死了，大家都送幅對聯，這個軍閥姓劉，他給這位軍閥送個對聯：「劉主席千古，中華民國萬年」。來看的人說，這個幅對聯對不起來，就找劉師亮說：「你這個幅對聯對得起來嗎？『劉主席千古』是五個字，『中華民國萬年』是六個字。」他就說：「是啊！劉主席對不起中華民國！」「劉主席」三個字，「中華民國」四個字。這是世間的邪覺觀，是世智辯聰；有才華，但不是正路，是邪覺觀。

明明很好的修行，佛告訴我們《金剛經》、《彌陀經》、〈普賢行願品〉、〈普門品〉，我們要講經就是這幾部經，像《圓覺經》，〈大智度論〉誰講啊？〈大智度論〉講的很少，〈淨行品〉〈梵行品〉講的更少，〈普賢行願品〉講的就很多。

如果不學〈淨行品〉，就去學〈普賢行願品〉，根本沒法進入，中間還有個〈梵行品〉，〈梵行品〉跟《金剛經》的意思是一樣的，但是文字很少。《般若心經》比《金剛經》少得多，但是《金剛經》的意思，全包括在內。

我們學法的時候第一要正知正見。見非是眼，見不離眼。眼是幫助的，眞正見的是心。見什麼呢？見心。要明心，要心明眼亮。心明了眼睛才亮，心不明，眼睛不亮的。你怎麼能明心？心不明，看人看不清楚，好人、壞人你不知道；好事、壞事你不知道。小聰明是不行的。等到無我了，這個見就是眞正的，不但人無我，還有法無我，到了法無我這個境界相時就都具足，五眼圓明！我們是一眼也沒通，天眼是天人，有人說通了什麼，我說六竅通了，就是一竅不通。

學法者不要有求神通。神是什麼？神是心。神明，天心。佛教講天，天是自然義。有什麼因受什麼果，這是自然的。天心是自然的心，本具足的，是通的、有智慧的。慧性，慧的體是無障礙的，一切都通，通就是無障礙、通達一切。

我們誦《金剛經》，聞到幾句佛法，都是三心了不可得，就是妄想心除不掉，妄心除不掉，三心全在；如果妄心沒有了，三心也就沒有，都通了。腳踏實地的一步一步走，解要圓，不管《華嚴經》、《金剛經》，你都學了。越是越圓的人，走起來越方，大方廣。明理的人他才能方，不明理的人他方不了。究竟的圓理他悟得，他做起來，戒律守得非常清楚。

《華嚴經》詮釋最好的就是清涼國師的〈華嚴疏鈔〉，但是大家看〈華嚴疏鈔〉非常難懂，唯識、法相、四教、五教，一部《華嚴經》什麼都具足。

學《阿含經》是《華嚴經》嗎？是啊。學《阿含經》的人可能不認得《阿含經》是華嚴；學華嚴的人認為《阿含經》就是華嚴，這個道理是圓人受法，無法不圓。因為不圓的人，受什麼法都不會圓，讀華嚴也不圓，依到華嚴義了還有什麼法呢？

清涼國師作〈華嚴疏鈔〉，這位大德眞不得了，福報也很大，身歷九朝為七帝之師，給七個皇帝做老師，有這麼大福報，他怎麼做的？他有十大願：「坐不背法界之經」，他坐著的時候先看看後面有沒有《華嚴經》，有《華嚴經》他不坐。「體不損沙門之表」，從來不抽衣，永遠不離開和尚的表現，這叫行住坐臥四威儀。「舌不味過午之餚」，過了午他就不吃，過午不飲漿，除了清水，有顏色的茶不喝。「足不履尼寺之塵」，他的腳絕不進比丘尼寺院。

他那麼圓融又那麼執著，還是執著一點好給他弟子作表率。行要方、悟解要圓。我們都想成佛，佛的一生怎麼做的？佛弟子，不管比丘、比丘尼、優婆塞、優婆夷四眾都是佛弟子，我們應當看佛怎麼做的？他說些什麼？想些什麼？身口意，體會到三心了不可得。做的時候，一定要守佛的戒制。乃至於不是在戒制上才叫戒，經上就不叫戒了嗎？都是戒，經中含戒，戒中也是經。

佛教我們做的事，經中都說了，教你怎麼做怎麼想，不教你做的你都不要做，佛最後把《金剛經》說完了，「一切有爲法，如夢幻泡影，如露亦如電，應作如是觀。」教你除了這樣想，別的不要想，我們想都沒有想，說都會說如夢幻泡影，你的給我吧，一切法如夢幻泡影。幹什麼呢？修廟！廟是如夢幻泡影。不能反問，一反問就麻煩了，一切法都如是。

我們是修華嚴的，我的老師告訴我開始學華嚴，第一個悟得要遠，心性體會要遠，行起來一定要「方」。我們永遠跟「大」結合到一起，做起來跟「方」結合在一起。「方」是相，相不離性，永遠想到性體，依性而起的相，爾後依著相而起的妙用。「大方廣」就是「體相用」，就是三大，三大是每人都具足的。

因爲佛有法、報、化三身，化身跟人一樣是肉眼的，佛菩薩不是隨便現神通的，也不是裝的。法身佛所做的，現的是眾生相，三十二相是聖跡！印度在文字上都有誇張的手法，十個會說成一百、一億。《華嚴經》就是這麼說的，一到十無窮無盡，十了再從頭一、二、三…又一個十，一百個十個十而已。一千，一百個十，還是十個，所以〈普賢行願品〉一至十，一切數字都不要想，一念三千。

常時這樣觀想，這是在理上。在事上，一個是一個，達到理事無礙，理能顯事、理也能成事；事能顯理，事是表現理的。不然如何見到理？三心也如是。爲什麼說：「過去心不可得，現在心不可得，未來心不可得。」這個大家能照著去做，可以省好多煩惱，隨時都是安定的。過去心已經過去了，不要再往回想。我們的煩惱是想過去的；現在不住了，一下又過去了，一變成過去又沒有了；未來，未來還沒來，你想了半天，沒有。來了不是你想的那麼回事，貪瞋癡，從這裡你可以想的到。

我們在這裡學《金剛經》、講解脫，基本上講完了，我們解脫嗎？領會到《金剛經》意思了嗎？我們能放得下嗎？能看得破嗎？就你現在當前的存在，一般解釋個人存在不同，不管出家、在家都一樣的。出家安口鍋跟在家差不多，不過我們自己沒安鍋，都是人家做好給我們吃，就看你的思想放下放不下？

佛讓我們三心都不可得，還想什麼呢？假使我們能夠照過去，過去沒有了，怎麼追都追不回來。去年的事拿到今年來，辦不到。現在你又長了一歲，不！是少了一歲，我們好多人都是顛倒的，現在七、八十歲該活到一百歲的，快了，未來的日子沒好多，明明是減，說成是增，明明是增的又說成減，增減沒有標準的。

你從這邊想有什麼標準？如果明天要死，今天煩惱大了，很多事情要今天處理完，怎麼處理？如果突然間出車禍撞死，什麼也不想，來不及，顧不得了。有人說出車禍死很不好，我說很痛快，不用顧慮也不用寫遺囑，什麼都沒有，可是誰又願意呢？誰也不願意這樣。遺囑隨時寫，早點寫遺囑。

弘一法師年年寫遺囑，我請他上湛山寺，他也寫遺囑，他口頭上跟我說：「假使我死在半路，你怎麼怎麼處理！」我們想的都是常，修道者佛所說的人生壽命是呼吸之間，這是佛教導的。如果我們都是這種觀念的話，修道的心誠的很，上極樂世界。現在在這裡想成佛，成的到佛嗎？大菩薩是成的到。了生死是了了，假使眞正確定明天就死，什麼都放得下，求也求得成，或許還不死。

如果到要死了，還這麼高興態度，可把業障消了，非上極樂世界不可，當生一定了了生死，了生死就沒煩惱，業障重怕死。我們不要學怕死，要學怕生，有生一定要有死，不生就沒有死。鬼怕投生人怕死，鬼道怕像人一樣的生，什麼都習慣了再去做人就麻煩了，人很難做。人又怕死，鬼又怕做人。天人生到天上去又怕五衰。五衰相現又苦了，業果還沒了，也許下地獄，也許墮鬼道，六道是不一定的。

為什麼要了道？起碼六道輪迴斷了。我們有幾個同學，學大道理，講起來頭頭是道，但是做起來不行。眞正到死的時候，要能看的破、放得下。我們爲什麼修行？爲了死的時候好一點。所謂解脫，自己做得主。我今天不想死，就再多活三天，到自己可以生死自由的時候又如何呢？唐朝五祖戒禪師就生死自由，最後轉成蘇東坡。又如何呢？

要了生死，先無我。無我說得甚深義，要達到般若那個無我，那更深了，法無我、人無我，現在我們要達到人無我，什麼時候別把自己擺進去，見好處就想鑽進去得益，那就糟糕。見到一切供養布施就鑽進去，那好，是求福。說說很容易，學法很難把它理解透徹；說我明白了，根本不明白。理解的力量根本沒透徹，理解力量透徹了就能放下，理解了眞正明白。

大家都是假明白。打開《金剛經》一念很明白，經本一闔不明白，作不了主。經常練習像對著經一樣的，確實能作得主，不被生死轉，這是佛的境界。五眼圓明是佛，我們還在肉眼當中看，分辨是非。分辨是非是識，是你所學的。用佛的教導，看這事跟佛的教導符不符合？這樣子就是我們用肉眼的時候，能以佛眼去觀照。但這個佛眼，可不是像佛一樣的。

《金剛經》三心了不可得，「過去心不可得，現在心不可得，未來心不可得。」天天這樣念、這樣修，遇什麼事都這樣修，這樣可以生去極樂世界嗎？這樣去極樂世界，絕對是上品上生。念佛法門並沒有說念經？好多大乘經典說地藏菩薩，我們知的太少。

《大藏經》說些什麼？跟你相應的法門很多，沒人說你也沒有看，所以要學。學的時候不要給自己設障礙，不要給自己設限；學的時候要好好的學、認眞的學。學到了就做，做多做少就隨個人的意願，還有看自己的力量，不是一學到就做到跟佛一樣，三心了不可得，這是做不到的。雖然做不到，我們知道像這樣做也很好。

須菩提。於意云何。若有人滿三千大千世界七寶。以用布施。是人以是因緣。得福多不。如是世尊。此人以是因緣。得福甚多。須菩提。若福德有實。如來不說得福德多。以福德無故。如來說得福德多。

前面講五眼圓明是佛的智慧圓滿。不是眼睛看，而是心看，心看是智慧圓滿。佛是五眼都具足，那是說智慧圓滿。肉眼、天眼、慧眼、法眼、佛眼，究竟成就，智慧圓滿。這個見不假日月燈三光，圓照一切。光智慧圓滿不行，還要福德，因此跟著就說福德。前面講智慧圓滿，佛果的果德上除了智慧圓滿，還要福德圓滿，這一段經文就是講福德。

我們經常說佛兩足尊，是福足慧足，我們想要成就道業，必須要福慧雙修，法身就具足這些。這都是用比方來形容福德廣大的人。

佛對須菩提說，你怎麼看佛？怎麼認識？怎麼理解？若有人把這個世界上的七寶來作供養，拿這麼多七寶作布施，你這個布施所得的福德，所得的回報多不多呢？須菩提就如實答：當然很多。這是用事上來說的，不是用理上來說。

從事上說，用這麼多的七寶來布施，供養三寶也好，施捨一切眾生也好。在供養佛法僧三寶，在施給一切眾生，把一切眾生當佛看，也是供養三寶。如果你有分別相，沒把眾生當佛看，功德僅限於你的施捨。供養佛、供養三寶，那個福德無量。

常不輕菩薩看一切都是佛看，看一切都是未來諸佛，現在沒成佛。未來諸佛，是心裡的觀想力，拿七寶來作供養，從事相來說，這個人這樣布施所得的福德確實是很多的。須菩提就事相答覆，但是這個還有另一層意義：福德沒有自性，福德是沒有實體，不要在福德上打轉，不要執著福德，若從體上起，從本性而起，這個福德就不可思議。因爲從法無我起的是盡虛空徧法界，我們前面講實體，就是那個意思。

實體是什麼？實體是無體，不是我們這個肉體，有體是不實、虛妄、幻化的。所以佛跟須菩提說：若福德有實，如來不會說福德多。須菩提也體會到這層意思，世尊說福德多，是福德無實故。這個福德是稱性的福德，以三千大千世界這個七寶來布施，他所得的福德是實相的，這樣佛才說福德多，若不是這個意思，佛也不會說福德多。佛是稱性而說的。

因爲這個福德沒有性體、沒有實相。佛所說的得福德多，再多也是有相的，佛是說稱性而起的，跟前面智慧德相圓滿一樣的，這是福德圓滿的象徵。因爲沒有福德，所以得福德多。大家聽這話很詫異，沒得，還說得福德多。稱性的福德，中間加三個字「不執著」，不管大小，沒有能施、沒有所施。

竭盡施也是相，這個相很竭盡，他僅有的東西全部供養竭盡，供養完了什麼都沒有，這個我看見的很多。從西康磕頭禮拜，或者磕三年或者磕四年，一直磕到拉薩，把家裡所有的財富都變成七寶帶上，那裡的土匪知道朝山的人身上有七寶，但沒有哪個土匪去搶，這也是特點。但是他可能牽羊，他磕頭時羊吃草，羊身上都載著很重，帶著藏粑、酥油、茶葉，到達哪個河邊就燒開水，藏粑就吃了，繼續的拜。走到晚上哪裡都可以睡覺，一直拜到拉薩，拜了三年、四年。他穿的皮襖，形容康藏人的皮襖，四季常如舊，夏天是毛朝外，冬天是毛朝裡，夏天很熱翻過來穿，皮是涼的，這皮襖很大，到了晚上包上就睡，雪地也不怕，這叫竭盡施。

佛在世的時候，有位貧女撿了一枚金錢，她把這枚金錢全部買成油，添盛佛燈給供上。在她供佛燈那天，波斯匿王也拉了許多車的油，到祇園精舍供養。第二天燈都熄了，當值的目犍連尊者，神通第一，他要滅燈，所有的燈都滅了，只有貧女供養的燈滅不了，他用神通力來滅怎麼也滅不了，佛就出來說：「這個燈你滅不了。」目犍連尊者問佛因緣，佛說：「這個燈是竭盡施，供完這個燈，她什麼都沒有，連飯吃都沒有、衣服穿也沒有，這叫竭盡施。」供養一百萬、一千萬、一億的不是竭盡的，福德大並不是從數字上來看！每位道友行布施的時候，從心裡、從觀想力，這就不可思議，那個力量就非常大。

佛跟須菩提說，福德沒有實體的，稱性而發的福德！竭盡施就是盡其所有，這是最難的。心裡沒有貪念，也沒有執著，也沒求得個什麼。

我們常情的心，執著有福德相。這一觀，福德沒得！沒得，還有什麼福德呢？供養了沒得，還有什麼福德呢？這是不著相布施。不著相什麼都沒得，自己沒得，受、施都沒得，也沒有中間所施的東西，大小長短多少都沒有。怎麼理解呢？這是稱性而起的功德。

稱性而起的功德，功德還歸於自性，還歸於體。每位菩薩行菩薩道的時候說沒福德，假使說有福德，不叫菩薩。

福德有沒有？我們說的是物質供養，度好多人成道的功德有沒有？大家思考一下。當你勸好多人信佛時，有想到我勸人信佛有好多功德嗎？有這思想嗎？我看好多道友沒有這個思想。這是不執著的相，是無我。無我的意思就是解脫，解脫了才能無我。你把「我」擺進去，那就有我，有我就不叫解脫，什麼都如是。

當你人生當中經歷最痛苦的時候，你觀想那個苦、觀想那個受。你理解生病，誰在受？能受的是什麼？所謂受的又是什麼？過去受過沒有？我給人家受過沒有？你這麼一轉移，當時你受的就輕了，轉移目標了。

當你最苦的時候，離開苦的境界，另外想個好境界，想最快樂、想手舞足蹈的時候，把當前痛苦就忘了。

爲什麼在你痛苦當中、在煩惱中要念佛？一者是靠佛力加持，二者是你的心，跟佛所說的教法相合，跟佛的心相合。當時情境不轉就轉了，起碼減輕痛苦，讓你能夠忍受。歌利大王在割截身體時，爲什麼佛沒有痛苦？這是給我們作例子。當我們最痛苦的時候，你試試看，問題雖然完全解決不到，但是大體上你能忍受。

你明明沒看見也沒聽見，非要你違心之談，非要你說不可，給你種種痛苦。這個時候給你轉移，不能打妄語、不能隨便說、不能害人，自己受痛苦沒有關係。然後再念著佛的經咒，這一轉移，不說完全沒痛苦，輕的多了，能忍受。不是說滿眾生願嗎？這個願不能滿，因爲會害了別人。

滿眾生的善願，千萬不要滿眾生的惡願，不能理解錯了。福德也是這樣子。在你思量、估計的時候，福德有好大小。你說福德沒有，是稱性的，在你思量估計當中沒有，你這個福德是眞正的大，這是稱性的福德。

如果你供養一塊錢，能無我相、無人相、無眾生相、無壽者相，眞正做到三輪體空，這一塊錢比一億塊錢功德還大！這是無著相的布施，三輪體空的布施供養。

須菩提。於意云何。佛可以具足色身見不。不也世尊。如來不應以具足色身見。何以故。如來說具足色身。即非具足色身。是名具足色身。須菩提。於意云何。如來可以具足諸相見不。不也世尊。如來不應以具足諸相見。何以故。如來說諸相具足。即非具足。是名諸相具足。

上二段經文，佛講福德智慧，因爲福德智慧是從身上說的。能具足福德智慧的是什麼？是身。什麼身？是這肉體的身嗎？肉體身是不會具足，而是實報莊嚴身。再說深了，三輪體空一切都不執著，是法性身。

見是具足色身見，這是指三十二相說的，你是以佛的三十二相見？這是以化身說的。須菩提很懂得，他說：「不也，世尊！」我不是這樣見的，對佛不應以色身見。

爲什麼這樣說？「何以故？如來說具足色身，即非具足色身，是名具足色身。」如來說具足色身是現身的化身，是假的。即非具足色身，是眞身，是法身，是名具足色身。我這說的不是眞也不是假，非眞非假、非虛非實，中道義是法身義，即是具足色身、具足法身，也具足報身。

每逢三疊句，最後是不著眞假二邊，隨緣。每逢般若義三疊句說的，都作這樣理解，觀想的時候要這樣觀想。佛經上爲什麼要講三身呢？三身各個手印都不同，說盧舍那佛的很少，只有《梵網經》說盧舍那佛。法身是毘盧遮那，毘盧遮那是光明徧照，跟無量壽佛的放光明徧照是同一個涵義。光明徧照，還分毘盧遮那佛？阿彌陀佛嗎？光明徧照沒有分別，大家應該這樣理解。

又說「幻化空身即法身」，我們眾生的幻化空身，跟諸佛所示現的幻化空身不同，就是法身，幻化身虛妄的，眞空身是法身，法身徧一切處。這段經文是福德智慧都圓滿，佛是兩足尊。福德智慧都圓滿這個佛身，法、報、化三身一體。

我們禮釋迦牟尼佛是禮釋迦牟尼佛的法身佛，現的是化身佛，化身佛也就是佛的全體法身佛、報身佛的顯現，也就是自己。但是想到佛的三身一體，沒想到自己現在這個執著的肉體也如是。一個微塵、一草一木，「黃花翠竹無非般若」，連黃花或是一根竹子都是般若義，看你悟不悟！悟者，一切都是般若義；不悟者，就是說佛、說法、說僧，說什麼都不是般若義，這是要參的。

金剛經第十堂課　竟

第十一堂課

做一切事不被一切事束縛

這段經文是說福德。福德跟智慧相結合起來，福德圓滿了、智慧圓滿了，福慧都圓滿了，福慧兩足尊。這裡說「福德無故」，在福德上你不去執著，沒有福德相可得，也沒有修福德的心可得。如果你有個修福德的心，這個福德就不大了，而且有侷限性。形容我們要做一件有利益別人的事，心裡頭不要認為這個對人有幫助，沒有這個心也沒有一個幫助別人的心，只是做一件事而已。不希望人家感恩也不希望人家報答，這是不著相的福德。因為不著相的福德，那就是普偏義，稱性而起的福德。只要你一執著，福德就不大，執著就是有相的。

這部《金剛經》不只不著福德，還掃除你的一切執著，讓你心裡無罣礙、空空淨淨的，做一切事不被一切事束縛、不被一切事牽罣。

前面講「過去心不可得，現在心不可得，未來心不可得」，三心了不可得。心不住相，相隨心轉，心能轉相，相即無相。心能轉境就跟佛無異，心被境轉，那就是眾生。你在作福德或是做一件好事，不爲這個好事所轉，作即無作。作即無作並不是不做，而是做了不去執著，這就叫作無作而做，做的時候不執著於相。因此我們理解到，諸佛菩薩度眾生的時候，他沒有執著，做過之後也沒個影子，也沒留個思想度了哪個眾生，沒有這個意念。

那就考驗我們！在日常生活當中做個好事，包括供養三寶都在內，供養三寶當然有功德，但你一留戀一執著，供養的效果不大，你不執著去做，那功德福德就大了。這段意思是你已證得法身的智慧，法身的智慧就是福德、智慧兩俱圓滿，若是中間有執著有罣礙，就圓滿不了。

佛跟須菩提說：「須菩提！於意云何？佛可以具足色身見不？不也，世尊！如來不應以具足色身見。何以故？如來說具足色身，即非具足色身，是名具足色身。」前面拿智慧福德作例子，現在拿身作例子，我們說福德住於身，如果有身的話，福德也有相，智慧也有相。身、相不可得！因爲是佛的身，一個化身、一個報身、一個法身，佛一說身就說三身。

福德就是智慧、福德兩者俱圓滿，就是佛說的果德上所具足，福德智慧

十一 做一切事不被一切事束縛

都具足表現在佛的化身上，法身都是平等，沒有德相、沒有妙用，只是具足而已。普通一個人都具足人相，但是人跟人可不同，昨天我們講到有什麼不同呢？福德智慧不同，我們有自己的福德智慧，但是我們的福德智慧跟佛不能相比，人跟人之間還是有比較的。人有千差萬別，人的等級沒辦法分。

平等是說法身，是現實生活當中這個色身，絕對平等不了，人經常有這種思想，心裡不平，爲什麼他這麼好？我這麼不好？你就研究研究，他那麼好是他過去種的因緣，現在因成熟了，果報還自受，要有這種觀念。雖然我們都是人，做的事不同，有的人做的不是人事，有的人作菩薩的事、有的人作聖人的事、有的人作賢人的事。有的雖然是人身，作畜生事，那就根本不是人。今生所受是過去生所作，今生所作的未來生就要受。在受的時候，心裡頭別不接受。

以自作自受的觀點角度來看一切問題都平等，每個人都是自己作自己受，在自作自受上有什麼不平等？人家幸福，前生修來的，你不幸福，前生作的害人事太多了。有沒有遭冤枉的呢？這個世界上冤枉的人很多，前生是不是也給他人作冤枉了呢？當然是有。如果你這樣想，心裡就會平復，過去做的現在挽回不了，現在可以不做了，這個可以做得到。做錯的事情，現在受了今生還了。如果這樣想，心平理得，什麼苦都能受得。什麼不如意、什麼煩惱，自己作的怨誰呢？現在不做就可以了。

佛教講一切法最基本的，不離開因果律，佛之所以成佛，那是多生累劫修因所修得的，不是憑空來的。有的人一生壽命長，什麼苦難也沒有、什麼波折也沒有，那是人家修的。你要是羨慕的話也如是修，來生也如是。不要因爲現在困難、窮，想過好日子，得從正道上發展。佛教導我們，不要妄語、不要說假話。

好多經營貿易的道友問我：「不說假話，生意怎麼做？」我說：「我看好多人不說假話，還是能做生意的！」非要說假話嗎？那是遮蓋。假話就是欺騙，你欺騙人家，人家也會欺騙你，大家都起來欺騙，這世界就是欺騙過日子，這樣能好嗎？一切法都如是。

如果說深了，般若義，如果我們看破了、放下了，這個跟我不相干。我自己空了，不就證得了。你得到了不執著，得無所得，那就眞正空義了。最初是放下看破，但是我得了不得，放下看破要這樣來理解。

我們學佛的人什麼都不執著、無相、無作，什麼都不執著的時候，這個因就種下了，所得的果就看破了，證得的是無上正等正覺。有一行做對了，這一行發展也得到世間一切的供養。

我們看歷史人物，關雲長關聖帝君，他過世一千多年，死後還受人們尊敬。我在西藏拉薩看到有座關帝廟，覺得很奇怪，他沒有到過西藏，那些西藏人對關聖帝君恭維得不得了，關聖帝君廟跟大昭寺差不多，好多人禮拜。我在西藏聽到一個故事，關公塑像的馬，身上流的汗水一道一道，我說爲什麼不給抹一抹？他們說不抹，留作歷史紀念。

辛亥革命時，滿清派了二個欽差大臣，從四川調來幾千兵，西藏人想把這些兵全都殺了，關聖帝君顯聖，塑像上的馬渾身是汗。西藏人就怕了，本來是欽差大人修的像，因爲有這個故事，西藏人後來年年給修，這是顯聖。還有在四川，從德陽到綿陽路上，白馬寺的馬也經常顯聖，泥馬會出一身汗。

像這種事跡在我們學佛的人看，怎麼樣來理解？你想求護持，求護法神護持你，誠則靈。我剛才說的目的是，關聖帝君，忠孝節義他佔了一個字「義」。對朋友、對任何人都講義氣，就連對曹操都講義氣，大家都知道關公在華容道把曹操放了，寧願自己去受死，寧犯軍令把曹操放了。類似這種事，一個人一生注重一個字都可以。

從我們佛教徒看，這是生死循環，關聖帝君還是一個神，但是他護持智者大師，他把龍潭讓出來變個大蟒，我們說是土龍。智者大師修了廟，他是護法，這樣成了護法伽藍，有他的位置。

廟裡經常有供關聖帝君，怎麼來的？是從智者大師那時開始。聽起來是神話，事實上是有的。我們好多道友想求神通，實際上是有的。神者是自己的心，通是自己智慧德行的性。心通了，你所做的事通了，一切無障礙。功德圓滿了，肉體不障了，因爲他是化身。化身就是報身，我們不是化身，而是業報，過去善惡業所積聚的感身體的果。佛有化身是功德積聚的，不是業報。佛的化身跟我們的身都是肉身，完全不一樣。一般地說化身、報身、法身，還有大化，《梵網經》講大化、小化。我們看見釋迦牟尼佛是小化，是三十二相，佛的報身盧舍那是千萬相，寶相無量光明也無量。這是由什麼得來的？是感得來的。不能以色身見如來，我們不以色身見如來要怎麼見如來呢？反觀觀自性、觀無相法，修行次第是這樣來的。

佛的具足色身是指現在肉體說的，這是小化說的。非具足色身就是佛的法身。既不執著化身也不執著法身，那就隨緣！法報和合，這是報身，這個才是中道義。不著有、不著空；不執於有也不執於空。佛所說的這個空，二乘人也有般若義，他證得的空是一樣的，空性沒有差別的，我們現在具足的空性跟佛的空性無二的，不過他不圓滿，有無不能夠結合在一起，要走中間路線。我們說的中間路線不是社會上說的中間路線，而是中道義，我們經常講中道義是空，以爲空就不度眾生了；但也不偏有，偏有就是凡夫了。中道就是菩薩，就是佛。因爲如來說具足色身即非具足色身，這樣才叫具足色身。一個隨緣，一個不變。

我們經常講「性空、緣起」，因緣起才顯性空，沒有性空說緣起作什麼呢？說緣起的時候，反應的效果就是性空，相對法。說大一定有小，說小一定有大，一切相都沒有了，還有什麼大小呢？大的標準是什麼？根據什麼說大？根據這個是人，還有其他非人，那個不是人這個是人，如果沒有非人說人作什麼？人也不立了。這道理很簡單，說女人，因爲有男人，如果都是男性，不說女人了。到了梵天以後，沒有男女了。到了極樂世界，沒有男女，沒有男人、女人的涵義是這樣。我說這個不見得合理，但是事實上生活當中就是這樣。越是越深的法，用現前所處的生活環境來認識，這樣你就理解。理解了你就進入，進入就沒有障礙了。問題是我們不認識，認識之後就害不到你了，也不被它所轉。

一切色相的相，你要想得就跟我們前面說的福德一樣，有個福德可得，這個福德就不大了。有個色相就被色相局住了，什麼神通都失掉了。我們被這個色身局住了，什麼神通都沒有了。

一天都是我、我所有，我所有，有五十一個心所，這些都是虛妄的。我們經常講，佛是不斷、不常、不一、不異，要這樣來理解佛。所以說他無相，無相所以化什麼身都可以，自在。

「須菩提！於意云何？如來可以具足諸相見不？不也，世尊！如來不應以具足諸相見。何以故？如來說諸相具足，即非具足，是名諸相具足。」具足諸相是成就諸相的意思，是佛的自體成就，不假他緣。在唯識講是圓成實性，自體成就。

佛跟須菩提說，你要理解這個意思，「不可以具足相見如來」，因為如來所說的具足相是無爲的、是無相的，不從色相上來看。這樣來說諸相，這樣來認識佛的相，具足色身，色身是三十二，還有八十相好，這個諸相是三十二相好說的。不但沒有色身，三十二相好也沒有，佛的報身八萬四千相也沒有。爲什麼這樣說？爲了眾生。眾生是以三十二相得度的，所以現化身，《地藏經》上說，地藏菩薩最初是看見如來相好才發心，具足萬行如來，你這麼好的相怎麼得的？那是多生累劫救度一切苦眾生，才能得到這個相。

救度苦眾生跟所有感的相，是一個？還是二個？救度苦眾生是幫助別人，救苦眾生是一件事，怎麼跟相好有關係？救苦眾生所感的果報而得的相好，一個眾生從相好的希望，希望也證得、希望自己也有相好，照著佛學吧！佛怎麼得的相好，具足諸相見。見是你的認知，不應該用你的見來認知佛的諸相。

什麼緣故呢？諸相具足了，實際上沒有，即非具足。若見眾相空相即見如來，如來所說的諸相具足即非具足，這樣才名具足。也有這樣講：如來說的相在性上是沒有的，在隨緣利益眾生是有的，利益眾生既無眾生相也無諸佛相。能利者無相，所利者也無相，這個無相跟即非具足的具足相更深一步，不著二邊的意思。佛又向須菩提說：

須菩提。汝勿謂如來作是念。我當有所說法。莫作是念。何以故。若人言。如來有所說法。即爲謗佛。不能解我所說故。須菩提。說法者。無法可說。是名說法。爾時。慧命須菩提白佛言。世尊。頗有衆生。於未來世。聞說是法。生信心不。佛言。須菩提。彼非衆生。非不衆生。何以故。須菩提。衆生衆生者。如來說非衆生。是名衆生。

前段說「知我說法，如筏諭者，法尚應捨，何況非法。」這個地方說無法可說，若認爲如來有所說法，那是謗毀佛。說法無法可說，佛說法說了四十九年是無法可說嗎？他要你認識，說即無說、無說而說。遣、立，遣是遣妄的，立是立眞的。眞要隨妄的緣利益眾生，這個意思你要反覆思惟，不要從佛的身上想，從自己身上想。我的身體究竟是有或是沒有？「我」是主宰義，我們對我們身體能作個什麼主？每位想想我們能作個什麼主？是不是你的？是我的，不是別人的。你想要他不生病，辦不到。

我們想改一個錯誤，不說假話，辦不到。自己有主宰義，你可以不說，順口就說假話。口業，說妄語、說假話只是一個，還有惡口、兩舌，這個我們佛弟子比較注意不會犯。

綺語犯的最多，你說這個話既不符合事也不符合理，對人家沒有什麼利益，對自己也沒有什麼好處，就是綺語。就像我們畫花邊或是織錦緞，綺語是自己編造，讓大家很高興，但是有什麼意義呢？有什麼幫助呢？這類話說的非常多，幾個人聊起天來拌起閑話、坐茶館，散心雜話，這就是綺語。妄言、綺語、兩舌、惡口，大家想想我們能記得好多？不犯的很少。不僅我們在家二眾，出家二眾也如是。

我們能作主的，你還是作不了主，進一步說人家腦殼上長的嘴巴，說什麼跟你有什麼關係？你認爲他污衊我，你爲了這個尋仇、報復。他說他的閑話，你把他看破放下。我們經常爲這個生出一切的禍，禍從口出就是這個涵義。把這些看破放下，佛說的種種目的就是不要我們去執著貪戀。

在生活當中所遇見的，是我們無量劫來所具足習慣染成的。一、二歲的小孩就會說瞎話，誰教的？還沒等你教他就會了，這是前生帶來的。哭是表示沒辦法。你看小孩發脾氣一、兩歲，如果他媽媽給他餵奶，不對他的意，他就哭了，或者擺起來不吃，這樣的小孩有嗎？這是前生帶來的惡習，若要想改身口意，就一個口業要想改起來，很困難。

我從小生在東北，有個口頭語，是善言？還是惡言？反正這話是不大好聽，十六歲時看別的地方都沒說，想改正這一句話都很不容易。四川人講「龜兒子」是罵人誰都知道，他可不認為這是罵人，他說的是口頭語。惡習難改，何況我們把一切法觀成無相，很難。佛明明說了四十九年法，又說沒有說法。從事相講，佛明明說了又說沒說，是不是打妄語？我們做一件事說我沒做啊！對嗎？如果這樣理解佛是打妄語的，佛絕對不妄語，佛說，這是遣除。不要認爲佛說了法，就執著有個法。這是我從佛那裡聽來的法！我是沒有了，法可是眞的，這叫法我執。法裡頭還是遣有個我，叫法我，像我們肉體是諸法和合而成的，你把它看破了、放下了，不是我們這麼說說就能看破、放下。

講是要你明白這個道理、明白這個事，我們講《金剛經》告訴你修，怎麼修呢？你先試試看，觀想無我，觀到無我，或是靜坐的時候發生點效果，遇到什麼事可以排遣，能夠不煩惱，看見什麼事可以看見它的體、看它的實質、看它的目的，一看想的目的都沒有，那是空想，根本達不到，到了最後，還是究竟沒有。這種觀想人人要修。

想想你人生的過程，來是怎麼來的？什麼也沒有，連一件遮羞的衣服也沒有。走的時候，一燒化成灰什麼也沒有。去看乾隆、西太后的墓棺，裡頭只是幾塊白骨頭，裝飾品早就被人拿走了。但是誰又能放得下呢？佛弟子也都明白、承認、認可，但是遇到事的時候，煩惱想不想呢？還煩惱嗎？就不煩惱了。越深的道理一步一步遣除，對佛所說的法也如是。

佛說法的目的是讓你去做，你做了，那個法沒有保留的必要，之所以還保留是爲了未來的眾生還不去做，法存在的必要是爲未來眾生。

還有我們雖然是知道了，還得再學，知道了還沒證得，知道了是從理上理解，理解的深淺不同。理解的淺，用不上，必須理解的深，身體力行。根據佛的智慧福德圓滿之後，佛的色身、諸相，把佛所說的色身諸相說完了，說佛所說的法，一步一步、一層一層，不說凡夫，不說九界眾生，單指佛所說的，佛的色身、佛的諸相，佛所說的法，是佛的知見！佛的知見對著凡夫的知見，對著一切九界眾生的知見，九界眾生的知見沒有了，佛的知見也沒有了。

佛所說的經就是佛的法身所在，經典所在即是佛所在。釋迦牟尼佛也沒入滅、過去七佛也沒入滅，乃至五十三佛都沒入滅，因爲他的法在，法就是全部的法身。從法開悟了，心開意解，離開法了，心開意解。

禪宗專從意上理解，沒有文字相也沒有語言相，「心行處滅，言語道斷」，是這樣入的。佛親自說法，我們都沒有聽見，佛所說的法，是從印度記錄下來翻成中文，我們從這裡學個入處，這已經隔了好幾層，跟親自聞到還是不同，只能意會，從思想的觀照去會，不要懷疑。

有一位道友是中國佛學院第一期生，他說：「老法師，佛都沒說法，你在說什麼？」我說的是描繪佛所說的。佛說什麼都沒說，不是跟你說的，而是跟證得的須菩提、大阿羅漢說的。

我說，你一天都在想回社會做事情，在中國佛學院混張文憑。那時候中國佛學院是其他大學沒考上，就到中國佛學院來，給他剃頭，他說：「不要，我是來住大學的。」我說：「這個大學得剃了頭才能住的，不剃頭你住不成。」沒辦法剃了頭，最初是住著五十個學生，畢業時剩十幾個，畢業後出來又還俗了幾個，所剩無幾，因爲是從社會招來的。

現在的佛學院是從寺廟、自己發心來的。因地不眞，果招迂曲，因地的時候不是眞的，果上就彎彎曲曲，證不到果。我們學佛也信佛，我們發的心，因心，是不是眞的信佛？要不然成佛很困難。

佛說這個是對著什麼人說的？《金剛經》始終都是轉小向大，人家都了了生死，我們要拿金剛般若智來了生死，不但了變異生死，還了分段生死，這要假功夫，不假功夫了不了。

佛說法是不讓你在法上起執著。我們好多道友天天讀誦般若，讀誦《金剛經》，讀多了，你執著沒有？今天叫你「無我相、無人相、無眾生相、無壽者相」，告訴你修行方法，須菩提請求的，佛給他答覆：怎麼住心？怎麼降伏心？沒有我相、人相、眾生相、壽者相，是這樣來降伏你的心，降伏到什麼相也沒有了，那就無住心。無相生心，阿羅漢在這個過程起修很容易。

我們現在得先了生死、了見思惑，眼耳鼻舌身意一天到晚攀緣，得先把那個放下。直接進入般若義，可以！但要先發大心，不但把那個放下，把法執也放下，不執著法、不執著法的相，悟得法的義。讀經的時候、看經的時候，深入看佛這話是什麼意思，不是念念文字就可以進入。

最初念的時候不熟悉，念久了，或者念上萬遍，《金剛經》你可能都記得了，但是那些話是叫你看破都放下，放不下了。就拿我說，每天都誦《金剛經》，現在要我不誦，說都是假的，我還是放不下，還是要誦，假的當眞的說。你說是假的，我當是眞的，眞眞假假、虛虛實實。

眞正證得，那不要了，還沒證得，還放不下，還在這裡求得福德、還想在這裡求得智慧，書本裡沒智慧給你，懂得嗎？離開文字相，你得修啊！修止修觀才能達到般若義，學《占察經》也是這樣，二種觀道、一實境界，每部經都如是。目的是達到實相般若、達到究竟，在過程當中一步一步斷。

第一先不要有煩惱。例如住的房子不好，一心想賺錢買房。或者是租的，一心想買個屬於自己的房。有個道友學佛好多年，賺錢買了房，後來子女大了離開他，老伴又死了，就他一個人。那房又失火燒了，無著無路，這種情況下有個朋友是和尚，他跟著和尚出家。

他遇見我，告訴我說：「老法師，我很苦啊！」他跟我講這個過程。我說：「你很幸福。」他問：「爲什麼？」我講：「什麼都沒有了，就剩你一個人，你一個人也放下，那什麼苦都沒有了。一點一點去的很清淨，不是很幸福嗎？你別認爲一個人孤獨，一個人無牽無罣，別再想，過去沒有了。」說是這麼說，放不下！我們當中現在有想出家的，因爲家庭阻礙做不到，但是有些人不是這樣看法。

我在北京法源寺的時候，有一位老道友，在那時候還俗了，賺了幾間房。後來又許可出家，他又出家了，幾間房租著或者空著。有一次在大街上走，看見一個老太太帶著小孫子要飯很苦，他動起大悲心勸老太太跟著他去看門房，讓小孫子跟他出家，二人生活就安定了。老太太說：「要飯已經夠倒霉的，還跟你出家當和尚！」

你怎麼理解？她不懂，她認爲出家是最苦的，斷子絕孫，什麼都沒有。從她的眼光看，要飯已經夠苦的，還去當和尚，比叫化子還苦；我們看是人天師表，用我們煩惱心來看，完全走樣了。

這是佛跟須菩提說的，人我執破了，還有法我執，法我執還有塵沙無明，還有根本無明，成佛那麼容易的？但是業障重的兩極分化，快樂的永遠快樂，痛苦的永遠痛苦。爲什麼？越苦的越造業，你勸他修點福，千里萬里挑不到一個。最可憐的，千萬莫生起瞋恨心；但是越可憐的，思想越怪。

中國古話：「可憐之人必可恨。」你看他現在可憐，他可恨的地方可多了，這種事很多的。在廈門南普陀寺門口，有位兩腿被人打斷的，就用兩手爬。我經常看見他，叫他念佛，他瞪我一眼，不理我。我叫他念佛菩薩，要也能多要一點。他說：「眞的嗎？」我說：「念了，要也能多要一點。」

他的思想很壞，有車來他故意爬到那裡，車子不敢壓他，壓他是人命。他用身體作阻礙，他那時候還這麼壞。前年我回去，他讓人偷偷打死了。像他這種案件沒人告，可憐之人必可恨。要是行菩薩道的人，這種心理可以嗎？佛菩薩就度他這種人。

現在造成社會上不安的人物就是壞人，我們把壞人都度了，這社會不就好了嗎？不要用武力去打，用感化的，慢慢感化不就好了嗎？如果說我的力量比你大，把你消滅掉，永遠消滅不了的，你一消滅，他又來了，找到你，永遠給你纏住，冤家路窄。你說別遇到，地球再大，冤家總是跟你在一塊，離也離不開，這叫怨憎會苦。

法的深處，你從淺處講，懂得這個道理了，不看佛經也沒有關係。古來大德不看佛經，但是他一心觀照，沒離開佛也沒離開法，不執著佛也不執著法，他開悟明道之後，還得利益眾生。

利益眾生拿什麼去利益呢？不依著佛的教導去利益嗎？能把知見拿給布施給人家嗎？佛所說的這個法，讓你不要去執著，法是好的，執著是不好的；法我執不要，懂得這個意思就能進入了。

須菩提在這個時候聽出門道，聽出什麼門道呢？他說，法沒有了，那你證得的阿耨多羅三藐三菩提不是也沒有了嗎？所以他就問：

須菩提白佛言。世尊。佛得阿耨多羅三藐三菩提為無所得耶。佛言。如是如是。須菩提。我於阿耨多羅三藐三菩提。乃至無有少法可得。是名阿耨多羅三藐三菩提。

那就什麼也沒得。本來這個問題須菩提已經解決了，以下是「方便道」，也可以說跟我們示範的，前面已經解決這個問題，這又重複說。

「佛言：如是！如是！」你說的很對！我本來什麼也沒得。本來是問號的，佛將就著問：「你說得對，如是！如是！佛得阿耨多羅三藐三菩提就是無所得。」「須菩提！我於阿耨多羅三藐三菩提，乃至無有少法可得」，一丁點法都沒有可得。

前面認爲還有法可說，這執著是不對的。須菩提就說：「那你得的無上正等正覺也沒有？」佛說：「如是！如是！」就是沒有。既然說到法，一切都叫法，阿耨多羅三藐三菩提也叫法，不但凡夫法沒有、二乘法沒有、菩薩法沒有、佛所說的一切佛法，乃至於阿耨多羅三藐三菩提法都沒有。

所以佛說：我對於無上正等正覺的法，乃至一點點，無有少法可得。無所得故，是名阿耨多羅三藐三菩提。有所得，不叫阿耨多羅三藐三菩提，無所得才叫阿耨多羅三藐三菩提。

大家好好意會一下，這是眞正的得。無所得，得不得呢？無所得的得才是眞正的得。得個什麼呢？得個無所得。這個要參的。若隨著文字，那就落入斷滅，什麼都沒有就斷滅了，不是這個意思。這個法是什麼樣子呢？沒有形相的，佛又舉個例子。

復次。須菩提。是法平等。無有高下。是名阿耨多羅三藐三菩提。以無我無人無衆生無壽者。修一切善法。即得阿耨多羅三藐三菩提。須菩提。所言善法者。如來說即非善法。是名善法。

「須菩提！是法平等，無有高下。」「是法」，是指法性。每個人具足無形無相，因爲無我無人無法，一切都無有的，那個無所得，你得了，得到什麼呢？得到無所得。

「無我、無人、無眾生、無壽者，修一切善法，即得阿耨多羅三藐三菩提。」隨順眞如，不違背眞如。既然無法可得，阿耨多羅三藐三菩提都沒有，還要修什麼一切善法！不修一切善法，達不到無所得。

你達不到平等的法身。是法平等無有高下，說的是佛性的本體，實相的本體，般若的眞諦，既不是阿耨多羅三藐三菩提，也不是六道眾生，都不是的。但是隨順，讓一切眾生都能達到無所得境地，要修一切善法才能得到阿耨多羅三藐三菩提；得到了阿耨多羅三藐三菩提也沒有阿耨多羅三藐三菩提可得，也沒有一個法叫阿耨多羅三藐三菩提。

佛說這個法很明顯的，要你一切不要執著，一切不要罣礙，沒有罣礙了，心地清淨還有什麼恐怖的呢？還有怕這個、怕那個呢？什麼都沒有了。《心經》上這樣說，菩提薩埵度眾生就是這樣做的，而後證得阿耨多羅三藐三菩提也是無所得。

《心經》後面的那幾句咒語就是這個意思。「揭諦揭諦，波羅揭諦，波羅僧揭諦，菩提薩婆訶。」因爲達到了無我無人無眾生無壽者，可不是斷滅，所以緊跟著說修一切善法，得到一個無所得的阿耨多羅三藐三菩提，還是說得。須菩提已經證得，但是佛怕末法一切眾生斷滅，佛又說修一切善法，又遣這個。

「須菩提！所言善法者。如來說即非善法，是名善法。」我所說的善法是什麼樣子呢？隨說隨遣除，怕你執著，叫你不執著，目的是這個。

這個到了什麼境界呢？智慧圓滿，佛都圓滿了，法身也圓滿了，法身佛的智慧福德所感召的果德。這個果德，像是讚歎阿彌陀佛的無邊身、無量身、光明身、長壽佛的長壽身。我們說「毗盧遮那」就是「光明徧照」，也是光明的意思，都如是。

佛所說的法是法音，是微妙的。微妙的意思是說，本來沒說又說了，說了還是沒說。這個猜不到或者想不到的，很微妙的。不是凡夫所能想到，也不是二乘人能想到，也不是菩薩所能想到，唯佛與佛乃能了知。

究竟有證無證呢？有證。證得什麼呢？證得無得，這無得還得假修證功夫。我們的無得是得不到、求不得的得，求了得不到。我們現在對於發財很重視，都想有錢，幸虧沒有錢。爲什麼？有錢造的業更大，五欲境界造的業更大，幸虧沒有。但是沒有就想求。求得，得不到；不求，不求而得是無得。他不想得，不是不得，而是得了之後不執著。說財主，財主都變成財奴，財主是能主財，主就是把它用掉；財奴是給財用掉。

我在北京遇到一個剛信佛的，他是辦事員。我說：「辦事員是事辦員，是你辦事，還是事辦你？」好多問題顛倒一下，一天爲事情把你辦的昏頭昏腦，最後得個什麼呢？世間的語言文字都含有禪意，如果你會理解、會悟得，隨時可以開悟的；你不理解隨著它轉了，隨著轉叫迷。悟了，你不隨它轉，你能轉它叫悟。這個看來好像很簡單，但是行起來可不是這麼簡單。對任何事情，我們轉它，不給它當奴才，要給它當主人，你要指揮事，不讓事擾得你昏頭轉腦，大部分眾生都是事情指揮你，包括我們修行人也如是。

我們佛教弟子給人作佛事，叫趕經懺。他說：「我知道趕經懺是不對的。」我說：「怎麼不對呢？」他說人家輕視，我說：「人家輕視你不管他，自己感覺對不對？例如人家今天雇你念部《地藏經》，念《地藏經》對不對呢？」他想想念經是對的。我說：「對啊！你怎麼說不對？」他想了半天答覆不出來。

為什麼叫「趕」呢？大陸也好、香港也好，趕到這個道場來、趕早班，趕到那個道場去中班，到那個道場趕個晚班，一天趕下來三千多港幣，攢了很久再貸款買個房子，買個房子再開個小道場。有小道場可以用作佛事，不用再趕經懺了。問題在講價錢、定價錢，那就當成買賣了，念經拜懺就變成交易，成商品交易，當然就不對了。

誦經念佛有什麼不對？人家不給錢就不念，這就不對了。趕經懺是誰給錢雇我就給念，給人家念的不是自己念的。如果給錢我也如是念，不給錢也如是念，那就不叫趕經懺，那叫依教奉行，就變成修行。

一切事物就看你怎麼用心。用心用錯了，做的好事變成壞事，心是主導；做的事情本來是壞事，但是你的心是好事。殺人絕對是壞事，但菩薩會去殺人，爲什麼他去殺人？爲了要救度好人，所以去殺這個壞人。當制止不了、控制不住，唯有把他殺掉，讓他不去造惡，對他有好處，對別人也有好處。

有人跟我辯論這個問題，有人綁了肉身炸彈，這一炸傷了好多人，菩薩就想辦法消滅他，而且菩薩消滅他時，還是要還他的報。對他有什麼好處呢？他殺了那麼多人要還報的。菩薩把他殺了，阻止他別造這個業，又救了他想殺害的那些人，同時對他的未來也有好處，跟菩薩結了因緣。

大家念過文殊師利大願就知道了，我把你殺了，你跟我結緣，你會找我報復，正好我可以度你，你找我報復，我就度了你，這種循環就叫「善用其心」。

今天我們講這一段的經文，《華嚴經》〈淨行品〉，智首菩薩請問，文殊師利菩薩就給他答了。〈淨行品〉說了很多日常生活裡的修行，乃至於學法，就是「善用其心」。發的是好心，殺人是壞事，發好心做壞事。

在文化大革命的時候，好多佛弟子去拉佛像。拉佛像是壞事，下地獄不知道什麼時候才能出來，非常長。在家不信佛的人問我，我說：「這個是好事。」共產黨聽了很高興，說：「老法師，你說這是好事。」我說：「我想的跟你想的不同。」他說怎麼想的？我說：「拉了佛像要受報的，但是他拉佛像，跟佛結緣了，佛還是要度他的。說不定，佛度他比我們還在前。」

他問爲什麼？我說：「他跟佛結緣了。」從另一個角度說是這樣看法。有些人看《大般涅槃經》魔王波旬這樣說，他看佛將要涅槃，說：「這下該我魔世界，你得讓位給我。」佛說：「佛法常在。」他說：「我會叫我魔子、魔孫破壞你佛法！」

他說了種種方法，佛都不認可，說你破壞不了。魔王想來想去就說：「你涅槃之後，隔了幾百年之後，正法完了，我讓我的魔子、魔孫都變成你的弟子，穿你的衣服，做你的事，但是不修行，破壞你的佛法。」佛就嘆息說：這是眾生的業。但是這個我有我的看法，我認爲魔王波旬的魔子魔孫到佛門來破壞佛法，穿和尚衣服、吃和尚飯，也像和尚一樣念經，但是他已經種下種子，經過多少劫罪業消滅完了，他這個善根又成熟了，還是變成佛子。

我說我們都是魔子、魔孫來的，好多生活起居都是魔事，不要認為自己很了不得，業障很重就是魔事很多。現在所作的，大家想想是佛法嗎？是覺悟的方法嗎？不是的。終歸佛所說的教義，像阿伽陀藥喝下去，永遠不會消失。肉體消失了，法的義理永遠不會消失，等成熟的時候自然就來了。

金剛經第十一堂課　竟

第十二堂課

從方便達到究竟

須菩提。若三千大千世界中。所有諸須彌山王。如是等七寶聚。有人持用布施。若人以此般若波羅蜜經。乃至四句偈等。受持讀誦。爲他人說。於前福德。百分不及一。百千萬億分。乃至算數譬諭所不能及。

這段經文是校量功德。前面是用「般若道」來比較，這段經文是用「方便道」來比較的，「般若道」和「方便道」是按經的意思順序，在行方便的時候，從方便才能達到究竟，做任何事物都有善巧方便。「般若道」是根本，「方便道」是趣向的意思。方便是可以用種種的譬喻、方式，或是經的教理、日常生活都可以啓示。

但是在「般若道」就不行，講的是「言語道斷，心行處滅」。《金剛經》一直是離相、絕緣，「方便道」、「般若道」講了很多，「方便道」看的是重覆，實際上是方便又給你說一遍怎麼樣進入。以前我們在法身的道理上講所說的般若德是果德上所證得的，「方便道」是在因地當中，修因的時候，也是比較功德的。

你聞到《金剛般若波羅蜜經》的功德，比用世間所有七寶供養的功德都要大得多。前面「般若道」講了很多次。前面是有人他所布施的東西，金銀財寶像三千大千世界須彌山那麼多，不若以般若的涵義向人家說四句《金剛經》上的法義。

僅僅念《金剛經》的四句偈，「若以色見我，以音聲求我，是人行邪道，不能見如來。」這個偈子也可以；或者「一切有爲法，如夢幻泡影，如露亦如電，應作如是觀。」這個偈子也可以；隨便舉個經文上的例子給人說明都可以。

有好多道友以《心經》道理講，有人這樣問我：「按照《心經》，一切有爲法是空的，說是生滅的，算不算《金剛經》的意思呢？」我說：「看你當時怎麼用心？」這話在其他經也說有，在《阿含經》也說有，但自己是以般若義來向人說的，《心經》也是《金剛經》；如果你以一切經典都是《金剛經》，用這個觀念去跟人說也是般若義，看說者的用心。既然是以這種會得般若義，還有什麼較量功德呢？沒有功德可比了。人都願意求福田，願意得福德，願意得七寶，得了這些之後，把自己最心愛的布施，功德很大了。

但是這是世間法，福德相有盡的。隨便說幾句《金剛經》偈子，那是出世間法，是般若的空義，是無盡的，無形無相的。無形無相量是大了，福德功德也是大了；有形有相的量是侷限，若以《金剛般若波羅蜜經》的偈子向人說，福德更大些。

佛說這個意思是推崇般若義的福德智慧，不是想求福德嗎？那你就用《金剛經》跟人說就好了，比什麼福德都大。《金剛經》特別反覆說布施的功德，因爲怕你落斷空，佛的目的是怕你落入斷空，斷空就不好救了，莫落於斷滅之見，懂得這個涵義就行了。

須菩提。於意云何。汝等勿謂如來作是念。我當度衆生。須菩提。莫作是念。何以故。實無有衆生如來度者。若有衆生如來度者。如來則有我人

衆生壽者。須菩提。如來說有我者。即非有我。而凡夫之人。以爲有我。須菩提。凡夫者。如來說即非凡夫。是名凡夫。

這個意思跟前面沒有什麼出入。有出入者，這裡是約化身佛說的，前面是約法身佛說的。

以前大德是這樣分，實際上法是體，體必須起用；用就是化，化不離體。化身一定不離開法身，法身的大用就是化身，體相用三者是不分的。這裡的當機衆是須菩提，千二百五十衆都是證得阿羅漢果的，也旁及一切衆生。現在我們學《金剛經》，沒有這個智慧，我執都還在的，因此在「方便道」著重顯示化身佛所度衆生的事業，後文又說度即無度，不要這麼執著強去分別。

我們看釋迦牟尼佛從兜率天降生人間，乃至於學外道、出家、八相成道，全是度衆生。有一類衆生在相上當中就能得度了。佛所示現的一舉一動都是爲了衆生而示現的，因此度了很多的衆生，這個數字也不用統計。因爲經上告訴我們，度就是沒有度。度衆生不見衆生相，有什麼數字可言呢？但是度眾生的層次，因緣不同、對機不同而顯示的法就不同了。

佛先問須菩提說：你怎麼想的？是不是看見如來在度眾生？不要這樣想，更不要這樣說，依如來所說法也好、示相也好都是在度眾生。

前面說你怎麼想的？你看我現生在人間，度脫苦難當中的眾生，我示現八相成道，從兜率天降生人間，那是關心眾生苦。

從般若義上講，眾生有苦嗎？苦有性嗎？這是隨順世間，我們現在講的是緣起，不是根本的般若道義。示現八相是有，所度眾生，眾生有苦難，若這樣想，佛是實有的，眾生是實有的，這是不合般若義。換句話說，你若這樣想是錯誤的。

「若以色見我，以音聲求我，是人行邪道，不能見如來。」佛沒有這樣想。佛對須菩提說，實在沒有眾生可度，根本也沒有眾生相可得，也沒有眾生如來可度，這是方便顯空。前面是離相離言，這是假方便來進入空。但是進入空了之後，又怕你落入斷滅之見，「方便道」目的只有一個，讓眾生進入實相、進入般若的實體。

因為如來已經覺悟諸法一切法體實性，他見到一切眾生，見他的性體，不見他的妄相，相沒有相，見到眾生的實際性體，眾生的相是如幻如夢如泡如影。所以教他的弟子，乃至於信他的、照佛的指示去做的，都應當這樣認為。

反過來說，我們是不是也這樣認為呢？我們認為這個是「我」，因為認為「我」，問題就多了。有了「我」，就有「我所」，在日常生活當中，假的妄執當成眞的眞我，以妄為眞。

《金剛經》不管是「方便道」也好、「般若道」也好，都是破除我執、法執。在《金剛經》裡頭般若義的破除不同，說的時候先破法執為主，法執破了，我執就沒有了。

這些參加法會的大眾破了我執，因此說法的語氣跟其他的經略有不同，對的機不同。在我們凡夫，怕這邊破了、那邊執著起來。有破了，他執著空，空比有還厲害，他作了斷見，斷見什麼也不求了，還求功德嗎？什麼都沒有了他求什麼？什麼也不求。所以斷見比執著有，更厲害一些。

須菩提。於意云何。可以三十二相觀如來不。須菩提言。如是如是以三十二相觀如來。佛言。須菩提。若以三十二相觀如來者。轉輪聖王。即

是如來。須菩提白佛言。世尊。如我解佛所說義。不應以三十二相觀如來。爾時。世尊而說偈言。

若以色見我　以音聲求我

是人行邪道　不能見如來

須菩提！你怎麼想的？眾生不是實有的，佛所現身的三十二相是不是實有的？你是不是這樣看法？以佛的三十二相八十種好來看佛？來認識佛？

須菩提把這句話當成平常的問話，他就答：「如是！如是！我是以三十二相觀如來。」

前面「般若道」不是這樣答的，「方便道」變過來了，「如是！如是！我是以三十二相觀如來的」。佛就跟他說：須菩提！你若是以三十二相觀如來，轉輪聖王都是如來。轉輪聖王也是三十二相，還沒說到天上，像是梵天、大梵天、帝釋天、六天天主都是非常莊嚴的，人間的轉輪聖王也是三十二相。

「世尊！如我解佛所說義，不應以三十二相觀如來。」世尊，我不會以三十二相觀如來的。我是隨緣答的，依自己所證得的觀想，不是以三十二相觀如來的。

「爾時，世尊而說偈言：若以色見我，以音聲求我，是人行邪道，不能見如來。」這個偈子我們都記得很熟，隨時這樣觀。連佛、菩薩都如是觀，一切眾生也都如是觀，不要以音聲、以形相、以色相來見。

假使用到日常生活當中，看任何人不以色相見他，要見他實體的性。不以他的音聲來聽他說的話，要聽他音聲的性。如果你這樣做，沒有我、沒有他、沒有我的法，也沒有一切眾生的法。無我相也無法相，不以音聲求也不以色相求。若是以音聲求、色相求不是正知正見，是邪知邪見，那就是無明了。我們說的邪跟正，在《金剛經》上得要特殊觀照一下。

我們經常說的外道，或者是覺觀不正確的。以色見、以音聲見，在我們常人說，這是正確的。你觀一個人相貌，像我們認識張三、李四的相，看人同相的很少，乃至雙胞胎都有不同，總有不同點存在。爲什麼？因爲內裡含著的心性是妄的，色相虛妄的差別太大了，眞的就沒有差別了。

我們見不到眞，見到的都是妄的。把這個說成是行邪道，大家恐怕不能理解，若以音聲見、以色相見不能見如來，豈止如來，平常我們互相之間說話，你理解錯我的意思。你看著我的相、聽著我的聲，理解錯我的意思，跟這個說的是一樣的意思。

不用講的太深，先講淺的。你教育兒女為他好，但兒女不這麼認爲，因爲你管教他太嚴，你對他要求太高，跟這個一樣都是虛妄法。把這個用到日常生活當中去，怎麼樣教育孩子？怎麼樣孝敬父母？怎麼對待朋友？不行邪見，我們以正知正見來見怎麼對待？不以色相見，要見他的性，這個性不是法身的法性。他愛好什麼、喜歡什麼，要隨著他的性情慢慢的試探，別扭轉的太快，扭轉的太快，反而走到極端，你把這意思多方理會。換句話說，不要看他的行爲，要看他的體性。

只要我們佛門弟子對待三寶，特別是對待一切僧眾，你知道這個人、你也看見過他、聽說過他，他做了很多的壞事！但是他是佛的弟子，披著袈裟的，你見他的相，你尊重的是佛，不是尊重他。不說三寶過的原因在這裡。

日常生活當中不再向人看，他是佛門弟子，看在佛的份上，我對他還是恭敬的。我恭敬的不是他，也不是他的行爲，我恭敬他本具的性體。把佛教導的用到日常生活當中，不要在色相中看別人，也不用音聲看別人。別人罵你、侮辱你，你當另一種意境才忍受得了，要這樣來行。

不以色相見、不以音聲求才是正道，你這樣理解又錯了。以色相求以音聲求行邪道，不以色相求、不以音聲求，行不行呢？比丘、比丘尼不能跟異性同居，那不是求色相嗎？太執著了。無所謂，跟什麼人都沒有關係，那行嗎？這必須善於觀察，看你怎麼用心。

我在靈隱寺講《金剛經》，有居士問我問題。因爲以前濟公在靈隱寺住，濟公吃狗肉喝燒酒，但是可沒住進廟裡，飛來峰洞外有個石床，濟顚和尚在那裡睡的。他不遵守僧制，大家卻都讚歎濟公、罵廣亮。這位道友問我：「哪個對？」我說：「廣亮對的。」他說：「那濟公就錯了。」

我說：「當然錯了，他違反僧制。如果每位和尚都在廟裡喝燒酒，居士早罵了，你也不會來廟裡作供養。每位和尚都喝燒酒、吃狗肉，這可以嗎？他行方便權巧，他可以做，別人做就不行了。」

他說：「濟公上妓女院去也可以嗎？」我說：「怎麼不可以！你知道濟

公上妓女院怎麼說的？」去度人。濟公叫蘇北山陪他去妓女院，那裡有一位妓女尹春香受難，可能跟他多生有緣去度她。但是你到妓女院，思想是怎麼想的，那就不同了。

濟公到妓女院爲什麼要找蘇北山？是濟公的歸依弟子，杭州的大富長者，濟公沒錢，他救她得把她買出來，一句話，蘇北山就把她買出來。濟公還給她作首詩：「快快解開香羅帶，贈與貧僧捆破鞋。」濟公的草鞋爛了，你把帶子給我，我要把鞋捆起來。

聖人所行的，這叫逆行，不能拿這個作例子。如果我們以色見、以音聲求，怎麼理解？這位師父在禮拜作懺悔的時候，不要以色相見，因爲這都是行邪道，能這樣說嗎？《金剛經》說「若以色見我，以音聲求我，是人行邪道，不能見如來。」你只理解一半，還有另一半，佛的法身徧一切處，這個相就是全部法身，隨便拈一枝花都是法身，法性理體。這是悟的方面，凡夫與聖人是不同的。

這裡當機眾都是阿羅漢，叫他們把法執捨了，目的在這裡。你若取半邊不行的，你要取全面。我們以戒爲主，戒的名字就叫「別解脫戒」，每一條戒都是叫你解脫不是束縛的。戒是解脫，防非止惡；非防了，惡就止住了。惡止住，那就是善了。

以色見我，以音聲求我，往往落到錯誤的一邊，特別是學習《金剛經》的道友要注意。不是偏於有，就是偏於無，那就誤了。誤了就落斷見，執著有就是常見。

爲什麼到後面的經文都是三疊句呢？「相即非相，是名相」、「色身即非色身，是名色身。」每一個都這麼說，佛說話讓你逮不到，哪方面執著都不要，哪方面執著都是錯，全面就對了。

學法正知正見，難就難在這裡，凡夫一知半解，沒有看全面，單指一句話說，這是不行的。佛的語言，但有言說，都無實義。不要言說上執著、不要色相上執著、不要音聲上執著，一執著就是行邪道，行邪道不能成菩提。因爲邪道不是正道，不是菩提道，這個意思大家在日常生活中多多體會。

須菩提。汝若作是念。如來不以具足相故得阿耨多羅三藐三菩提。須菩提。莫作是念。如來不以具足相故。得阿耨多羅三藐三菩提。須菩提。

汝若作是念。發阿耨多羅三藐三菩提心者。說諸法斷滅。莫作是念。何以故。發阿耨多羅三藐三菩提心者。於法不說斷滅相。

佛這麼一說，你就想，佛原來是不以具足相見的，也不以語言音聲求的，這樣就可以得阿耨多羅三藐三菩提，得無上正等正覺。

佛又說：你若這樣想，不以色相見、不以音聲求，一切都沒有了，那是斷滅之見。說諸法斷滅，什麼都沒有，那不是空嗎？斷滅的那個空不是我們講的般若義，而是頑空，什麼也沒有。

「何以故！」爲什麼這樣說呢？凡是發阿耨多羅三藐三菩提心的人，發大心的菩薩，在法上不說斷滅。法是不執著而已，斷滅之見是落於空無、落於沒因果的狀態。有沒有因果呢？因果是有，沒因果還行嗎？沒因果，大家都去作惡了。有什麼因必定有什麼果。發菩提心就是因，證得究竟菩提就是果。發菩提心、修菩提道，這是因，證得滅是菩提果；做的一切壞事是因，受的苦就是苦果。沒有受的因，當然不受苦果，有了因必定要受苦果。

有沒有苦果？你感覺到很苦，這個覺是眞的？還是假的？是眞的，沒有；是假的，都有。因爲你眞不了，就受。受的時候就苦了。眞，你眞不了，妄，你也除不了，苦是沒有性的。這種道理要反覆思考，既不落於斷也不落於常，這裡爭議非常多，各有各的看法、各有各的知見、各有各的悟解。

經常說大乘佛教是圓頓教，學法華、學華嚴，特別是學法華四教的道友們。我在湛山寺學四教，講到〈授記品〉，給我們都授記了，我們都是佛，是嗎？理上是不錯，都授記了，一切眾生都可以成佛，實際上如何？這種諍論很多，有諍論就是辯論，對不對呢？

永嘉大師〈證道歌〉有幾句話，「圓頓教無人情，有疑不決直須諍」，辯論之後就出眞智慧，「不是山僧逞人我」，不是人我之見來諍，也不是爲這個法來諍，因爲在你行的當中，「修行恐落斷常坑」。在修行，如果不諍論，在做的時候不是落於斷，就是落於常，總走不到中道。我們總是說，行於中道很難。圓教的知見很難，「圓人受法，無法不圓」。

拿圓教義講，《心經》「色即是空，空即是色」，色是空的，無我。空也就是色。《心經》大家都會背，「色不異空，空不異色；色即是空，空即是色。受想行識，亦復如是。」

五蘊色法都如是，這四句話有沒有矛盾？「色不異空」，見色就是見空，見空也就是見色，圓融的。色，你知道是空的，空是成就色的。這四句話有沒有矛盾呢？見到色就見到色的性，見到空理。見到空理，要靠色去顯，沒空怎麼顯呢？這是度一切眾生。

佛在這裡怕眾生落於斷、落於常，落於斷見什麼也不要去修，什麼也不要做了。禪宗說我們佛學院，每天都在故紙中鑽，永遠也鑽不出來。禪宗說你一天都在念經、讀經，在故紙堆裡去鑽。這種說法是錯誤的。你坐著，如果沒有觀照力，如何觀照自己的性體？你坐在那裡做什麼呢？想什麼？當糾正你錯誤的時候，佛一定再說回來，不會斷章取義，說半截。

我們現在讀《金剛經》，看這部經、讀這部經，談那麼大的功德、那麼大的福德。以禪宗的人看、見性的人看，「不要色相見，不要音聲求」，語言文字都要離開，這是一方面。另一方面，你念《金剛經》四句偈，乃至向人說四句偈，這個功德沒法比，都沒有他的功德大。

你看佛說話好像沒有標準，是沒有標準，但看對什麼人說什麼話。你執著有的時候，佛當然跟你說空，你本來是斷見，佛跟你說空，那不是成就你是對的？要這樣的來理解。這叫善於學法。

經文是遣執的，有什麼執著就給你遣除。是遣除知見，不是遣除體性的正知正見。你若執著有福德智慧，還得繼續去修。如果是斷見，那就不容易了。凡是落於斷見的，那就非常危險。

依我的看法，凡是落於斷見的，那就非常危險，不聽也不學了，一切都是假的、空的。但是你罵他二句，他不空了，他跟你吵；你打他，他跟你對打。他不空了。

「方便道」，最怕落於邪知邪見，學空義的時候懶惰成性，精進不起來；懈怠是不用學的、也不用誰勸，什麼都不做誰都願意。但是這個空不是什麼也不做，而是做的圓滿了，修行成就了，是那樣的空，不是什麼也不做就證得般若義。《心經》上說：「觀自在菩薩，行深般若波羅蜜多時，照見五蘊皆空」。特別是「照」字，照見的五蘊皆空，不是你想的五蘊皆空。觀照！觀照！我們經常說的觀照，觀淺照深了。光照的能量，光大了，照的面積就大；光小了，照的面積就小，光大了，黑暗就沒有了。

我跟航空人員建議，航空照明的光亮再大十倍、千倍，路就照通了，絕不會看不清航空路線，他說：「那要好多錢？辦不到。」光照的面積小，心光照的面積大，照到法界，這是從性體上發光。爲什麼稱阿彌陀佛爲無量光、無邊光？就是這個涵義。從十萬億佛土照到我們娑婆世界，光大不大？太陽不行，太陽只照到四部洲，一把它遮上就照不出來了，但是心光、智慧光什麼也遮不住。

懂得「照」義來觀一切法的時候，觀一切法無我。佛這個化身，現在我想見釋迦牟尼佛，他的肉體在嗎？他的肉體是色相，沒了。肉體沒了，相是化身，這個相還有。每個人當你死之後，相片還有，相片是你的化身，不是這個涵義嗎？沒有人見到相片說，這個是眞人的，絕對不是，誰都懂得這個道理。但是我們見到化身，見不到法身，要把它當成眞的。這是要自己參的。

佛所說的法、所說的道理，得自己去親證，你證了才是眞的。眞的是什麼意思呢？你就在享受了。怎麼樣享受的呢？你若能「不以色見，不以音聲求」，人家罵你也好、侮辱你也好，你的色身痛苦，有嗎？誰在受？這個身體根本不是我，我不在受！在受的時候，你走了。你不願意走開，你有沒有神通？你的心修成了，通達無障礙。在日常生活中經常這樣想，不但對佛也對自己肉體想「無我」。人家罵你，你忍受了，也沒個能忍受的我、也沒個所罵的人、也沒有罵的法。哪個法是罵人的？如果你這樣觀想，我與他乃至於罵的語言都沒有，你也不煩惱了，你還煩惱嗎？這個鍛鍊久了，你可證得無生法忍，一切成就了。

這個說起來，幾句話就說完了，做起來多少劫都做不成。當你身受病苦的時候，遇到一切災難、化解不了的時候，你把《金剛經》的話想一想，雖然不能完全消失，但你能忍受的下去。最初的時候難了，練習久了就自然了。我們過去生活的惡習也是這樣的。回憶我小孩時候看見飛車走壁，看見騎著自行車就在那兒轉，我就想為什麼那樣轉轉轉？一停就不行，必須越快越好，這是慣力。

小孩學算術，爲什麼一個加一個就是二個？我問老師爲什麼一個加一個就是二個？他不答覆我，我就想從古以來就是這樣習慣的慣力，沒有研究對不對。好多的事加個問號，問爲什麼？加個問號自己去研究，一切事物都是這樣的。到另一個環境上不是這個慣力，生疏了，就完全不知道了。語言、行動、生活習慣，你所習慣的已成了慣力，到那完全沒有了。

你要想生極樂世界，先練習適應極樂世界的生活，你適應的了嗎？我說你適應不了。怎麼說呢？極樂世界誰也不惹你，你想行布施，布施給誰呢？極樂世界什麼都有，不用你發愁。每個蓮華裡頭都有座樓閣，自然蓋好的，不用找木匠也不用找裝修。你有好大的福德，這蓮華座裡頭金臺就有好大，你得先適應那個環境。你在娑婆世界要吃辣的、鹹的，極樂世界沒有，你到那裡生活起居都得適應。經上說，你念「阿彌陀佛」，阿彌陀佛加持你就能適應。條件是你現在就得念，把娑婆世界放下。

我到美國去，就把大陸那些想法放下，那個國土制度不是我們這個國土，生活習慣不同的。我們這裡過馬路橫穿，反正汽車不敢壓我，我走我的路。那可不行，人走路有專門走路的線不能越過，這種很簡單的事，你必須得熟悉。

我們學經的時候也如是。我們所看的文字、生活習慣跟佛所教導的不相同，讓你無我，我們以我爲主，突然說沒我了，糟糕，沒有我怎麼活著？不是這樣的，要你放下。就是放不下！放下就自在了。手上拿著東西，這個不放下，那個東西怎麼拿得起來？很簡單，要了生死，先把生死放下，放下不就了了。要不受苦，把苦放下就好，誰要你受的？自己要受的，但你又放不下。看來好像很簡單，實際上很不容易明了。

我們往往把經看的很高深，看的是須菩提在學，不是我在學；佛跟須菩提說，佛沒跟我說。那學有什麼用處？你學，聽了有什麼用處？經常這樣思惟、觀想。爲什麼佛教導我們「不要以色見，不要以音聲求」？不說色、音聲，舌頭的功能就是吃東西、辨別味道而已。食物下去喉嚨底下沒有了，誰也不辨別了，在舌頭上辨別味。有些舌頭特別厲害，多辣的都不怕；有些不能沾，一沾辣的就出汗。

每個六根的動作，你都可以研究。舌根有，識壞了就不知道味道，辣也不感覺辣，苦也不感覺苦。有人專愛吃苦瓜，這是生活習慣，慣性使你這樣。因爲我們執著「我」，執著習慣了突然要他放下，那不是一天、二天，也不是一生、二生，而是無量生的。突然要他放下就是放不下，放下不就是成了嗎！不說成就深奧的了生死，起碼自在一點。

你也可以從世間生活的動作相觀想。北方人生在寒帶，現在北方零下二十度，紐約也大雪，這裡這麼好天氣，你說南方人怕冷還是北方人怕冷？

南方近熱帶，北方近寒帶，北方人應該不怕冷吧？北方人有保溫設備，我們小時候冬天不出屋，門關上屋子裡燒著火炕住上半年。一到南方來，南方沒有保溫設備，冷的受不了，南方人習慣了還是穿的很單薄，這就是慣力。

悟道者看見眾生爲什麼這麼忍受苦？慣力！他就是要這樣做。再說監獄的故事，監獄住慣了，我還沒出去他已經進出三次，出去又回來，出去又回來。爲什麼？小偷犯罪，放出去沒幾天又犯了，他在外面照樣偷，偷了又抓進來。我問他爲什麼要偷人家的？他說：「這東西本來我也不想要，但我又想偷它。」我說：「爲什麼？」他說：「我不偷，心裡癢得很。看見東西不到我手上，睡不著覺。偷到以後我把它丟到茅房裡去。」他害人不利己，偷人家心愛的東西丟掉，自己也不要。不偷人家東西他手癢，習慣了。這也是慣力。還有，愛佔人家便宜，拿一點油、一點鹽就是愛佔人家便宜，這也是慣力。

我執的「我」也是慣力，無量劫來就是這樣。現在學了佛，突然間要他放下，怎麼放得下呢？必須得經過好多的磨練才能放得下。我執很難的，「我」放下了，好多問題起碼解決一半。在別人苦的不得了，你受起來就很愉快了。愉快有什麼好處呢？在苦上你不執著。換句話說，在苦難當中，你能度過去；黑暗度過去，光明就來了。這話對我們修道者、學道者很用得上。把般若義學會了，光明自然就來了，那是智慧光明。現在什麼都不知道是因爲沒有智慧；等學得有智慧了，黑暗就度過去了。

每個人都有經過這個事，在生活當中、很困難當中，你度過去了才知道什麼叫痛苦、什麼叫幸福。在臺灣，不論信佛不信佛的，還沒體會到痛苦的滋味。你說現在很苦。苦什麼苦？你看燈節放了好多鞭炮，一天玩得好快樂。苦嗎？放鞭炮把房子著了火就苦了，苦了就別放，但還是照樣放。

你看他是苦，他還認爲是快樂，沒有標準的，一切法都沒有標準的。學了佛，佛給你定了標準，不要執著。

這段經文是讓你一切都不要執著。二邊都放下，有也放下、空也放下。既不執著有也不執著空，怎麼進行？「般若道」是怎麼樣子？「方便道」是怎麼運用？幫助別人怎麼幫助？自己修行是怎樣進入？很簡單就是這樣。

須菩提。若菩薩以滿恆河沙等世界七寶。持用布施。若復有人知一切法無我。得成於忍。此菩薩勝前菩薩所得功德。何以故。須菩提。以諸菩

薩不受福德故。須菩提白佛言。世尊。云何菩薩不受福德。須菩提。菩薩所作福德。不應貪著。是故說不受福德。

假使有人發了菩提心，要行大菩薩道，要救度一切眾生。眾生都愛錢，在生活當中有了錢什麼事都辦好了，房子、吃喝玩樂什麼都有，沒有錢什麼都做不成。以錢財說，臺幣、人民幣、美金、鑽石、寶物，可以解決好多人的生活，七寶還是有用處的。

聽說要打仗，金子馬上就貴起來，金子是寶貝，大家都知道。這是一個例子。要是有人行菩薩道，有恆河沙數那麼多的七寶施給眾生。恆河沙數七寶，言其大數，恆河沙怎麼數的清？有那麼多的七寶；世界有那麼多的世界，世界都變成七寶了。把那七寶拿來做什麼呢？布施給眾生、利益給眾生。用這麼多的七寶布施給眾生，布施的物質非常多。布施的物質多了，在我們常情說，多了得的福德大，少了得的福德少，這是我們的說法。佛經上不是這樣說法的，看你的用心。物少你的心量大，物多你的心量小，那也不同。這是指大菩薩，大菩薩行菩薩道的時候。哪來這麼多的七寶利益眾生？

這是一位菩薩。

另一位菩薩知道「一切法無我，得成於忍」。「忍」字就代表法，另一個人是知道一切法，一切相也好、一切法也好，無我。但是他承認，得成於忍，認可了、成就了。這二者的功德誰大？我們就拿這個次第來說，須菩提得成於忍了，法無我。另一個菩薩領會般若的空義，人無我、法無我、一切法也無我、一切事物也無我、也無法。哪一個功德最大？因為證得般若義，照得的是空理，照見這些都是假的、空的。

《心經》上說「照見五蘊皆空」，色受想行識全是空的。般若義是光明的，光明就是智慧的，而智慧就是知道一切法都不去執著它，對一切法無著，不執著它。般若義的空是無執著的。

理解這種道理，「得成於忍」跟「一切法無我，得成於忍」，二者都是「得成於忍」，前面那個是我沒有的，認可、承認我是沒有的。一切法無我，不但承認無我，也無法，我、法二字都沒有。忍，一個是承認，一個是隨順。認可、忍受，受的意思就是隨順。因此說「得成於忍」，這位菩薩的福德，他得成於忍了，他對福德怎麼認識的？他沒有執著、沒有貪戀了。所以佛說一切菩薩作了很多的福德，他不執著。所以說做了一切好事，沒得功德。佛是這樣說的。須菩提一聽到說，拿這麼多恆河沙七寶來布施沒得福德，他很不理解。

「云何」就是這個意思。佛就跟他說：「菩薩所作福德，不應貪著」，不貪著，隨順世法，有；若是依據出世間法，沒有。菩薩見的娑婆世界和我們見的娑婆世界不同，我們見的是五濁惡世，佛這個娑婆世界其實是實報莊嚴土，實報莊嚴土就是華藏世界。

這段經義是說：不要在福德上做點好事，就執著得不得了，如果你不執著，這個福德非常的大、非常的偏；如果你一執著非常的偈、非常的小。而且菩薩在做福德的時候，如果有個福德相，所作的功德還有福德相，那不叫菩薩了。

這只是說布施，我們做任何事，乃至於禪定、乃至於精進，用功的老修行一天二十四小時都在用功，他有個精進相嗎？沒有。他非這樣做不可。和尚都在念經，在家人沒在念經，和尚會說我比你們高的很，都在念經！沒有這個想法。當事情做的熟練久了，自然的運作，初期的時候會有計較的。

我做的好事，大家全看到，做個善事點一個點，做個惡事點一個點。這裡有沒有計較？最初剛下手的時候，用這個來考驗善多還是惡多，等做到最後，善也不存在、惡也不存在。意思是叫你一切法不執著，不執著並不是沒有功德。在般若義上講還講什麼功德呢？講什麼罪業嗎？

隨順眞如而修建的眞心，一切法、萬法都不存在、消失了，妄立了，眞就不顯。現在我們是妄立眞不顯，我們的眞心不認識，眞就隱了。如果眞現了，妄就消失沒有了，根本就沒有。過去歷代祖師這種情況非常的多，一開悟了，一「明心」了，但是「明心」並不是成就。我們在最初學習的階段，學習完能夠降伏你的心，叫「伏心」。「伏心」之後才到「明心」，才能見性。降伏的時間非常長，讓你「伏心」、「明心」，這是很長的距離，到「究竟心」，那更長了。

一切事物，初發心最難，「初發心時成正覺，如是二心初心難」。最初發心進入佛門，發心修道，乃至於究竟成佛，這二個心哪一個難啊？初發心難。發了心漸漸一定能成，經過時間而已。連心都沒發，成就是沒有的。

「若以色見我，以音聲求我，是人行邪道，不能見如來。」若不以色見我，不以音聲求又如何呢？那個人是不是行正道？我們自己想想。現在我們是行邪道，佛指示我們把它翻過來，見什麼都不去分別它，不執著、放下，漸漸這樣去做，順理的去做，磨練久了自然就有用處了。這個不是靠語言、也不是靠聽，主要是靠自己的心。

我們經常昏亂，一用功就昏沉，一用功散亂心就來了。好多道友這樣問：「我一念經，雜念就出來。」我說：「不念經呢？」答：「不念經，沒什麼感覺。」我說：「不念經的時候，全部都是散亂，不認識什麼叫做散亂。因爲你念經的時候是二個，不是一個。你這個心要想念經，它又出來妄想，好像跟你唱反，這個念完了一個念又來。正因爲你念經才能發現這個，不念經你能發現這個妄嗎？」

學了佛，才知道不做害人、害畜生的事，或是不做對人沒有利益的事，我們知道這是不對，問心有愧，心裡有個懺悔心，佛教授我們不能這樣做。沒信佛的人有這個心嗎？很多道友在讀經的時候，不要管散亂心或者昏沉，照樣讀你的，昏沉時提醒一下就是了。

一般人念書，頭懸梁、錐刺股，這是求功名富貴。你念佛經是求了生死，無量劫的罪在這裡斷了，你發個勇猛心，自己修對治法。一次、二次、三次、十次、一百次、二百次，自然就消失了，這樣念起經來也不昏沉也不掉舉。這兩個毛病消滅了，念得精進。念完了，想經叫我做什麼，我就照著去做。做不到，就一點點去做，這樣就進入了。如果你始終不念，什麼也沒有。

金剛經第十二堂課　竟

第十三堂課

說即無說

須菩提。若有人言。如來若來若去若坐若臥。是人不解我所說義。何以故。如來者。無所從來。亦無所去。故名如來。

這個前面講過，不過文字上略有不同。在解釋「般若道」的時候，是般若的空義，來去之相是妄不是真。「如」是什麼？「如」是不動，不動就是般若的本體。「來」就是「方便道」，般若方便善巧利益眾生。「如」就是每個道友本來具足的佛性，「來」就是用。

但是這個用跟「如」，解釋不到一體的，是妄。如來是真，用即是動，動即是用。在緬甸、泰國最近出現一個動中禪，動中的禪定。我們把它移到生活當中，我們的自性沒動，每個人的動作不一樣的，各有各的動。有人把它解釋回來，動即無動，本性沒有動的。

如果理解如來的意思，再來看佛，看佛有行、住、坐、臥四威儀的示相，這示相是屬於「來」。本來如如不動，爲利益眾生示現方便而示現的，從經文中，看佛行、住、坐、臥，四威儀就是佛，這個理解是錯誤的。要理解佛所說的「如來者，無所從來，亦無所去」，佛沒有涅槃，沒有降生，也沒有八相成道，這是解釋如來義。

每位道友如果今天誦《金剛經》也好，誦《彌陀經》也好，誦的非常相應，這一天都在歡喜當中，絕對沒有煩惱；如果誦的不相應，這一天都在煩惱，把經上的意義忘了。

我們每位道友都是四眾弟子，要依著佛的教導，觀照我們的行、住、坐、臥、語、默、動、靜，那就叫作「如法」。看著是做一切事，心裡沒動沒離開三寶。如果你用思惟觀照，初步的觀照「觀」，讓你「觀」的靜止了，再讓你慧照之後而進入定，就體會到動，你並沒有動。

怎麼承認呢？我跟大家說過，在睡覺當中忽然夢驚了，做了一些事又睡覺了，根本不知道夜間還起來做事，那就是動和靜，鬧中取靜。我經常思惟那一句話「風聲、雨聲、鐘磬聲，聲聲自在」，風聲、雨聲，刮風下雨也好，每個聲音都是自在的，再加上佛教的鐘磬聲，每個聲音你聽著都很舒服的，心裡沒煩惱，任何的聲音都不干擾。

有位老修行者在水邊樹林習定，小鳥的聲音使他煩惱的很，他說：「我要變隻餓鷹，把你們都吃掉。」發個惡願，就變隻餓鷹了。如果他的心能夠靜下來，變成聽小鳥美妙的唱歌聲音！這是自己的意念不同，看見的行、住、坐、臥也不同。

這句話的解釋：應該這樣觀如來，如來是不要在行、住、坐、臥這四相上去觀，要觀如來的性體、要觀如來的「般若道」。行、住、坐、臥是給眾生示範的。須菩提一開始說：「如來善護念諸菩薩，善付囑諸菩薩」。善護念、善付囑就是佛示現行、住、坐、臥給你作標榜、作模範，你照佛這樣做吧。達到作即無作，在行、住、坐、臥當中，沒有行、住、坐、臥之相，觀那個不動的體。不動而又去動是爲了利益眾生「方便道」故，方便不離眞實，方便會入眞實，那就動即不動。

在我們行、住、坐、臥當中，語言靜默當中，無一不是善護念諸菩薩，善付囑諸菩薩，是給眾生示範的，實際上沒有。沒有寂靜的佛、實相上的理體，沒有這些妄相，這些叫眞明如來。

每位道友都如是，每個眾生都如是。懂得這個道理，明白現在所做的，你把他會歸都是在行佛道。本來是你做這個事沒有意義的，像是在非善、非惡、無記當中，但是你的觀想力，有時候度眾生是要說，要親自去領導他。有時度眾生是意念，念經給一切眾生迴向。

比如說天天念經，念《金剛經》、念《彌陀經》，乃至於念其他的一些經、咒，其他道友請你幫忙加持他，給他迴向。你把你這個功德布施給他，這叫動。你得觀想他的名字，把你所有念佛的功力給他，讓他得幸福。這叫因緣。因爲人家求你給他迴向，你跟他有了這個緣，有緣也許過去同是佛門弟子或是同共修過，過去的緣、今生又遇到了，不然怎麼求到你呢？要用心，可不是用你的妄心。

可是我們都是妄心，妄裡有眞。當你讀經的時候，自己沒有力量，假三寶力量給他迴向，這屬於動態，他確實得到好處。迴向病苦，病苦好了，或是遇到什麼災難不順心後來好了，這就是不動而動。動會歸於不動，效果就產生，懂得這個道理你在生活當中，把你所學到的佛法，經常這樣思惟供養一切眾生，你迴向的愈廣、功德愈大；迴向的愈少功德也就小了，心力不大故。乃至於你所有的迴向自他、我，乃至於法，一切都是空的，沒有實體的，這個功德更大。沒有了，無障礙！無障礙的功德比有相的、實體的功德更大，得到的好處更深。

大家供養紅包，這是有相的。不要計較紅包的大小，不要當紅包是儀式，也不要當作供養。心無所著！沒有能布施的，也沒有所布施的受施者，也沒有供養這個法，那這個功德不可思議。哪怕就是一塊錢，不論物質大小，他的心力殊勝故，法也就殊勝。如果你供養很多，心裡非常執著，施者當中分別心就多了。經過很多其他的因緣，這樣一來本來是個功德事，變成是非了，變成我、人了，這個功德就非常的小，但還是有的。物質總是存在的，就是不能會歸於一心。

你明白這個了，作一些供僧，乃至行一切的布施、禪定、忍辱、智慧、精進都包括在內。應當體會這些會歸於如，如如就是理體的自性。所作的就是來。這叫如來。如來還有一個涵義就叫佛。佛又叫光明，「毗盧遮那」叫

「光明徧照」。照跟分別不同，跟觀不同。觀照！觀照！觀是有能觀所觀，照沒有分別。這部《金剛經》顯的是空義。你做任何事先要達到無我。有我，是非、人我就多了。有我就有人，有人就有是非。

我去極樂寺的時候，倓虛老法師跟我們講修湛山寺經過的困難，老法師那個時候也是講《金剛經》。那時我也跟老法師提個問題：「老法師您現在對這事有、沒有？沒有，現在又提出來講，那就是有了。」有了，就把我們拉到建寺、修廟有功德，布施者有功德，這布施者得的功德很小。如果我們誰都不執著，沒有這回事，這事情有沒有？事情照樣有，只是銷你的執著。

修極樂寺的江老居士是位工程師，因爲他想從中得一筆錢，結果沒滿足他的願，他給極樂寺和尚造謠，越傳越黑。那時候老法師還在修營口楞嚴寺、瀋陽般若寺、黑龍江的大乘寺，同時在進行，那幾年當中修了這麼多廟。

我問倓虛老法師：「怎麼修？」他說：「我是無意的，人家一說修就修吧。」答應要修的人走了，這個責任就落在他身上，非修不可。修的錢呢？這就是佛經上講的不可思議。

我在倓虛老法師跟前，知道他沒化緣，湛山寺是修不起的。爲什麼？因爲葛光廷鐵路局局長、韓復榘山東省主席都答應了，可是錢不到位，修不成。

我借講經的機緣說說，怎麼體會修廟？我們到青島，沒有房子住怎麼辦？就住旅館。住旅館也不能不講經，就在旅館客廳講〈大乘起信論〉。王新亭過去是軍閥，後來他退下來了。他有個乾兒子上官雲相是位軍長，很能幹，他把軍權交給乾兒子，上官雲相跟他到青島、山東，對他非常好。

王新亭在青島有棟洋樓，在那裡路過聽到講經，講〈大乘起信論〉，他就覺得很奇怪，怎麼跑到旅館裡講經呢？他在門口站一下，聽到感覺到很有緣，問：「我可以進來聽嗎？」十幾個學生讓他坐進來聽。

王新亭一聽很高興，找倓虛老和尚說：「這座廟我修。」修要花很多大洋，怎麼修啊？他乾脆把住宅、汽車全標號賣了。他的軍閥朋友都說不要賣！王新亭說還是要賣，發了願非賣不可。大家就出錢修湛山寺，你說這個有意還是無意呢？

本來是世間上的事，生活行動上的事，我們怎麼理解它如如不動，又怎麼理解它怎麼來？來怎麼來的？去怎麼去的？來無來相，去無去相。緣法不是求的！發願求廟，像現在義賣的名堂很多，以這種方式修的廟，住在這種廟裡想成道很困難。爲什麼？來的就是不乾淨的。你住在這裡頭享受還是不乾淨的，又怎麼得到清淨果呢？

過去我們的祖師修廟，來廟住的和尚是有簡擇的。大家見面給個紅包都要給他迴向的，怎麼迴向呢？把我們講經功德給他迴向，就是講的人，我沒有了，讓人滿願去了。但是我不是賣的也不是招搖的。但是人家供養你，自然要回扣，拿什麼呢？就是現在所做的。這都叫來去相。有來相嗎？能求道嗎？我有這個心願，你給我紅包，想到非要供個紅包才能聽經？沒有這個思想。你把這些思想都去掉，我們求眞的，眞的在什麼地方？你這個是作意，作意依什麼起的？作意怎麼產生的？這作意會歸什麼處？這樣的思惟、參學。

這個地方，須菩提一開始請法，先讚歎佛，「如來善護念諸菩薩，善付囑諸菩薩」，在四威儀當中給我們示範的。這個問題佛還沒說，須菩提已經體會到，才做這樣的請求。這句話代表什麼呢？怎麼安住心？怎樣降伏其心？他問的時候已經大概明白了，所以佛跟他說就如是住！如是降！就好了。隨講隨遣，隨說的時候好像是立，之後不立，達到說即無說，不說不能明白，明白了就說即無說。

十三 說即無說

須菩提若善男子善女人。以三千大千世界碎爲微塵。於意云何。是微塵衆。寧爲多不。須菩提言。甚多。世尊。何以故。若是微塵衆實有者。佛即不說是微塵衆。所以者何。佛說微塵衆。即非微塵衆。是名微塵衆。世尊。如來所說三千大千世界。即非世界。是名世界。何以故。若世界實有者。即是一合相。如來說一合相。即非一合相。是名一合相。須菩提。一合相者。即是不可說。但凡夫之人。貪著其事。

「須菩提！若善男子、善女人，以三千大千世界碎爲微塵。於意云何？是微塵衆，寧爲多不？」三千大千世界，我們不說那麼遠，三千大千世界太多了。就我們這間清泉會館，從樓上到樓下的微塵有好多？你數一數吧！有些微塵我們是看不見的，這個屋子有好多微塵？你看不見的，這叫「鄰虛塵」。「鄰虛塵」已經快到虛空了，將近到虛空所以叫「鄰虛塵」，馬上就成爲虛空了。還把這個鄰虛塵分爲七份，就是虛空了。多不多？「須菩提言：甚多。」把三千大千世界當成世界，微塵當然很多了，但是世尊說的還有第二個意思。

「世尊！何以故？」微塵不是實有的，微塵即非微塵，是名微塵。微塵實有者嗎？因爲實有者就不多了。因爲佛說過，微塵即非微塵是名微塵，三疊句，前面一個微塵，是現在說的微塵。實非微塵是微塵的體，性是空的，在空中建立的，在空中跟有建立的中間，是名微塵。這個微塵說有，可以，有微塵；說無，微塵的性體是空的。

我們若是依著《心經》，依著般若波羅蜜的觀，微塵也是色法，有形有相的，還沒到空的地步，還有色相。觀察色相隨一切四法的因緣是有，但是沒有實體，它又非有。似有非有之間，你怎麼隨順這個因緣。隨緣故有，不隨緣就無。這種說的都不是眞實的法性。若是眞實的法性，在一切的事物當中叫法性，在有情當中叫佛性，法性、佛性是一個的。

在《華嚴經》，法性、佛性合爲一體。有情是眾生，無情也是眾生，有性、有實體，在法爲法性，在有情爲佛性。說到性上，性體是空的，因爲無障礙故才能偏一切諸法。在石頭上說也可以，在竹子上說也可以，在一切的事物上說都可以。《楞嚴經》上說：「於一毛端現寶王剎，坐微塵裏轉大法輪」，這句話是根據這個涵義說的。

根據這個涵義，一切眾生的煩惱建立在什麼地方呢？有煩惱、沒煩惱呢？我們經常勸人家看開一點。怎麼看開？學過幾句佛說法的人都知道：你放下吧！你看破吧！那麼容易放下，那麼容易看破，都成佛了。因爲放不下才苦，如果放下了還有什麼苦？

我們回想自己都有痛苦吧？或者拿菜刀把自己劃破、或者被針刺到，你感覺很痛，痛了就放不下，爲什麼放不下？因爲心裡不安，不安就煩了。說看破了、放下了，看破什麼？把「我」看破。「我」看破了這個肉體，你不再執著它是「我」，那才叫把我執破了眞正放下，把法執放下了才眞叫解脫，不被這些束縛了。

須菩提。若人言。佛說我見人見衆生見壽者見。須菩提。於意云何。是人解我所說義不。不也。世尊。是人不解如來所說義。何以故。世尊說我見人見衆生見壽者見。即非我見人見衆生見壽者見。是名我見人見衆

生見壽者見。須菩提。發阿耨多羅三藐三菩提心者。於一切法。應如是知。如是見。如是信解。不生法相。須菩提。所言法相者。如來說即非法相。是名法相。

佛教導我們的教法，大家要掌握住一個特點，說什麼最後都達到空義。乃至於一切廟都感覺遁入空門，進到廟都感覺到一陣清涼，什麼都沒有了，廟外的事情不去執著。但是依著和尚這麼一談，空不了了，他住在廟裡頭都不空，你才進來都空了，空不到的。

我們所講的空，任何佛弟子想利用它，利用不到也利用不上。什麼意思呢？空要先達到無我，先把我空了，我空了他也不存在。我、你、他都不存在，我是空的，他也是空的，但，空義不是這樣講的。

爲什麼要講空義？最初教導我們的，有分析空、有當體空。分析空是把我一點一點分析，分析到最後沒有了。當體空是一看到就知道當體不存在的。有好幾種組合，地水火風組成的，我們人還得加上空見（根）識。我們

十三 說即無說

人的整體到處都是空的，相信嗎？如果不空，肝脾肺胃各個不相同，中間空間都很大，不空都粘到一塊去了，那還能活嗎？中間都有空間的。我們肚子裡經常鼓氣，是因爲它有空隙，血液當中也有空隙，這是從分析來解釋空。當體空是當體就不存在。

人是個符號，假名。我們瞧不起人時經常說：「你算什麼東西？」他說：「我不是東西。」「那你是什麼？我是南北。」雖然是笑話，其實是有道理的。小時候，我看見一份報紙，因爲有道理所以記得，那時還沒出家，出家後曉得非常有道理。

南政府、北政府，南政府是南京政府，北政府是北洋政府。「南政府、北政府，政府何分南北？」徵下聯，第二天就給登上：「總而言之、統而言之，總統不是東西。」非常的好，我那時就記得了。「南政府、北政府」，政府就是政府還分什麼南和北？這個對聯很不好對的，有點挖苦的意思。「總而言之、統而言之」，那時南京有南京總統，北京有北京總統。本來是一個國家，南政府和北政府，孫中山到北京去跟北政府溝通求和，後來病死在協和醫院。

假使我們用這個觀點，南的沒有、北的也沒有。有嗎？如果是眞的，眞的就不變！變的就不是眞的，壞的更不是眞的，都不是眞的。人也如是。這是我們佛教特有的空義。

我們看問題，你怎麼看法？他怎麼看法？你對人怎麼看法？對眾生怎麼看法？怎麼認知的？人、我、他、眾生、壽者，我們講的四相。純粹說的見，不說現，見分不是相分，是認知，你怎麼認知？這是去法執，所以加上見。

我們佛弟子破了戒，懺悔磕頭禮拜，懺悔的掉。破了見，不容易救。爲什麼？因爲破了見，根本不願意懺悔，根本不信了。看問題的看法，往往人跟人的爭執，最過不去的關卡就是認知問題。你認爲你的對，我認爲我的對，這個比什麼都厲害。所以說至死不悟，直到他死了，到來生，還是繼續他的見。

肉體不同，死了就沒有了就換了。見就不同，見是存在的。轉一世，外道還是外道，很不容易破。一個人認爲什麼他就認爲他是對的，始終不容易破，這個空是把這些都空掉，這樣你才能進入。

這是佛問須菩提。若人言佛說我見、人見，你怎麼認識？佛說的法，要你無我。怎麼樣才能無我？先得沒有我見，你的認知，佛說無我承認了，就先得對自己，對你這個肉體認知沒有我。那不是一句話，在你腦子裡認爲這是沒有的。沒有你還執著什麼？因爲你認知上是有的，再怎麼沒有，認知上還是有點。她的先生過世了，她認知還活著，這是認知問題。明明沒有了，她認知有，有沒有這樣的人呢？

就像我們認爲佛沒入滅，佛究竟是入滅還是沒入滅？沒入滅，你到印度去求佛聞法，求不到的。已經入滅了，爲什麼人家看見佛在靈山說法呢？爲什麼你看不到？因爲你的見不同，見不清淨，你見不到。人家的見清淨了把障礙消失，所以他見到了。若是有人離開我見、人見、眾生見、壽者見這四見，這才眞正的得到解脫。你若能這樣理解，雖然沒有眞正的成佛，也能減除很多痛苦。

我們痛苦的時候打麻醉藥，麻醉藥打多了會損傷腦神經。如果在痛苦的時候，你觀見誰在痛？當你思索深入的時候，把痛給忘了，忘了知見的那個見，一琢磨思想轉移了，痛就減輕了。這種必須自己思惟去修。想要一個人轉變他的看法，非常不容易。

行萬里路懂萬里事，固執己見就非常的深，這就是見。我走過很多山裡，有些從來沒接觸外界的人，你跟他說什麼也沒辦法解除他的認知。不是佛教徒，你跟他說這套，他被人家害了一定要報復。你跟他說前生欠的，他先罵你一頓，再說他就要打你了。他說你是人家派來的。好多問題就是認知的問題。因此大家對自己的知見要特別注意，別落邪知邪見。

佛說：「若以色見我，以音聲求我，是人行邪道，不能見如來。」那就是破邪知邪見。不以色相見，不以音聲見，從什麼見佛呢？見什麼佛？什麼是眞佛？我們現在懂得這個道理，怎麼看？我們現在對住世三寶，佛像、經書、代表僧眾的僧伽，怎麼認知？就是這個見。這尊銅鑄的、泥巴塑的佛像，把它當作佛的化身，化的東西不是眞的。但是化的是從眞的出來。見相觀性！從住世三寶認知理體三寶，這是有過程的。

這裡提出見，我們先消除我見。因爲我見是有分別的，有分別的，不能趣入無分別的。有分別的性體，不能趣入無分別的性體，等把我見消失了，不去分別不去嫉妒，漸漸才能達到空義，才能體會什麼是法性。

爲什麼修禪定呢？動中禪有什麼意思呢？在觀照的時候，動專注一境，不是紛亂的，動是一個相，或者甩手或者走步，這是動相，動相而不動，動的寂靜相。這二個，一個是分別，一個是無分別。有分別的當中什麼都不計較，才能夠進入無分別。到了無分別才能夠漸漸達到無我，眞正究竟證得，我見才能消失。

金剛經第十三堂課　竟

第十四堂課 以幻遣幻

「世尊，如來所說三千大千世界，即非世界，是名世界。何以故？若世界實有者，即是一合相。如來說一合相，即非一合相，是名一合相。須菩提！一合相者，即是不可說，但凡夫之人，貪著其事。」我們前面講世界、講微塵都是物質，都是現相，都是有相的，這是指物質世界說的。物質都是相對法，互相依賴，互相依存而建立的。異相、差別相，前面講無異相、無差別相，經文告訴我們，要知道一切差別之相即是無相。說微塵、說世界，這些有相的不是實有的。

我們所知道的地球、太陽、月球、一切星球，我們所見到的相，也是我們依止生活的處所，像我們住所都有個房子，一切事物生存都有條件。但就世界的整體來說，地球就是一個；對月球來說，月球不是地球。我們只說地球不說月球，這個地球是一是異？是同是不同？你從這裡去理解地球，地球是什麼成就的呢？是微塵。

我們經常講世界，「世」是指時間說的，「界」是指處所說的。在這個世界，這個時間、這個處所是這樣的；在另一個時間就是另一個世界。一般說世界都把它分開，一個時間、一個實物的實體。過去、現在、未來是指三世說的。「界」是處所，隨著時間的變化而變化。像地震，地殼的移動，地球是在變化運動成長當中，你說它是同是不同？是一還是非一？

這樣來觀察思惟、理解微塵世界，觀察微塵的四相。地球上的人類、動物世界，有情類、無情類，組成一個地球，總說是地球。地球上的生物，地球含藏的一切物質，這是一還是多？我們說地球是一個和合體，總體說就是地球。分別說，地球上有人、有事物，是多種組合的。世界是三千大千世界是名世界，因爲有這個組合，這個世界是實有的？還是非實有的？是實有的，總合起來叫一個世界，就像一個和合體。如來說這一和合體不是和合體，是名和合體。

面對這個問題，佛說不可說不可說。你說不可說，解決不到問題，但是一切凡夫貪著這個。佛爲什麼指這個三千大千世界？因爲對釋迦牟尼佛來說，這是他的化土，這個區域是他化度眾生的範圍。

每個人、每個家庭，家庭就是一個處所。小至於人、到一整個國家，乃至於地球上的山、水，好多組合體集聚起來成就這麼一個世界，這叫和合，這個組合體會產生變化。在佛經上講的生、住、異、滅四相。地球成長，成長之後就壞，叫成、住、壞、空四個劫。成二十個小劫、住二十個小劫、壞二十個小劫，壞完了什麼都沒有，空二十個小劫，之後再成、住、壞、空，就這麼循環。

這些不是實有的。我們地球是在空中，這是大家承認的，《華嚴經》講種種光明蘂香幢安立的。我們所在的世界包括極樂世界、東方藥師琉璃光世界，釋迦牟尼佛經上所說的，全是在十三重世界裡，十三重是總的一個世界，這個世界有好多的世界組合，像西方極樂世界、東方藥師琉璃光世界、上方不動世界，這僅僅是華藏世界，但是第一重、第二重、第三重、第四重都不是華藏世界，國土重重無盡的，也像我們第十三重娑婆世界似的。這些全是有相的，建立在什麼地方呢？建立在空中，我們地球是在空中轉，這是處所。

釋迦牟尼佛的化境、所化的國土、所依的處所，就是這個世界。世界組成包括有情的、無情的地水火風，全是四大組合成就這個世界，這世界就是一合相，一和合體。理解這個和合體了，當分散的時候、壞的時候，不是一下就壞的，要二十劫，漸漸壞的，壞到最後沒有了，經過水、火、風三大災，世界整個自然地起火，火把整個燒的粉碎了。之後是大水，水一淹了什麼都沒有，山、石什麼都沒有了，都成粉了。之後風一吹，風把水都吹乾了，什麼都沒有，吹到空中去了。空二十個小劫。過了二十個小劫再漸漸成，就像科學家所說太空的星雲，漸漸又成了地球，又成了一個世界，和合體就是這麼來的。人在成形的時候，一點一滴的，而後成長一個人形。

這段經文是讓你認識一切事物是和合的，不管承認也好、不承認也好，和合的必壞，決定不和合的。佛所說的意思，在和合相認識不和合的義，一合相是不可說的，說不清楚。爲什麼說不清楚？火跟水二個怎麼和合？水跟火和合，但是水把火滅了，火把水燒乾，中間加個界，但是中間沒有界，我們那個鍋燒水，到了三災的時候不用，大地全是火燒了，水就燒乾了。火怎麼來的？佛經說出了很多太陽，那就是火，地球就爆炸了。

十四 以幻遣幻

在《華嚴經》〈世界成就品〉講的很廣，這是物質世界。有情世界也如是，那時地球毀滅，人類先沒有了。佛說末法，佛所說法再一萬年早就沒有了。這個地球的成與壞，每一個小劫都經億萬年的。我們只是認識它，它的自性是不分的，體性原本就沒有，這些組合又從何處來？首先是你依止處所沒有了，其次是你的正報身體也沒有了，都是和合的假相，和合沒有眞實的。

爲什麼可壞呢？因爲不是眞實的才有可壞性。這個事情本來就是假相，凡夫把它看成實有的，把它當成眞的，所以捨不得。佛告訴須菩提：前面所說的微塵，微塵所成就的世界，微塵如是，世界也如是，都是和合相，都是和合體。如果認爲這個世界有個實體的，那就錯誤了。這是凡夫的妄想分別，實際上這個世界沒有實體的，這個世界是依假名而叫世界。假使這個世界是不可壞是實有的，實實在在把它看作一個實體，有一個和合相成立，有一個和合相來安住，這安住實體當中就是地大、水大、火大、風大，這是人類分別的，地球本身沒有分別相。

什麼是地球的成長、什麼是地球的壞，地球的本身是沒有的。我們給它訂的現在、未來，漢朝幾百年，唐朝幾百年，地球有這些嗎？人爲的。以前地球有好多人口？在印度沒有歷史可考，地球什麼時候成就的呢？用佛制，用梵天眼光看地球，看地球成，成了就住，住了就壞，壞了就空滅，沒有了。

分散了就消失，和合起來就有了，組合起來成一塊就叫一合體。這個你能說的清楚嗎？說不清楚。世間上有好多事物說不清楚，不是我們這個智慧所能了解到的。了解到了，經過你的分析，分析出來是什麼？眾生凡夫的妄想貪著，把沒有實體的東西當成實體了。前面盡說人空、法空，人所依止的處所也是空。從小的來說，每個家庭的組織成員，現在大家可能認識到了，好多的家庭成了壞了，壞了成了。好多家庭沒有了，新的家庭又出來了，又有無窮無盡的家庭，無窮無盡的消失，家庭會有嗎？古來說五世同堂，五世同堂指的是祖父母全在，父母全在，自己的子女一代也在，孫子也是倆夫婦，五代全是原配，這十個人死一個再續弦的，就不算同堂了，五世同堂是這麼講的。

現代有五世同堂的嗎？一個家庭三代都不成了，誕生就四分五裂的。孩子在美國讀書、老公在臺灣做事，自己在大陸發展做事業，現在就四分五裂，還有什麼同堂的，沒有了。這是佛讓你認識自己、認識世界，不但是認識人類，也認識人類依止的處所不存在，隨時變化的。古來諺語：「三十年河東，四十年河西」，那是根據黃河說的。黃河隨時改道，隨時搬家。三十年河東，四十年河西，變化無常。依報如是變化，正報也是無常的。

我以前到西藏，發明西藏文字的人叫呑彌桑布扎，從創下西藏文字起，這個家族一直存在。這個家族掌權的是位姐姐，我的老師是活佛，我們經常被請去在她家住。藏文是從印度文變化的，誰變化出來的？呑彌桑布扎到印度學法，學印度文字回來後創造的西藏文字，他們從唐朝建國開始就姓呑彌桑布扎。

現在解放軍一來，共產黨來了，從此斷了，房子沒有了。前年我到拉薩去看，房子拆了改成百貨公司，從此休矣。我肉眼看的變化太多了。我的家庭那一縣，叫開通縣，現在縣城沒有了。在一九四五年解放戰爭時，蘇聯跟日本在中國國土打，因爲我們縣城是交通要道，必爭之地。

我小時候本來是遼寧省，後來劃爲吉林省，之後又劃爲內蒙，又劃爲到熱河，最後劃歸黑龍江，現在塡表格都要塡黑龍江。你說我到底是黑龍江還是遼寧、蒙古？沒有一定的，地球的名字是人起的。娑婆世界是在佛經上釋迦牟尼佛起的。在印度之前，這個地球叫什麼名字？全都是假名。

像我們名字可以隨便改，弘一大師一百零八個名字，我問：「爲什麼要取這麼多個呢？」他說：「惑業有這麼多。」常用的是弘一、二一。什麼是二一呢？「一事無成人漸老，一錢不值何消說」。一個人在五十多歲就老了。我不敢稱老，現在八十九還不老，生老病死，老了就快死，只是暫時多活幾天。

名字都是假的，像學名，或在事業單位，姓張的就叫張總，姓朱的就叫朱總，因爲職務往往把名字改了，職務沒有了又恢復原來的名字。大家現在每一個名字都是假的，張太、李太，沒結婚叫什麼太呢？一切都如是。從這樣你體會到假名如是，都沒有實體的，隨時變化無常，進而認識世界無常，就達到空義了。

「須菩提！若人言，佛說我見、人見、眾生見、壽者見。須菩提！於意云何？是人解我所說義不？不也！世尊！是人不解如來所說義。何以故？世尊說我見、人見、眾生見、壽者見，即非我見、人見、眾生見、壽者見，是名我見、人見、眾生見、壽者見。」佛說完教法之後，所說的一切法沒有。

十四 以幻遣幻

這是對著你的妄執，妄執沒有了，法也不存在。佛所說的法是顯空的。因為我們證不了空，放不下，遇到什麼執著什麼，佛是轉了很多圈，走了很多彎路，最後才達到空義。

空的究竟不究竟？以空見知道一切法都是空而不落斷滅空。斷滅空，還度什麼眾生？不落斷滅。還有些達不到這種空義，佛說無我，我見還能成立嗎？我見見有我，執著有我。佛說的我見，就是執著有我的意思。佛所說的法，要你達到無我。無我是什麼？要你思惟修。無我，我都沒有了，還有什麼我見呢？我都不存在，還有見？這是無我見。離開了我見，他見也沒有，對人也沒有了，一切都沒有了，那就離開我見、人見、眾生見。以這樣來理解，是不是把佛所說的教義都懂了呢？

佛就跟須菩提說：須菩提！你對我說的法，怎麼看法？你理解我說的法是什麼？佛告訴他，我說的這些法是遣除的，遣除就是排除，不要有我、人、眾生、壽者，要遣除這些，讓你見而不執著。《楞嚴經》講的就深了，見非是見。這裡我們只講《金剛經》，把妄執都離了，離開妄執真正見到的是也沒個能見所見。你見到沒有？見到了。見到什麼？見到離見，見即離見。那個見就是無見之見。簡單說，就是你看一切事物的看法。如果看問題的看法能達到這種境界，就像禪宗講的一指禪，人家來請法，伸手一指頭，有些人就理解了，他一指就知道了，無見。然後又把他小徒弟的小指頭砍掉又伸，沒有了，見即無見。禪宗不會跟你解釋的，直接證入就好。

由於我們過去種子的業因，結合現在的業緣，業因和業緣，因緣結合了，幻有的一切成就事物，加上我們剛才說的大千世界，幻有一個我，這個我是什麼呢？過去種子的因跟業緣結合起來，幻有一個具體的、有形有相的，好像是有個我。因爲有個我，就取一種見，這是執著我，這個是「我的」，那個是「我的」，你罵我了，都是「我」。如果沒有這個東西，根本就沒有什麼執著。因爲幻想具體我不是眞我，這是即體所起的，我見你執著，把我見的執著消滅掉，那就沒有了。

「我」是主宰的意思，在一切事物之中，我們回想自己主宰得了嗎？我們一生當中能主宰什麼事？能讓身體不生病，主宰得了嗎？辦不到的。天氣冷，「我」能主宰我不冷，行不行？肚子餓，「我」能主宰我不餓，行不行？任何事物都不能主宰，在一切事物當中你作不了主。自己都管不了自己，別人也管不了。所管的只是你的心、你的肉體，你心裡想什麼，誰也管不了，得自己把它修正了才管得了。

本來就是幻有的、夢幻的，因爲你不見一切諸有之性，把它當成實在的。法是空的，那就是法的空性，我的空性，人的空性，見一切事物的空性。

空性，一切諸法本來就是空，這可不是斷滅的。前面一直在駁斥斷滅。有是緣起的，緣合了才是有。緣分離了呢？沒有了。「有緣千里來相會，無緣對面不相逢！」有這個因緣就能相會，沒有這個因緣就沒有了。本來我們人的壽命定爲一百歲，但是這個不能定的，因爲病死的、夭折的、生下來就死的也有，從一、二歲到一百歲，什麼年齡都有人死的，我們把它訂個標準不行，那要人的福報感。生到北俱盧洲，到那個時候準死，這也是緣，種的那個因，緣就感那個果。

從這些例子來說明，你執著的那個「我」不存在的。因爲不存在把它執著不捨，不但「我」捨不得「我」，還有個「我所」，我所有的也捨不了、放不下。這個得在事物上去印證，好比說我所有的，這是物質，跟生命毫不相關，但是物質沒有了，生命馬上就斷了。

我有個親戚在大連是作船運的，從青島到大連的貨走到城山頭，船貨全沉了，那是他最後的資本。用電報通知他，看了電報他就死了，四十歲還不到。檢查他的身體，什麼病也沒有，一個電報就把他的命送了，電報說船沉了，什麼都沒有了。爲什麼把他的命斷了？因爲執著。他心全心經營的，等於把他的命根子給斷了，那跟他的身體有什麼關係呢？大家想想。

有些人神死，精神已經死了。夫妻二人感情非常好，他太太死了，別的親友都在哭，他卻不哭。親友說他無情，過不了多久他也死了，鳳釵神喪，神已經死了。感情深厚，她死他也死。人有個命根子，心最愛的東西把它奪去了，命就不存在了。

我們學佛，知道性是空性，誰也奪不去，奪去了你就解脫了，連我都奪去了，這叫看破、放下。看不破、放不下，所以走不了，必須得看破、放下。這個說明最根本的就是無明，換句話說就是不明，沒有般若義。般若義相反的就是無明，般若義就是大光明。一點智慧都沒有就叫無明，那是我們最根本的。菩薩一地一地一地修到等覺、妙覺，一念無明頓斷，就成佛了。

大家學《金剛經》，《金剛經》第一要我們深入，多用思考，不要在語言、文字上。語言、文字是告訴我們應該怎麼樣去做，怎麼樣去行，怎麼樣去觀照。說到空是從一切事物的理上講；說到有是從一切事物的事上講。事物一定不離開你的心，因爲在事物之中，才把你的心顯露出來。你心裡想什麼，在事物上一定表現出來，事靠著理來成就，因爲事才能把理顯出來。你要做什麼事，心體把它佈置、緣念，才能成就，事才能顯理。理能顯事，事能成就顯出你的理性。事若是沒有理，事情成就不了的，所以理能成事，事能顯理。

《華嚴經》上說，從事法界進入而後進入理法界；從理觀成就又回歸事，事事達到成就，那就是理事無礙。理事無礙，所有的事就是理。再進一步就是事事無礙，你全部的思惟行動都是般若義了。「黃花翠竹莫非般若」，那就達到事事無礙境界，無礙境界要經過很多過程。

「須菩提！發阿耨多羅三藐三菩提心者，於一切法，應如是知、如是見，如是信解，不生法相。須菩提！所言法相者，如來說即非法相，是名法相。」這是勸你受持《金剛般若波羅蜜經》，勸你修行的意思。語言文字是假的，但是不依著假的怎麼得到眞的？說《金剛經》是假的，沒這個假的怎麼能得到眞的？因爲不得到眞的，你念一遍《金剛經》就有那麼大功德，求什麼得什麼。求長壽，念《金剛經》得壽命。漢地的傳統是這樣，在西藏，求長壽還得修長壽法，我們一部《金剛經》什麼都有了，求什麼得什麼。

那得你究竟發阿耨多羅三藐三菩提的心，發了菩提心，依著《金剛經》的教導如是見、如是解、如是行，不生法相。行的過程沒有法相，發心的過程也沒有法相。因爲如來說「若見諸相非相，即見如來」。見一切法即非法，乃至於佛所說的法也是非法，這是佛自己說的。「汝等比丘！知我說法，如筏諭者，法尚應捨，何況非法。」就是這個涵義。

須菩提。若有人以滿無量阿僧祇世界七寶持用布施。若有善男子善女人發菩提心者。持於此經。乃至四句偈等。受持讀誦。爲人演說。其福勝彼。云何爲人演說。不取於相。如如不動。何以故。

一切有爲法　如夢幻泡影

如露亦如電　應作如是觀

佛說是經已。長老須菩提。及諸比丘比丘尼。優婆塞優婆夷。一切世間。天。人。阿修羅。聞佛所說。皆大歡喜信受奉行。

最後佛還是跟你說功德。把這意思全領了，你應當能證得，知道是空的，在這上你發的心更普徧，修的福德更大。受持《金剛般若波羅蜜經》，哪管只受持四句偈，受持、讀誦或者對他人演說，那個福德比用無量阿僧祇七寶布施功德還要大。爲什麼這樣說？

「不取於相，如如不動。」因爲不取於相，「如如不動」就是空義。這個空是證得的般若空。「何以故？」爲什麼要這樣說？「一切有爲法，如夢幻泡影，如露亦如電，應作如是觀。」常時這樣想，一切法都是假的，像你作夢似的。一切法就是變化演戲法一樣的，沒有的會變出來。幻的，虛幻不實的，水上的泡，人的影子。

有二個人對話，一個人說：「怎麼樣掃我的灰塵，讓它不起塵，有沒有這樣的掃把？」他問了好多人，沒人答覆。他問了一位和尚，和尚說：「有啊！」他說：「賣我幾把。」和尚說：「不要賣，你自己去取。」他說：「在哪兒？」和尚說：「我院子的那幾把竹子。」他說：「那竹子掃起來不是更起灰塵嗎？」和尚說：「我是用它的影子掃。」「竹影掃階塵不起」，用太陽照的影子掃，不起灰塵的。以幻遣幻！一切有為的法，不是無為的，就像夢幻泡影一樣的。像早晨草上的露水，像火閃的電光一樣的，一下就沒有了。這意思不用深講了，大家讀《金剛經》都知道。

「佛說是經已，長老須菩提，及諸比丘、比丘尼、優婆塞、優婆夷，一切世間、天、人、阿修羅，聞佛所說，皆大歡喜，信受奉行。」你說這部經矛盾不矛盾？前面說在法會當中千二百五十人俱，須菩提請法就是這樣。最後可不同，比丘、比丘尼、優婆塞、優婆夷四眾弟子都有了，還包括天、人、阿修羅聞佛所說皆大歡喜，你怎麼領受？怎麼解釋？中間有來插入的。聞到佛在這說法，四眾弟子都來了，誰來誰聽。

佛說法好像有很多重複的，不是這樣的。淺者聞淺，深者聞深。佛反覆說深義，聽的還是佛說的淺義，也跟初說經的意思一樣，每部經都如是。並不是法會一坐下，大家都來齊了，有中間來的，也有來晚的。像迦葉尊者結夏安居，他在山裡住著，好多到外面行道，乞完食不見得都到佛這裡來，也不曉得佛說法不說法。佛一說法，還得有緣的，有緣的聽得到，沒緣的聽不到。

有的道友自始至終都聽到的，雖然只有十幾天，有的中間來的，有的來了又斷了，沒聽了。法會都如是。如果依正常的規矩講《金剛經》是一百天，一天兩個小時。我們現在學習有講一個月的，也有講二十幾天的，也有講十幾天的，看具體的情況不同，這是隨緣義。說者沒有一定，隨人家緣，是什麼緣，就是什麼緣。

金剛經第十四堂課　竟

國家圖書館出版品預行編目資料

應無所住 ： 金剛經十四堂課/夢參老和尚主講 ；
方廣編輯部整理. -- 初版. -- 臺北市 ： 方廣文化事業有限公司,
2021.04 面； 公分
ISBN 978-986-99031-1-0(平裝)

1. 佛教說法 2. 佛教修持
225 110002647

金剛經十四堂課

應無所住

主　　講：夢參老和尚
時間地點：二〇〇三年台北清泉會館
編輯整理：方廣編輯部
聽打校正：昌華、心立、隆瑞、琴華
出　　版：方廣文化事業有限公司
住　　址：台北市大安區和平東路一段
電　　話：(〇二)二三九二—〇〇〇三
傳　　真：(〇二)二三九一—九六〇三
劃撥帳號：一七六二三四六三
戶　　名：方廣文化事業有限公司
設計印製：鎏坊工作室
總 經 銷：聯合發行股份有限公司
電　　話：(〇二)二九一七—八〇二二
傳　　真：(〇二)二九一五—六二七五
出版日期：二〇二一年六月 初版三刷
定　　價：新台幣三八〇元（平裝）
行政院新聞局出版登記證：局版臺業字第六〇九〇號
網　　址：www.fangoan.com.tw
電子信箱：fangoan@ms37.hinet.net

◎地址變更：
二〇二四年已搬遷 通訊地址改
台北青田郵局第一二〇號信箱
（方廣文化）

No.B412

夢參老和尚系列
書　籍

方廣文化出版品目錄〈一〉

● 八十華嚴講述

HP01　大乘起信論淺述 (八十華嚴 導讀一)
H208　淺說華嚴大意 (八十華嚴 導讀二)
H209　世主妙嚴品 (第1至3冊)
H210　如來現相品・普賢三昧品 (第4冊)
H211　世界成就品・華藏世界品・毘盧遮那品 (第5冊)
H212　如來名號品・四聖諦品・光明覺品 (第6冊)
H213　菩薩問明品 (第7冊)
H214　淨行品 (第8冊)
H215　賢首品 (第9冊)
H301　升須彌山頂品・須彌頂上偈讚品・十住品 (第10冊)
H302　梵行品・初發心功德品・明法品 (第11冊)

....陸續出版中....

● 華 嚴

H203　華嚴經淨行品講述
H324　華嚴經梵行品新講 (增訂版)
H205　華嚴經普賢行願品講述
H206　華嚴經疏論導讀
H255　華嚴經普賢行願品大意

● 天 台

T305A　妙法蓮華經導讀

● 楞 嚴

LY01　淺說五十種禪定陰魔—《楞嚴經》五十陰魔章
L345　楞嚴經淺釋 (全套三冊)

夢參老和尚系列
書籍

方廣文化出版品目錄〈二〉

● 地藏三經

地藏經

D506　地藏菩薩本願經講述 (全套三冊)
D516A　淺說地藏經大意

占察經

D509　占察善惡業報經講記 (附HIPS材質占察輪及修行手冊)
D512　占察善惡業報經新講

大乘大集地藏十輪經 D507 (全套六冊)

D507-1　地藏菩薩的止觀法門 (序品 第一冊)
D507-2　地藏菩薩的觀呼吸法門 (十輪品 第二冊)
D507-3　地藏菩薩的戒律法門 (無依行品 第三冊)
D507-4　地藏菩薩的解脫法門 (有依行品 第四冊)
D507-5　地藏菩薩的懺悔法門 (懺悔品 善業道品 第五冊)
D507-6　地藏菩薩的念佛法門 (福田相品 獲益囑累品 第六冊)

● 般若

B411　般若波羅蜜多心經講述 (合輯本)
B406　金剛經
B409　淺說金剛經大意
B412　應無所住：金剛經十四堂課

● 開示錄

S902　修行 (第一集)
Q905　向佛陀學習 (第二集)
Q906　禪・簡單啟示 (第三集)
Q907　正念 (第四集)
Q908　觀照 (第五集)

方廣文化出版品目錄〈三〉

系列	編號	書名
地藏系列	D503	地藏三經 (經文版) (地藏菩薩本願經、大乘大集地藏十輪經、占察善惡業報經)
	D511	占察善惡業報經行法 (占察拜懺本) (中摺本)
華嚴系列	H201	華嚴十地經論
	H202	十住毘婆沙論
	H207	大方廣佛華嚴經 (八十華嚴) (全套八冊)
般若系列	B402	小品般若經
	B403A	大乘理趣六波羅蜜多經
	B404A	能斷金剛經了義疏 (附心經頌釋)
	B408	摩訶般若波羅蜜經 (中品般若) (全套三冊)
天台系列	T302	摩訶止觀
	T303	無量義經 (中摺本)
	T304	觀普賢菩薩行法經 (中摺本)
部派論典系列	S901A	阿毘達磨法蘊足論
	Q704	阿毗達磨俱舍論 (全套二冊)
	S903	法句經 (古譯本) (中摺本)
瑜伽唯識系列	U801	瑜伽師地論 (全套四冊)
	U802A	大乘阿毗達磨集論
	B803	成唯識論
	B804A	大乘百法明門論解疏
	B805	攝大乘論暨隨錄
憨山大師系列	HA01	楞嚴經通議 (全套二冊)

方廣文化出版品目錄〈四〉

密宗系列

M001 菩提道次第略論釋 (全套四冊)
M002 勝集密教王五次第論
M003 入中論釋
M004 大乘寶要義論(諸經要集)
M006 菩提道次第略論
M007 寂天菩薩全集
M008 菩提道次第廣論
M010 菩提道次第修法筆記
M011 白度母修法(延壽法門修法講解)
M012A 中陰–死亡時刻的解脫
M018 菩提道次第廣論集註 (卷一～卷十三)
M019 佛教的本質–《佛教哲學與大手印導引》
M020 業的力量–(與死亡的恐懼共處)

能海上師系列

N601 般若波羅蜜多教授現證莊嚴論名句頌解
N602 菩提道次第論科頌講記
N606 能海上師傳
N607 現證莊嚴論清涼記
N608 菩提道次第心論

論頌系列

L101 四部論頌(釋量論頌 現證莊嚴論頌 入中論頌 俱舍論頌)
L102 中觀論頌 (中摺本)
L103 入菩薩行論頌 (中摺本)
L104A 彌勒菩薩五部論頌
L105A 龍樹菩薩論頌集
L106 中觀論頌釋
R001 入中論頌 (小摺本)

方廣文化出版品目錄〈五〉

南傳佛教系列	SE05 七種覺悟的因素
	SE06 南傳大念處經 (中摺本)
	SE07 三十七道品導引手冊 (阿羅漢的足跡增訂版)
	SE08 內觀基礎 《從身體中了悟解脫的真相》
	SE09 緬甸禪坐 《究竟的止觀之道》(增訂版)
其他系列	Q701 單老居士文集
	Q702 肇論講義
	Q703B 影 塵-倓虛老法師回憶錄
	Q705 佛學小辭典 (隨身版)
	ZA01 參 禪《虛雲老和尚禪七開示》
	ZA02 禪淨雙修《虛雲老和尚開示錄》
	Z005 《禪宗公案》-李潤生著